国家出版基金项目
NATIONAL PUBLICATION FOUNDATION

U0601040

中国近代
思想家文库

◎

夏春涛 编

洪秀全
洪仁玕卷

中国人民大学出版社
·北京·

《中国近代思想家文库》编纂委员会名单

主　任　　柳斌杰　纪宝成

副主任　　吴尚之　李宝中　李　潞

　　　　　王　然　贺耀敏　李永强

主　编　　戴　逸

副主编　　王俊义　耿云志

委　员　　王汝丰　刘志琴　　许纪霖　杨天石　杨宗元

　　　　　陈　铮　欧阳哲生　罗志田　夏晓虹　徐　莉

　　　　　黄兴涛　黄爱平　　蔡乐苏　熊月之

　　　　　（按姓氏笔画排序）

总　序

　　对于近代的理解，虽不见得所有人都是一致的，但总的说来，对于近代这个词所涵的基本意义，人们还是有共识的。一个国家、一个民族走入近代，就意味着以工业化为主导的经济取代了以地主经济、领主经济或自然经济为主导的中世纪的经济形态，也还意味着，它不再是孤立的或是封闭与半封闭的，而是以某种形式加入到世界总的发展进程。尤其重要的是，它以某种形式的民主制度取代君主专制或其他不同形式的专制制度。中国是个幅员广大、人口众多、历史悠久的多民族国家，由于长期历史发展是自成一体的，与外界的交往比较有限，其生产方式的代谢迟缓了一些。如果说，世界的近代是从 17 世纪开始的，那么中国的近代则是从 19 世纪中期才开始的。现在国内学界比较一致的认识，是把 1840 年到 1949 年视为中国的近代。

　　中国的近代起始的标志是 1840 年的鸦片战争。原来相对封闭的国门被拥有近代种种优势的英帝国以军舰、大炮再加上种种卑鄙的欺诈打开了。从此，中国不情愿地加入到世界秩序中，沦为半殖民地。原来独立的大一统的中央集权的君主专制国家，如今独立已经极大地被限制，大一统也逐渐残缺不全，中央集权因列强的侵夺也不完全名实相符了。后来因太平天国运动，地方军政势力崛起，形成内轻外重的形势，也使中央集权被弱化。经历第二次鸦片战争、中法战争、甲午战争、八国联军入侵的战争以及辛亥革命后的多次内外战争，直至日本全面侵略中国的战争，致使中国的经济、政治、教育、文化，都无法顺利走上近代发展的轨道。古今之间，新旧之间，中外之间，混杂、矛盾、冲突。总之，鸦片战争后的中国，既未能成为近代国家，更不能维持原有的统治秩序。而外患内忧咄咄逼人，人们都有某种程度"国将不国"的忧虑。

　　"天下兴亡，匹夫有责"，读书明理的士大夫，或今所谓知识分子，尤为敏感，在空前的危机与挑战面前，皆思有所献替。于是发生种种救亡图存的思想与主张。有的从所能见及的西方国家发展的经验中借鉴某些东西，形成自己的改革方案；有的从历史回忆中拾取某些智慧，形成某种民族复兴的设想；有的则力图把西方的和中国所固有的一些东西加以调和或结合，形成某种救亡图强的主张。这些方案、设想、主张，从世界上"最先进的"，到"最落后的"，几乎样样都有。就提出这些方案、设想、主张者的初衷而言，绝大多数都含着几分救国的意愿。其先进与落后，是否可行，能否成功，尽可充分讨论，但可不必过为诛心之论。显而易见，既然救国的问题最为紧迫，人们所心营目注者自然是种种与救国的方案直接相关的思想学说，而作为产生这些学说的更基础性的理论，及其他各种知识、思想，则关注者少。

围绕着救国、强国的大议题，知识精英们参考世界上种种思想学说，加以研究、选择，认为其中比较适用的思想学说，拿来向国人宣传，并赢得一部分人的认可。于是互相推引，互相激励，更加发挥，演而成潮。在近代中国，曾经得到比较广泛的传播的思想学说，或者够得上思潮的，主要有以下几种：

（一）进化论。近代西方思想较早被引介到中国，而又发生绝大影响的，要属进化论。中国人逐渐相信，进化是宇宙之铁则，不进化就必遭淘汰。以此思想警醒国人，颇曾有助于振作民族精神。但随后不久，社会达尔文主义伴随而来，不免发生一些负面的影响。人们对进化的了解，也存在某些片面性，有时把进化理解为一条简单的直线。辩证法思想帮助人们形成内容更丰富和更加符合实际的发展观念，减少或避免片面性的进化观念的某些负面影响。

（二）民族主义。中国古代的民族主义思想，其核心是"非我族类，其心必异"，所以最重"华夷之辨"。鸦片战争前后一段时期，中国人的民族思想，大体仍是如此。后来渐渐认识到"今之夷狄，非古之夷狄"，"西人治国有法度，不得以古旧之夷狄视之"。但当时中国正遭受西方列强的侵略和掠夺，追求民族独立是民族主义之第一义。20世纪初，中国知识精英开始有了"中华民族"的概念。于是，渐渐形成以建立近代民族国家为核心的近代民族主义。结束清朝君主专制，创立中华民国，是这一思想的初步实现。第一次世界大战爆发，中国加入"协约国"，第一次以主动的姿态参与世界事务，接着俄国十月革命爆发，这两件事对近代中国的发展历程造成绝大影响。同时也将中国人的民族主义提升到一个新的层次，即与国际主义（或世界主义）发生紧密联系。也可以说，中国人更加自觉地用世界的眼光来观察中国的问题。新生的中国共产党和改组后的国民党都是如此。民族主义成为中国的知识精英用来应对近代中国所面临的种种危机和种种挑战的一个重要的思想武器。

（三）社会主义。社会主义作为一种模糊的理想是早在古代就有的，而且不论东方和西方都曾有过。但作为近代思潮，它是于19世纪在批判近代资本主义的基础上产生的。起初仍带有空想的性质，直到马克思和恩格斯才创立起科学社会主义。20世纪初期，社会主义开始传入中国。当时的传播者不太了解科学社会主义与以往的社会主义学说的本质区别。有一部分人，明显地受到无政府主义的强烈影响，更远离科学社会主义。直到五四新文化运动兴起之后，中国人始较严格地引介、宣传科学社会主义。但有一段时间，无政府主义仍是一股很大的思想潮流。中国共产党的成立，从思想上说，是战胜无政府主义的结果。中国共产党把在中国实现社会主义乃至共产主义作为自己的奋斗目标。此后，社会主义者，多次同各种非科学社会主义思想的信仰者进行论争并不断克服种种非科学社会主义思想的影响。

（四）自由主义。自由主义也是从清末就被介绍到中国来，只是信从者一直寥寥。直到五四新文化运动兴起，具有欧美教育背景的知识精英的数量渐渐多起来，自由主义始渐渐形成一股思想潮流。自由主义强调个性解放、意志自由和自己承担责任，在政治上反对一切专制主义。在中国的社会条件下，自由主义缺乏社会基础。在政治激烈动荡的时候，自由主义者很难凝聚成一股有组织的力量；在稍稍平和的时候，他们往往更多沉浸在自己的专业中。所以，在中国近代史上，自由主义不曾有，也不可能有大的作为。

（五）激进主义与保守主义。处于转型期的社会，旧的东西尚未完全退出舞台，新的东西也还未能巩固地树立起来，新旧冲突往往要持续很长的时间，有时甚至达到很激烈的程度。凡助推新东西成长的，人们便视为进步的；凡帮助旧东西排斥新东西的，人们便视为保守的。其实，与保守主义对应的，应是进步主义；与顽固主义相对的则应是激进主义。不过在通常话语环境中人们不太严格加以区分。中国历史悠久，特别是君主专制制度持续两千余年，旧东西积累异常丰富，社会转型极其不易。而世界的发展却进步甚速。中国的一部分精英分子往往特别急切地想改造中国社会，总想找出最厉害的手段，选一条最捷近的路，以最快的速度实现全盘改造。这类思想、主张及其采取的行动，皆属激进主义。在中共党史上，它表现为"左"倾或极左的机会主义。从极端的激进主义到极端的顽固主义，中间有着各种程度的进步与保守的流派。社会的稳定，或社会和平改革的成功，都依赖有一个实力雄厚的中间力量。但因种种原因，中国社会的中间力量一直未能成长到足够的程度。进步主义与保守主义，以及激进主义与顽固主义，不断进行斗争，而实际所获进步不大。

（六）革命与和平改革。中国近代史上，革命运动与和平改革运动交替进行，有时又是平行发展。两者的宗旨都是为改变原有的君主专制制度而代之以某种形式的近代民主制度。有很长一个时期，有两种错误的观念，一是把革命理解为仅仅是指以暴力取得政权的行动，二是与此相关联，把暴力革命与和平改革对立起来，认为革命是推动历史进步的，而改革是维护旧有统治秩序的。这两种论调既无理论根据，也不合历史实际。凡是有助于改变君主专制制度的探索，无论暴力的或和平的改革都是应予肯定的。

中国近代揭幕之时，西方列强正在疯狂地侵略与掠夺殖民地和半殖民地，中国是它们互相争夺的最后一块、也是最大的资源地。而这时的中国，沿袭了两千年的君主专制制度已到了奄奄一息的末日，统治当局腐朽无能，对外不足以御侮，对内不足以言治，其统治的合法性和统治的能力均招致怀疑。革命运动与改革的呼声，以及自发的民变接连不断。国家、民族的命运真的到了千钧一发之际，危机极端紧迫。先觉分子救国之心切，每遇稍具新意的思想学说便急不可待地学习引介。于是西方思想学说纷纷涌进中国，各阶层、各领域，凡能读书读报者，受其影响，各依其家庭、职业、教育之不同背景而选择自以为不错的一种，接受之，信仰之，传播之。于是西方几百年里相继风行的思想学说，在短时期内纷纷涌进中国。在清末最后的十几年里是这样，五四时期在较高的水准上重复出现这种情况。

这种情况直接造成两个重要的历史现象：一个是中国社会的实际代谢过程（亦即社会转型过程）相对迟缓，而思想的代谢过程却来得格外神速。另一个是在西方原是差不多三百年的历史中渐次出现的各种思想学说，集中在几年或十几年的时间里狂泻而来，人们不及深入研究、审慎抉择，便匆忙引介、传播，引介者、传播者、听闻者，都难免有些消化不良。其实，这种情况在清末，在五四时期，都已有人觉察。我们现在指出这些问题并非苛求前人，而是要引为教训。

同时我们也看到，中国近代思想无比的多样性与复杂性呈现出绚丽多彩的姿态，各种思想持续不断地展开论争，这又构成中国近代思想史的一个突出特点。有些论争为我们留下了非常丰富的思想资料。如兴洋务与反洋务之争，变法与反变法之争，革命与改良之争，共和与立宪之争，东西文化之争，文言与白话之争，新旧伦理之争，科学与人生观之争，中国社会性质的论争，社会史的论争，人权与约法之争，全盘西化与本位文化之争，民主与独裁之争，等等。这些争论都不同程度地关联着一直影响甚至困扰着中国人的几个核心问题，即所谓中西问题、古今问题与心物关系问题。

中国近代思想的光谱虽比较齐全，但各种思想的存在状态及其影响力是很不平衡的。有些思想信从者多，言论著作亦多，且略成系统；有些可能只有很少的人做过介绍或略加研究；有的还可能因种种原因，只存在私人载记中，当时未及面世。然这些思想，其中有很多并不因时间久远而失去其价值。因为就总的情况说，我们还没有完成社会的近代转型，所以先贤们对某些问题的思考，在今天对我们仍有参考借鉴的价值。我们编辑这套《中国近代思想家文库》，希望尽可能全面地、系统地整理出近代中国思想家的思想成果，一则借以保存这份珍贵遗产，再则为研究思想史提供方便，三则为有心于中国思想文化建设者提供参考借鉴的便利。

考虑到中国近代思想的上述诸特点，我们编辑本《文库》时，对于思想家不取太严格的界定，凡在某一学科、某一领域，有其独立思考、提出特别见解和主张者，都尽量收入。虽然其中有些主张与表述有时代和个人的局限，但为反映近代思想发展的轨迹，以供今人参考，我们亦保留其原貌。所以本《文库》实为"中国近代思想集成"。

本《文库》入选的思想家，主要是活跃在 1840 年至 1949 年之间的思想人物。但中共领袖人物，因有较为丰富的研究著述，本《文库》则未收入。

编辑如此规模的《文库》，对象范围的确定，材料的搜集，版本的比勘，体例的斟酌，在在皆非易事。限于我们的水平，容有瑕隙，敬请方家指正。

《中国近代思想家文库》编纂委员会

目　录

洪秀全卷

洪仁玕卷

洪秀全卷

导　言

一　盖棺难以论定

今年（2014 年）是洪秀全诞辰 200 周年、逝世 150 周年，以及太平天国都城天京（今南京）陷落 150 周年。150 年来，经过一代代国人的接续探索与奋斗，中国社会发生翻天覆地变化，从积弱积贫阔步迈向现代化，经济总量跃居世界第二位，迎来中华民族伟大复兴前所未有的光明前景。颇堪玩味的是，关于洪秀全的评价也随着社会演进而变化，形成强烈反差：他先是被清政府斥为"贼首"、"逆首"，辛亥革命后被正式尊崇为民族革命运动的先驱；新中国成立后，得到前所未有的崇敬和怀念，被视为伟大的农民革命领袖、太平天国运动的坚强旗手。进入新时期后，一味美化洪秀全的现象得到纠正，但又出现将其"妖魔化"的偏向；特别是近十余年来，不时有人指斥洪秀全是"野心家"、"暴君"、"昏君"、"邪教主"，走向另一个极端。在中国近代史人物中，几乎无人像洪秀全这样，其身后之名大起大落，引起这么大的争议。

究竟应当如何认识和评价洪秀全？

洪秀全 1814 年出生于广东省花县（今广州市花都区）一个客家村落。7 岁（虚岁）入私塾读书。热衷功名，16 岁起先后四次参加科举考试，均名落孙山，精神颇受打击。1843 年读基督教布道手册《劝世良言》，产生共鸣，从此弃绝科举仕进之念，按照自己的理解来传播上帝信仰，走上用"良言"劝世、救世之路。他苦口婆心劝人拜上帝，起初收效不大，后与冯云山结伴远行，终于在广西打开局面。拜上帝者增至两千多人，形成一个名为"上帝会"①的宗教组织，尊奉洪秀全为领袖。今人将洪秀全手创的宗教称为"上帝教"。

当时，广西是长江以南社会矛盾最尖锐、清政府统治力量最薄弱的一个省份。洪秀全 1847 年还兴冲冲地到广州基督教堂，随美国南浸会传教士罗孝全（I.J.Roberts）学道，满心希望能加入基督教会，因受洗不成才二次入桂。时值广西境内民变蜂起，或打家劫舍，或攻城劫狱，社会急剧动荡，以致"民不聊生，官亦不聊生"。上帝信徒与地方官绅的冲突也日渐升级。在现实刺激下，洪秀全从劝人弃恶行善转为倡导斩邪留正，确立反清志向，认为"过于忍耐或谦卑，殊不适用于今时，盖将无以管镇邪恶之世也"。在天地会暴动吸引广西官府主要兵力的情形下，洪秀全与杨秀清等人秘密酝酿金田团营，起兵立国，国号为太平天国。今人将这支反清武装称为"太平军"。

太平军起初处境险恶，遭清军围追堵截，靠避实击虚来保存实力；攻克永安后赢得喘息休整之机；进军湘鄂开拓了新空间，兵力大增，逐渐掌握战场主动权；攻克武昌后完全占据主动，乃至沿江东下，一路势如破竹，攻克东南第一都会江宁（今南京），在此建都，易名天京。在两年多时间里，太平军先后转战六省，跋涉转进数千里，兵力从三千人扩充至十万人左右，攻占大小城池近 40 座。清政府前后更换、任命九个钦差大臣，调动十余省军队，耗费饷银二千余万两，但由于统治机器失灵，战局却愈益恶化。以定都为标志，太平天国结束流动作战状态，进入以天京为中心开疆辟土的新时期。

洪秀全生了一场病、做了一个梦、读了一本书，最终就走上起兵造反之路，把清政府搅得七零八落。这看起来很有戏剧性，有点不可思议，实质上蕴含着深层次的社会政治因素。广西之所以成为太平天国的策源地，根源在于吏治腐败、官逼民反。清钦差大臣赛尚阿便奏陈说："州县各官，胆大贪婪，任听家丁者十居八九。百姓受其欺凌，终无了期，往往铤而走险。……粤西之匪蓄谋已非一日，缘大吏因循、州县逼迫所致。"而广西情形是全国的一个缩影，远不是孤立现象，金田起义因此得到各地下层民众响应，迅速从星星之火浸成燎原之势。除太平天国外，同期国内还接踵爆发了其他一些较有声势的反清起事，诸如广东

① 学界通常认为该宗教团体名为"拜上帝会"，此属以讹传讹。参见夏春涛：《天国的陨落——太平天国宗教再研究》，30～35 页，北京，中国人民大学出版社，2006。

天地会，上海小刀会，以皖北为中心的捻军，以及贵州苗民起事，云南和西北回民起事等，整个中国几乎成为一片火海。倘若撇开清政府腐朽统治的因素，单纯从个人"野心"等角度来诠释引发这些事变的原因，显然是不合逻辑的。

定都后，洪秀全一直居住在天京，直至病逝。他死后不到 40 天，天京即被湘军攻破，太平天国中央政权覆灭。4 个月后，身陷囹圄的幼天王乞降不成，在江西南昌被凌迟处死，太平天国世系终结。虽有太平军余部坚持流动作战，但已是强弩之末。从金田起义到天京陷落，太平天国前后与清政府对峙 14 年，可谓"其兴也浡焉"，"其亡也忽焉"。作为太平天国的主要缔造者、最高统治者和灵魂人物，洪秀全几乎与太平天国的兴亡相始终。如何评价洪秀全，实际上就是如何评价太平天国。反之亦然。

关于洪秀全评价的分歧和争议，主要体现在对洪秀全思想与行为的不同解读上。可供研究的文献资料是相同的，历史真相也仅有一种，而人们得出的结论却颇有出入，甚至大相径庭。究其原因，主要是该研究与现实政治联系较紧，受社会思潮影响较大。新民主主义革命是中国共产党领导的、以农民为主体力量的新式革命，新中国成立后，追溯太平天国、讴歌农民革命成为顺理成章之事，以论证中国革命的渊源和正义性。太平天国研究因而成为一门显学，受到空前重视，取得骄人成绩，但也出现偏差，在运用唯物史观时存在简单化、教条化倾向，有意为尊者讳，一味拔高对洪秀全和太平天国的评价。1964 年，戚本禹等人以揪"叛徒"、彰"气节"名义大批忠王李秀成，则使研究陷入混乱，主要表现为将学术问题与政治问题画等号，影射史学泛滥成灾，给历史人物贴政治标签成为人物研究风行的模式。进入改革开放新时期后，史学界努力肃清极左思潮的影响，做了大量正本清源的工作。到 20 世纪 90 年代，相继推出一大批有分量的总结性研究成果。不过，随着研究难度加大，以及学者研究兴趣的转移，太平天国研究逐渐从繁盛趋于冷落。由于起步早（至今已持续近一个世纪）、起点高（已有论著堪称汗牛充栋），从事该研究的门槛越来越高，对初学者更是如此——仅必读的最基本史料和代表性研究论著就达几千万字，同时还必须搞清楚太平天国的典章制度。这不免让人望而却步。现今依然坚守这一领域的学者已是凤毛麟角，且后继乏人，研究队伍青黄不接。虽断续有新著问世，但总体上难挽颓势。与专业研究队伍急遽萎缩形成对比的是，揭批邪教"法轮功"这一背景，以及 2000 年夏大型电视连续剧《太平天国》的播出，使得社会上对这段历史的关注度骤然增加。不过，电视剧《太平天国》"戏说"的成分太多。社会各界人士撰文、写书谈太平天国，以评论居多，某些观点不无见地，但多数作者缺乏研究积累，对史实、史学史缺乏了解，往往仅读几本史料就下很大的结论，流于对洪秀全的口诛笔伐。这反映了人们对过去有些论著一味美化、偏袒洪秀全的抵触心理，但明显矫枉过正。受历史虚无主义、民粹主义等思潮的影响，更有人借历史这杯陈酒来浇胸中块垒。一时间，全盘否定洪秀全、替曾国藩翻案的观点被炒得沸沸扬扬。某些所谓的新观点实际上是陈词旧说的翻版，如"农民战争破坏论"、上帝教是"邪教"、太平军与湘军之战是"农民打农民"之类。这对研究丝毫起不到推动作用，反而把水搅浑了。

从严格意义上讲，很难说洪秀全已达到思想家的高度。但在旧时代的农民领袖中，洪秀全无疑是最有思想的一位。他是读书人出身，起义立国后仍勤于著述，其思想直接影响了太平天国的历史进程和命运。后来发生的许多重大事件，包括上海的兴起、洋务运动、辛亥革命，都与太平天国有着千丝万缕的联系。因此，研究中国近代思想史，不能绕开洪秀全。争议越大，越要加强研究。

譬如，太平天国以宗教起家，又以宗教立国，其核心信条是独尊上帝。洪秀全用上帝信仰整肃军纪、激励士气、维系人心，这是否纯属有意识的"欺骗性"宣传，还是他本人确实带有信仰成分？丁酉年（1837年）升天异梦对他的心理有何影响？洪秀全从西方基督教搬来上帝，但却颠覆了基督教的基本信条，并糅合了儒家学说和中国民间宗教等因素，带有鲜明的形而下色彩，倡导打江山、创新朝，有自成体系、别具一格的宗教仪式和经典。太平军既是军事组织，同时又兼有宗教团体性质，平素通过读天书、讲道理来普及教义，每七日举行礼拜仪式，凡新兵入伍须举行洗礼仪式。有论者认为太平天国宗教是基督教的一个分支，显然与史实不符。需要思考的是，洪秀全的这种改造及创新有何成败得失？与太平天国的兴亡究竟有什么关联？

再如，20 世纪 50 年代初，范文澜先生认为太平天国使旧式农民起义的面目为之大变，揭开了中国旧民主主义革命的序幕，是中国历史上第一次提出政治、经济、民族、男女四大平等的革命运动。这成为学界的主流观点，因过于溢美，进入新时期后逐渐被弃用。但相关问题的研讨远没有结束。

　　洪秀全憧憬"地下太平，人间恩和"，有改造中国社会的具体构想和政策。他定国号为太平天国，"太平"是其心目中理想社会的首要特征。基于世人灵魂均来自上帝的说法，洪秀全提出"天下一家"说，宣传人皆兄弟、民胞物与等理念，并将之引申为军队必须爱护老百姓，官长必须体恤士兵。根据"天下一家"说，他还对经济社会生活重新设计，颁布《天朝田亩制度》，规定"凡天下田，天下人同耕"，强调"有田同耕，有饭同食，有衣同穿，有钱同使，无处不均匀，无人不饱暖"。另一方面，洪秀全又严判上下尊卑，推行森严的等级制度，强调"子不敬父失天伦，弟不敬兄失天伦，臣不敬君失天伦，下不敬上失天伦"（《天父诗》第475首），要求人们遵守礼仪、恪守名分。"天下一家"说与森严的等级制很不协调。从实际情况看，"无处不均匀，无人不饱暖"仅停留在宣传层面，根本无法兑现，而上下尊卑是触摸可见的客观存在。结果，"天下一家"说并未能维持内部的团结和谐，定都仅三年就爆发内讧，昔日的生死兄弟为争夺权力杀红了眼，酿成一场惊心动魄血流漂杵的内乱，致使太平天国元气大伤，人心涣散。与此相关的是太平天国政权性质问题。学界意见不一，迄无定论，大致有封建政权说、农民革命政权说、农民政权封建化说、两重性政权说。需要思考的是，农民阶级不是新的生产关系的代表，所谓农民政权是相对于地主政权而言，两者是否有质的区别？

　　与之相关联的还有妇女地位问题。太平天国就此提出过一些进步主张，如"凡分田照人口，不论男妇"，"凡天下婚姻不论财"。但事实上，起义立国特别是定都后，为起义作出贡献和牺牲的广大妇女便逐渐归于沉寂。洪秀全严判上下尊卑，同时男尊女卑意识浓厚，大讲三从四德以及男主外、女主内等老调，强调妇女要守妇道、重贞操。因此，妇女在太平天国的活动空间极为有限。更有甚者，洪秀全等人在军中和天京城推行禁欲主义，严别男女，规定虽夫妻不得同居，违者一律以"奸淫"罪处死，而自己却大搞多妻制，强征民女选美，声称这是上帝的旨意。后期又在高官中普遍推行多妻制。洪秀全本人最终拥有88名后妃。在强行婚娶和多妻制背景下，女子连最起码的尊严和自由都没有，又哪里谈得上男女平等、妇女解放呢？

　　洪秀全有改造中国文化的念头，在定都初期掀起狂飙式的焚书运动，禁止孔子崇拜，严禁读古书。后期虽不再焚书，但太平军随意糟蹋古籍的现象仍较为普遍。太平天国也开科取士，但考题依据上帝教教义，而非儒家典籍。曾有论者认为，太平天国的反孔斗争是近代第一次思想解放潮流，成为五四时期打倒"孔家店"的先声。事实上，洪秀全否定的是孔子权威而不是其学说，是一种形式上而非内容上的反孔，目的是为了确立独尊上帝的局面。这种过激文化政策使读书人除政治成见外，又与太平天国多了一层文化上的隔阂，从而持排斥心理。李秀成认为太平天国办得不好的一件事是"无读书人"，系有感而发。

洪秀全还想改造世道人心，将拜邪神、行邪事、有邪念之人斥为"生妖"，将一切神像斥为"死妖"或"泥妖"。在民间，太平天国用严厉手段推行了许多禁令。部分是基于确立上帝信仰的考虑，如严禁偶像崇拜，取缔孔子崇拜、祖先崇拜，取缔棺葬；部分是基于政治考虑，如颁行新的历书（天历），号召留发易服；部分是基于扭转奢靡颓废之风的考虑，如严禁吸食鸦片，禁酒、禁赌、禁娼妓，禁邪歌邪戏。不过，太平天国主要用严刑峻法来推行禁令，这套做法在军中能够奏效，在民间则适得其反，与民俗的冲突过于激烈，从而广泛激起抵触情绪，影响了人们对太平天国的认同感。而规模空前、持续时间长的毁灭偶像之举（以拆庙为主），致使江南无数名胜古迹毁于一旦，令人扼腕。

除浓厚的宗教色彩外，强烈的汉民族意识是太平天国意识形态的另一主要特征。洪秀全持严别华夷、兴汉灭满的态度，源于对满族灭明的沉痛记忆，更主要源自对黑暗现实的义愤。太平天国打出的旗帜之一便是反满，斥清朝统治者为"满妖"、"鞑妖"，号召民众留发易服响应起义，廓清华夏。时人遂有"贼见旗人恒切齿，目为妖魔专杀此"一说。不过，反满口号在当时并未引起太大反响，到了清末才真正发酵。孙中山先生以"洪秀全第二"自励，主要是从反满角度立意的。随着时势演变，同为广东客家人的孙中山大大超越洪秀全：他领导了一场新运动，最终推翻在中国延续几千年的君主专制制度，并宣布"五族共和"，促进了中华民族的团结。

如何办理外交是洪秀全面临的一个新课题。总的来说，洪秀全对办理外交的重要性缺乏认识，观念陈旧。他沿袭传统的天朝上国观念，视西方国家为进贡番邦，将西方使节主动来访视为"谒主"、"归顺"，同时又依据同拜上帝这一事实，称对方为"（洋）兄弟"。缺乏近代国家主权意识，却十分看重外交礼仪（要求洋人下跪），太平天国在这方面与清政府实在伯仲之间。在洪仁玕努力下，太平天国后期改变了国际观念，主动与洋人打交道，尽管洪秀全仍不时流露出以"万国真主"自居的意识。而西方列强在华搞外交投机，一心攫取更多权益，毫无信义可言。据李秀成说，洪秀全断然拒绝某"鬼头"联手灭清、事后平分疆土的提议，正告"我争中国，欲相［想］全图，事成平定，天下失笑；不成之后，引鬼入邦"。这反映了洪秀全的民族自尊心，与清廷不计后果地"借师助剿"形成对比。太平军在上海、苏州等地与英法侵略军浴血奋战，在近代反侵略历史上写下了光辉一页。

在《论人民民主专政》一文中，毛泽东列举从鸦片战争起向西方寻找真理的先进的中国人，首先就提到洪秀全。洪秀全以上帝旗号起兵反清，欲改造山河，确实有新意。从总体上讲，洪秀全的思想究竟是新东西多，还是传统的东西多？是在向前看，还是往后看？洪秀全提出过一些闪光思想，但没有得到坚持和发展，反而很快被湮没，其原因是什么？对此类问题的思考，有助于深化对太平天国思想和历史的认识。

二　洪秀全著述简介

持先入为主的态度，故意美化或丑化洪秀全，都不足取，都会使研究流于简单化。研究洪秀全思想，须从洪秀全著述入手，看他本人究竟是怎么想、怎么说的，同时还要看他实际是怎么做的。总之，要以史料、史实为依据。

洪秀全著述甚丰。据洪仁玕说，洪秀全首次来广西传道期间，便写有《劝世真文》等50余种宣传品，"一一劝人学好"。举兵起义后，洪秀全身份变了，但重视笔杆子的习惯没有变。定都后，太平天国迅速建立了较为完备的书籍刻印和文书颁发制度，实行严格的出版管制，严禁买卖藏读儒家经书，规定唯有经洪秀全审订、盖有"旨准"印、由官方刊刻的书，方准阅读。名曰"诏书"，亦称"天书"、"真书"、"圣书"，今人称为"印书"。就此而论，太平天国出版的所有书籍，都打上了洪秀全的烙印；某些书籍直接出自洪秀全笔下，包括假托上帝之名的《天父上帝言题皇诏》、《天父诗》，以幼主名义刊刻的《幼主诏书》。诏旨构成洪秀全著述的另一大类。据目击者说，后期天王府"每日午后放炮九声，悬伪诏于门外"。洪秀全在位十余年，所颁诏旨的数量不可胜计。这两类文献构成研究洪秀全思想的第一手资料。

然而，太平天国败亡后，其书籍、文件几乎被清政府毁灭殆尽。截至20世纪80年代，经过几代学者艰辛搜访（主要在海外）和整理，太平天国当年刻印的书籍大多得以重见天日,但仍有数种亡佚;文书的情况则很不乐观。从总量上讲,遗存至今的文献(尤其是文书)仅占很小比例,堪称凤毛麟角。这使研究受到很大局限。因此,编洪秀全文集,首先是如何根据残存文献尽量编全、编齐的问题,而不是如何遴选、取舍的问题。这本集子,仅舍弃洪秀全以幼主名义封赏官员、无实际价值的数道诏旨①,实际上是本"全集",但也仅有 12 万字左右。

整理、编辑太平天国文献,涉及一些具体问题或难题。一是辨伪。存世太平天国文献有鱼目混珠之作,如清钦差大臣赛尚阿伪造的洪大全供词,曾国藩篡改过的李秀成笔供(今人称为"自述"),辛亥革命前夕南社诗人高旭编造的石达开遗诗,以及嗣后一些书贾为牟利假造的文献或文物。好在经过罗尔纲等前辈学者的考证,此类问题已基本澄清。二是校勘。因疏于校对,太平天国刻颁的书文有错讹之处。后世学者整理时,又发生一些鲁鱼亥豕之误。现今几种最常用的排印本太平天国印书、文书汇编,都有不少错字、衍字、脱字以及标点错误,从而损害了原意。三是版本。太平天国书籍大多有修订本,改动幅度虽不大,但每处改动都隐含着重要信息,反映了思想和政策的调整、变化,须格外留意;再就是重刻本的封面仍署初刻年份,导致再版的确切时间不明,须加以考订。四是注释。太平天国文献有大量避讳字、新造字和特殊称谓,涉及具体的典章制度以及思想、史实。倘若不作考证、不加注释,便难以明晓其义。在长期整理编纂文献史料的过程中,太平天国研究形成一个分支——太平天国文献学,其代表性成果首推罗尔纲前辈穷半个多世纪之力完成的名著《李秀成自述原稿注》。本卷凡涉及校勘、版本等细节,均酌情加注释说明。

洪秀全的诗文写得比较通俗,但理解准确并不易。凡太平天国文献中的繁体字、异体字和俗字,本卷均改为现代规范汉字。某些太平天国新造字,如改"魂"为"魀"(以示天上无鬼),改"玺"为"𤫉"(指金质的玺),改"福"为"福"(寓意锦上添花),仅在首次出现时加注,再次出现时则用现代规范汉字代替。太平天国推行避讳制度。例如,"上"字在太平天国为"上帝"专用,余以"尚"字代,故"上海"改作"尚海"。本卷仅在首例加注,其余直接使用"上"字,以免费解。

---

① 个别诏旨,譬如封干王诏,见《洪仁玕卷》之《钦定英杰归真》。为避免重复,这里不录。

有些避讳字无关宏旨，直接照录，也不加注。如《太平天日》中的"张永绣"，实为"张永秀"，避杨秀清名讳。

凡不易理解的方言俚语以及太平天国隐语，酌情加注。至于涉及太平天国典章制度之处，限于体例和篇幅，无法逐一加注。读者可查阅相关专著和工具书。

太平天国文献凡提及天父、天兄以及洪秀全父子等人时，照例须抬头。本卷不再按照这一格式排版。

洪秀全喜欢写俗体诗。这与其知识背景以及早年传道经历有关。他早年的宗教宣传品以诗歌、对联居多，便于理解和记忆；登位后所写的书、颁发的诏旨甚至硃批，也以诗体为主，或者诗文合为一体。倘若分类编排，文集就会被切割得支离破碎。本卷按写作时间（参酌刊刻时间）之先后编排，不再分类。洪秀全的诏旨大多篇幅不长，倘若逐一加标题编排，则不免碎片化。所以本卷或按年编排，加一总标题，或单独编排，酌情而定。

下面再就本卷所收文献，按目录逐一作简要说明。

洪秀全早年诗作，选自洪仁玕述、瑞典传教士韩山文（Theodore Hamberg）著《洪秀全之异梦和广西叛乱的起源》，以皈依上帝后的言志布道诗为主。某些表述，如"斩邪留正"、"我今为王"、"手持三尺定山河"等，在字面上明显有改造社会、起兵造反的意思。这与洪秀全当时的心境与认识不相吻合，可能是洪仁玕口述时改易，意在"神话"洪秀全；或许直接是洪仁玕口述时的假托之作——从文字看，个别诗作与洪仁玕写诗的风格确实很接近。当然，洪秀全单纯从宗教角度谈"斩邪留正"等，也是可以理解和成立的。

《太平诏书》，由洪秀全早年撰写的数篇宣传上帝真道的诗文合辑而成。主要宣扬"天下一家"理念，呼吁世人恢复独尊上帝之传统，遵天诚，做正人，行善事，共享太平；表达了变乖离浇薄之世为公平正真之世的心愿，以及对传说中的古代大同社会的钦慕之情。这奠定了洪秀全宗教学说的基调。

《太平天日》，原书封面题曰："此书诏明于戊申年冬今于天父天兄天王太平天国壬戌十二年钦遵旨准刷印铜板颁行"。即该书刊刻于太平天国壬戌十二年（清同治元年，1862年），但其内容在戊申年（清道光二十八年，1848年）冬就已由洪秀全"诏明"。该书实为洪秀全自述，采用第三人称（"主"），敷衍他在高天被上帝封为天子、奉命下凡斩邪留正的经过，并讲述早年布道经历。其中关于丁酉年升天梦境的解读很值得揣摩。笔者以为，洪秀全的宗教情结确实含有信仰成分——《劝世良言》与升天异梦内容的巧合，开国初期的一连串胜利，使他获得一种强烈的心理暗示，冥冥之中觉得自己确实受命于天，得到神的庇护。

《太平礼制》，太平天国最早刊刻的书籍之一，原为洪秀全的一篇诏旨，首句为"天王诏令"，末为"钦此"二字。按照尊卑等级，规定了首义诸王亲属、各级职官及其亲属的各自称谓，极为繁琐。

起义初期诏旨13件，内容主要为整肃军纪、激励士气，包括永安封五王诏。

建都初期千头万绪、百废待兴。清政府方面判断说，此时"伪诏甚多"。而存世天王诏旨仅5件，内容分别涉及地震、删改《诗韵》、禁止吸食鸦片、贬直隶省为罪隶省，以及宣布皇帝、大哥天下独一，除天父、天兄外，有人称帝称大哥者均是死罪。

《天父上帝言题皇诏》，又名《十全大吉诗》，定都当年刊刻。洪秀全称，这些诗是当年天父上帝在高天亲授给他，作为他下凡作主的凭据。

《御制千字诏》，定都次年刊刻。"御制"、"诏"，说明系出自洪秀全的手笔。以天王之尊写幼童识字读物，这与其早年的塾师身份有关。该诏每四字一句，计276句，从上帝创造天地万物、耶稣下凡救世赎罪，一直讲到洪秀全升天受命、云游布道、率众起义、建都立业。全文1 104个字各不相同，有大量生僻字，叙述简练，构思精当，是一篇别具一格的启蒙读物。

《天父诗》，天京事变后太平天国刊印的第一部书，共收500首诗，除少量天父、天兄诗体圣旨外，其余400余首均为洪秀全为整肃后宫所写的宗教伦理诗。如此冠名，说明在杨秀清被杀、天父下凡活动就此谢幕后，洪秀全有意将代天父传言的权力收为己有。该诗集以宫闱生活为题，虽不写风花雪月，但格调不高，主要教训身边的女人如何守规矩、尽本分，包括定下十条禁忌，严申"服事不虔诚，一该打；硬颈不听教，二该打；起眼看丈夫，三该打"云云。除杖责外，《天父诗》还有将后妃处以点天灯酷刑的描述。洪秀全曾强调"后宫为治化之原，宫城为风俗之本"，所以这些言论具有导向性，反映了他对待妇女的真实心态。

命薛之元镇守天浦省诏，明确了镇守城垣的主要职责，是少见的以军事为题的存世诏旨。

《幼主诏书》，又名《十救诗》，洪秀全以幼主名义刊印，主要谈严别男女的清规戒律。譬如，男童 7 岁就必须自己学洗澡，且不得与母亲同床；妹妹长到 5 岁，哥哥就不能摸她的手；弟弟到了 7 岁，姐姐就得与他保持一丈远的距离。道学色彩甚浓。

致英国全权特使额尔金（J. Bruce, Earl of Elgin）诏，写在太平军与英舰发生冲突之后。该诏将英人顺路经过天京说成是"兄弟团圆"，表达了与其联手对付清政府的意愿；同时大讲天父天兄下凡、自己是上帝亲生子以及"万国来朝"等，在宗教、外交理念上与对方格格不入。

己未九年（清咸丰九年，1859 年）颁行天历诏旨 2 件，内容涉及设立天历六节等，强调"天历流行，永无止息"。天历具有重定正朔的政治象征意义，但不合天象，并不实用，从而加大了在民间推广的难度。

庚申十年（清咸丰十年，1860 年）幼主（洪秀全长子）诏旨 6 件，分别褒奖李秀成开疆拓土、向京城输送财物之功；宣布嗣后内外本章免盖玕叔印，这是洪仁玕权力遭削弱的一个重要信号；再就是谈及封赏之事，涉及教义与吏治；另有两件诏旨颁给在天京访问的美国传教士花雅各（J. L. Holmes）。幼主此时还不满 11 周岁，仅是象征性地参与料理朝政，其诏旨实由洪秀全代笔。[①]

爷哥朕幼同作主诏，与上文提到的两件幼主诏旨同时颁给花雅各牧师。花雅各将之翻译，一并刊发在上海英文报纸《北华捷报》（*North China Herald*）。清苏松太道吴煦派人据英文回译。诏旨所言涉及太平天国特定的宗教教义和相关制度，花雅各译为英文难免有误，清方回译不免有误，今人据回译件辑录又有可能出错。如此一来，这三件诏旨很难准确反映原件的本义，某些错讹十分明显。不过，这三件诏旨的主旨还是清楚的，大致可归纳为三点：一是宣称洪秀全是万国真主；二是大讲自己的教义（天父天兄下凡之类）；三是勉励洋人共同对付清政府。

庚申十年梦兆诏 2 件，讲述其最新梦境，包括自己徒手打死四只老虎之类，宣称这意味着爷哥朕幼坐天国、天朝江山万万年。自己做了稀奇古怪的梦，却郑重其事地下诏广而告之，这是因为洪秀全身份特殊，

---

① 据幼主（幼天王）被俘后供述，他在天王病逝后即位，朝政实由勇王洪仁达等人执掌，"所下诏旨都是他们做现成了叫我写的"。

在杨秀清被杀后已不受任何约束；更因为在缺少天父（杨）下凡这一环节后，他以托梦形式直接代天父传言，认为自己的梦兆代表了上帝意志，非同寻常。

谕苏省及所属郡县四民诏，同年颁布，指斥清政府"厚敛重征"，宣布"体恤民艰"，酌减苏福省新附四民应征钱粮。该诏以民生为题，体现了洪秀全争取民心的意识。

约在同年九月左右①，由洪秀全亲自删改修订的《圣经》开始陆续刊刻，计《钦定前遗诏圣书》（简称《前约》）27 卷，《钦定旧遗诏圣书》（简称《旧约》）前 6 卷。太平天国起初奉基督教《圣经》为"当今真道书"，大量刻印散发，但来访洋人依据《圣经》批驳上帝教教义，使洪秀全意识到不能原封不动地照搬。他在后期宣布"朕来乃是成《约书》"，对《圣经》文字大幅修改，并加了不少砵批。着重修订《新约》，重点是否定三位一体论，坚持神人同形论，为太平天国立国和自己下凡作主确立凭据。钦定版《圣经》正式与基督教经典剥离，构成上帝教经典中的《旧约》、《前约》。洪秀全将《新约》改称《前约》，意在强调自己得到的神谕更新、更有权威性。为便于读者阅读，本卷在"附录"列出了太平天国版《圣经》与白话本《圣经》篇名的对照表。

辛酉十一年（清咸丰十一年，1861 年）诏旨 14 件，以及对英国传教士艾约瑟（E. D. Edikins）一篇宗教文章的砵批，关于英国军官雅龄（E. Aplin）求见一事的御照。其内容以论证自己是真命天子、宣扬爷哥朕幼体系为主。据时人记载，天王后期每日午后降诏，"所言皆天话、梦话，并无一语及人间事，令人失笑"。其实，太平天国以宗教立国，大讲天话、梦话本不足怪，关键在于内容：早期的天话、梦话含有丰富的社会内容，能够提振人心；后期，太平天国在政治、军事、经济等方面存在许多棘手问题，尤其是内部腐败现象严重，人心涣散，而洪秀全却在宗教情绪中陷溺太深，试图通过苍白空洞的说教来重拾人心，不啻缘木求鱼。说到底，洪秀全推出的独一真神信仰依旧是在造神，难以持久维系人心。

辛酉十一年幼主诏旨 2 件，下令添设御林兵，以护守天京；另称父子公孙永作主，要求臣民真心敬真神、遵天命。

在随后两年多时间里，太平天国局势急遽恶化。在危机四伏的情况

---

① 参见夏春涛：《天国的陨落——太平天国宗教再研究》，129 页。

下，洪秀全反应如何？可惜这段时间的天王诏旨被毁殆尽，无法详细分析，仅能从片断记载中略窥一二。

1863年夏，《北华捷报》刊登洪秀全一道诏旨的英译文。该诏指斥官员私藏财物、压迫人民，导致局势危殆；告诫众人守正道、遵天教，以免更大的灾祸降临。这说明，洪秀全明晓人心向背的道理，忧心忡忡，承受着巨大精神压力。

另据李秀成回忆，天京危在旦夕之际，他建议"让城别走"，被否。洪秀全呵斥道："朕奉上帝圣旨、天兄耶稣圣旨下凡，作天下万国独一真主，何具［惧］之有！不用尔奏，政事不用尔理。尔欲出外去，欲在京，任由于尔。朕铁桶江山，尔不扶，有人扶。尔说无兵，朕之天兵多过与［于］水，何具［惧］曾妖者乎！"显然，他不甘失去体面，仍欲维护并寄希望于上帝神话。然而，这番豪言壮语并没能阻止天京陷落的厄运。湘军破城后，大肆焚劫，致使"十年壮丽天王府，化作荒庄野鸽飞"。洪秀全遗体则被刨出，刀戮火焚。上帝神话连同天堂之梦遂在烈火与烟焰中化为灰烬。

除上述作品外，另有5种印书或主要记述洪秀全的言论，或由洪秀全亲自审订，是研究洪秀全思想的重要资料。本卷将其列为附录，以示区别。

《天条书》是太平天国最早刊刻的书籍之一，辑录洗礼等仪式中的各种祈祷文，礼拜仪式中的赞美经，以及具有律法性质的十款天条。按照其重要性、专业性，当是由洪秀全主笔。该书引言及结束语，有大段文字直接引自洪秀全的早期作品，仅文字稍有改易。

《幼学诗》共收34首五言诗，以敬上帝、敬耶稣、敬肉亲以及朝廷、君臣、父子、兄弟、夫妻、男女之道等为题。其风格与洪秀全很一致，其思想和文字也大多可以从洪秀全著述中找到根源。英国传教士麦都思（W. H. Medhurst）认为这是一本优秀读物，与基督教教义相吻合。清方编写的《贼情汇纂》则嘲笑其"鄙俚不堪"，并揪住"天下一家"理论，指责太平天国"五伦俱废"，"何五伦诗诸箴之有"？

《天朝田亩制度》是太平天国的纲领性文献，约3 800字，建都初期颁布，主要反映了洪秀全的思想：既根据"天下一家"说，提出土地均耕、财富均分，同时又将全体社会成员划分为"功勋等臣"和"后来归从者"两大类，规定前者"世食天禄"，后者则承担"杀敌捕贼"、"耕田奉上"的义务。该方案满足了广大农民对土地的渴求和均匀饱暖的愿望，有值得赞许的一面，但未免将小农生活理想化、绝对化。其内容有不少自相矛盾之处，既强调绝对平均，又严判上下尊卑；既宣布取消一切私财和商业活动，却又允许银钱流通，等等。总体上不切实际，缺乏可操作性。迫于筹饷压力，太平天国后来不得不正视现实，推行"照旧交粮纳税"政策，即不触动旧的地权关系。

太平天国实际上有两个权力核心，洪秀全并不拥有一言九鼎的绝对权力，因为他与杨秀清除君臣名分外，还有一层子与父的关系：当杨托称天父下凡时，作为天父次子的洪不得不俯首听命。《天父下凡诏书》第二部主要由杨秀清、洪秀全的对话构成，记定都当年冬天父（杨）借天王家务事发威，指斥后者犯有过错（用靴头击踢怀有身孕的娘娘，对女官太苛，教子无方），欲杖责之，以及随后杨进谏洪的经过。《幼学诗》强调"生杀由天子，诸官莫得违"，而杨秀清此后愈益专横跋扈，直至逼封万岁，这是洪秀全断难容忍的。该书为了解太平天国的政治伦理观念以及天京事变的源起，提供了重要材料。

《王长次兄亲目亲耳共证福音书》，又名《福音敬录》，追记洪秀全丁酉年升天时所唱"预诏"（实际上是洪在神志不清状态下所说的"胡话"），以证明洪是真命天子。由天王胞兄洪仁发、洪仁达奉旨编写；初稿编成后，又经洪秀全"御照教导"，并抄入洪的所谓"自证"。因此，该书可以看作是洪秀全的作品。它与随后刊刻的《天父圣旨》、《天兄圣旨》、《太平天日》一道，构成上帝教的《真约》，即记录天父天兄圣旨、描写上帝赐封洪秀全为真命天子情节的书籍。洪秀全表示"今蒙爷哥恩下凡，旧前约外真约添"，即指此事。《旧约》、《前约》和《真约》的问世，标志着太平天国拥有自己独立的宗教经典。这是上帝教区别于西方基督教的一个重要标志。

还需要说明的是，洪秀全在审读洪仁玕撰写的《资政新篇》时，共在31处加了批语。这是研究洪秀全思想不可忽视的细节，详见《洪仁玕卷》，此处从略。《武略》由古兵书《孙子》、《吴子》、《司马法》合编而成，约刊印于太平天国戊午八年（清咸丰八年，1858年），原刻本现藏伦敦英国图书馆（原"不列颠博物院"）东方部。据王庆成研究员校勘，洪秀全对原书所作删改达一百数十处。例如，将《孙子》"九变"改为"八变"，删除"君命有所不受"一句，以强调君权至上；三书谈及历代君臣、古圣先贤事迹的文字，如"黄帝之所以胜四帝也"等，则被大段删除，反映了洪秀全在定都后的一贯态度，即排斥古人古书。鉴于该书系删改而非原创，本卷不予收录。

王庆成研究员、祁龙威教授是我的恩师，均在发掘、整理、研究太平天国文献上卓有建树。王师现旅居美国，学生叩见不便，颇为怅然。祁师于去年11月溘然长逝，享年92岁。20世纪70年代，祁师曾编辑《洪秀全选集》、《洪仁玕选集》（中华书局1976、1978年版）。时隔30多年，笔者接着编洪氏兄弟文集，不禁感喟不已。谨以此书寄托对祁师的怀念之情。

早年诗作[*]

(一)^①

手握乾坤杀伐权，斩邪留正解民悬。

眼过西北江山外，声震东南日月边。

展爪似嫌云路小，腾身何怕汉程偏。

风雷鼓舞三千浪，易象飞龙定在天。

鸟向晓兮必如我，我今为王事事可。

身照金鸟灾尽消，龙虎将军都辅佐。

(二)^②

吾侪罪恶实滔天，幸赖耶稣代赎全。

勿信邪魔遵圣诫，惟崇上帝力心田。

天堂荣显人宜慕，地狱幽沉我亦怜。

及早回头归正果，免将方寸俗情牵。

---

　* 瑞典传教士韩山文根据洪仁玕口述，用英文撰成《洪秀全之异梦和广西叛乱的起源》一书，1854 年在香港出版。1935 年 7 月，燕京大学图书馆重印此书，系中英文对照本，中译本由简又文先生译，书名改为《太平天国起义记》。原著所译洪秀全诗作（包括对联），均附有中文原文。这些诗作，太平天国后来刊布的文献多有辑录，但文字略有差异。本书以燕京大学图书馆印本为底本辑录，按原书顺序编排；标题、序号及题注由编者所加。

　① 丁酉年（1837 年）春，受科考落第打击，卧病 40 余日，受梦境暗示写下这两首诗。

　② 癸卯年（1843 年）皈依上帝之初所作，表达独尊上帝、不拜偶像之理念。

神天之外更无神，何故愚顽假作真。
只为本心浑失却，焉能超出在凡尘。

(三)①

手持三尺定山河，四海为家共饮和。
擒尽妖邪投地网，收残奸宄落天罗。
东南西北敦皇极，日月星辰奏凯歌。
虎啸龙吟光世界，太平一统乐何如。

(四)②

非听谗言违叔命，只遵上帝诫条行。
天堂地狱严分路，何敢糊涂过此生。

(五)③

五百年临真日出，那般爝火敢争光。
高悬碧落烟云卷，远照尘寰鬼域藏。
东北西南群献曝，蛮夷戎狄尽倾阳。
重轮赫赫遮星月，独擅贞明耀万方。

(六)④

题诗草檄斥甘妖，该灭该诛罪不饶；
打死母亲干国法，欺瞒上帝犯天条；
迷缠男妇雷当劈，害累人民火定烧；
作速潜藏归地狱，腥身岂得挂龙袍！

---

① 癸卯年研读《劝世良言》、定制"斩妖剑"后所作。
② 甲辰年（1844年）元宵节，洪秀全拒绝撰写祭神诗文，遭族中长辈作诗训诫，诗曰："老拙无能望后生，谁知今日不相关。经纶满腹由人用，听信谗言执一般。"洪秀全遂写此诗说明原委。
③ 甲辰年十月自广西布道返乡。某日，梦见红日在其手中，醒后吟成此诗。
④ 丁未年（1847年）九月捣毁广西象州甘王庙时所作。

(七)①

安得真兄真弟兮，共布大道于海滨？
安得同心同德兮，时同笑傲乎天真？
安得义胆忠肝兮，同安宇宙于太平？
东北西南兮，同予者何人？
云龙风虎兮，聚会者何辰？
天道不谄兮，上帝岂无亲？
始终一德兮，何日得腾身？

(八)②

信实上帝终有福，
不信上帝终有哭。

尔们切莫慌，上帝有主张。
真心多凭据，方可上天堂。

遵圣诫拜真神，撒手时天堂易上。
泥世俗信魔鬼，尽头处地狱难逃。

信实上帝便是上帝子女，来何处从天而降，去何处向天而升。
敬拜妖魔即为妖魔卒奴，生之时为鬼所迷，死之日被鬼所捉。

巍巍天父万国所同，养育世人功德无穷。
六日造成天地山海，备物赐人享用相通。
天父至亲显斥邪神，设立天条诰诫愚民。
既遣耶稣捐命赎罪，又差全证此道确真。

---

① 丁未年冬，紫荆山乡绅发难，致使冯云山被官府羁押。洪秀全借诗抒发怅惘、思念之情。

② 己酉年（1849年）正月，洪秀全再度自广西返乡，在布道时所述。多为此前的作品，主要强调独尊上帝、废弃偶像。"又差全证"之"全"，指"秀全"。

(九)①

烟枪即铳枪，自打自受伤；
多少英雄汉，困死在高床。

(十)②

近世烟氛大不同，知天有意启英雄。
神州被陷从难陷，上帝当崇毕竟崇。
明主敲诗曾咏菊，汉皇置酒尚歌风。
古来事业由人做，黑雾收残一鉴中。

---

① 洪秀全反对吸食鸦片，该诗为劝诫信徒而作。
② 写于庚戌年（1850年）金田团营前夕。从文字看，该诗更接近洪仁玕的风格。洪秀全此前强调"即如好酒亦非正"（《原道救世歌》），明确表示"虽世间之主称王足矣"（《原道觉世训》），而该诗却有"汉皇置酒尚歌风"句。据此推测，该诗或是洪仁玕口述时的假托之作。

太平诏书 *

原道救世歌

道之大原出于天，谨将天道觉群贤。

天道祸淫惟福善，及早回头著祖鞭。

道统根源惟一正，历代同揆无后先。

享天福，　　　　脱俗缘，

莫将一切俗情牵，须将一切妄念捐。

开辟真神惟上帝，无分贵贱拜宜虔。

天父上帝人人共，天下一家自古传。

盘古以下至三代，君民一体敬皇天。

其时狂①者崇上帝，诸侯士庶亦皆然。

试辟人间子事父，贤否俱循内则篇。

天人一气理无二，何得君王私自专。

上帝当拜，　　　　人人所同，

---

　　* 太平天国壬子二年（清咸丰二年，1852 年）刊刻。定都后，为配合其排斥一切古人古书的文化政策，洪秀全删除该书正面称引古人古书的所有文字，并改标题中的"歌"、"训"为"诏"，推出了删改本（重刻本）。太平天国历史博物馆编《太平天国印书》（影印本，全 20 册，以下简称"影印本《太平天国印书》"），江苏人民出版社 1961 年版，收有该书两种刻本。本书仅收初刻本，以影印本《太平天国印书》为底本辑录。原刻本现藏柏林德国国家图书馆（原"普鲁士国立图书馆"）。

　　① 按照太平天国避讳制度，凡单称"君"字、"王"字，指天父、天兄、天王、幼主，其余概称"列王"。凡古代君王，皆不得妄称"君王"二字，"王"以"狂"或"侯"等字代。凡王姓，改称"黄"或"汪"，或用"坣"字代。

何分西北，　　　何分南东。
一丝一缕荷上帝，　一饮一食赖天公；
分应朝朝而夕拜，　理应颂德而歌功。
人而舍此而他拜，　拜尽万般总是空。
非为无益且有损，　本心瞒昧罪何穷。
人苟本心还不失，　自知呼吸赖苍穹。
五行万物天造化，　岂有别神宰其中。
即谓上帝须辅助，　断非菩萨赞化工；
如果化工赖菩萨，　从前未立理难通。
暄以日兮润以雨，　动以雷兮散以风，
此皆上帝之灵妙，　天恩能报得光荣。
勿拜邪神，　　　须作正人。
不正天所恶，　　能正天所亲。
第一不正淫为首，　人变为妖天最瞋。
淫人自淫同是怪，　盍歌麟趾咏振振。
歪俗移人谁挺立，　但须改过急自新。
颜回好学不贰过，　非礼四勿励精神。
过而能改方无过，　古人所以诲谆谆。
自古君师无异任，　只将正道觉斯民。
自古善正无异德，　只将正道淑其身。
凡有血气心知者，　何可乱常而败伦。
凡属顶天立地者，　急宜返璞而归真。
鬼心既革，　　　孝经当明。
第二不正忤父母，　大犯天条急自更。
羊有跪乳鸦反哺，　人不如物忝所生。
历山号泣天为动，　鸟为耘兮象为耕；
尊为天子富四海，　孝德感天夫岂轻。
父兮生我母鞠我，　长育劬劳无能名；
恩极昊天难答报，　如何孝养竭忠诚。
大孝终身慕父母，　视于无形听无声。
孝亲即是孝天帝，　培植本根适自荣。
逆亲即是逆天帝，　戕伐本根适自倾。
蓼莪诗可读，　　胞与量宜恢。

第三不正行杀害，自戕同类罪之魁。

普天之下皆兄弟，灵〔1〕同是自天来。

上帝视之皆赤子，人自相残甚恻哀。

是以先代不嗜杀，德合天心天眼开。

宠绥四方惟克相，故能一统受天培。

夏禹泣罪文献洛，天应人归无可猜。

嗜杀人民为草寇，到底岂能免祸灾。

白起项羽终自刎，黄巢李闯安在哉？

自古杀人杀自己，谁云天眼不恢恢？

自古救人救自己，灵魂超拔在天台。

自古利人利自己，福自己求易为推。

自古害人害自己，孽自己作难挽回。

无言不仇德有报，终身可行恕字该。

忠厚可师，　　　　　廉耻须知。

第四不正为盗贼，不义不仁非所宜。

聚党横行天不佑，罪恶贯盈祸自随。

君子临财无苟得，杨震昏夜尚难欺。

管宁割席因歆顾，山谷孤踪志不移。

夷齐让国〔2〕甘饿死，首阳山下姓名垂。

古来善正修天爵，富贵浮云未足奇。

杀一不辜行不义，即得天下亦不为。

人能翼翼畏上帝，乐夫天命复奚疑。

岂忍杀越人于货，竟非其有而取之？

营谋珍道义，　　　　学习慎规模。

第五不正为巫觋，邪术惑众犯天诛。

死生灾病皆天定，何故诬民妄造符？

作福许妖兼送鬼，修斋建醮尚虚无。

自古死生难自保，岂能代祷保无辜？

自古师巫邪术辈，累世贫穷天不扶。

---

① 太平天国宣称惟有上帝子女才得升天，魔鬼及其走卒只配沉沦地狱，故改"魂"为"〔1〕"，取天上无鬼之义。

② 在太平天国文献中，国号中的"国"（"國"）用俗字"国"替代，取"王居于中"之义；其余以"郭"或"邦"等字代。

鬼人送鬼终惹鬼，　地狱门开待逆徒。
欲肥己囊增己孽，　何不回头早自图？
术艺固须正，　　　品概更宜方。
第六不正为赌博，　暗刀杀人心不良。
戒戒戒，　　　　　理不当。
求之有道得有命，　勿以诈骗坏心肠。
命果有兮何待赌，　命无即赌愿难偿。
总之贫富天排定，　从吾所好自徜徉。
孔颜疏水箪瓢乐，　知命安贫意气扬。
人生在世三更梦，　何思何虑复何望。
小富由勤大富命，　自古为人当自强。
嗟尔有众，　　　　勿谓无妨。
无所不为因赌起，　英雄何苦陷迷乡。
不义之财鸩止渴①，士农工商耐久长。
千个赌钱千个贱，　请尔易虑细思量。
他若自驱陷阱者，　炼食洋烟最颠狂；
如今多少英雄汉，　多被烟枪自打伤。
即如好酒亦非正，　成家宜戒败家汤；
请观桀纣君天下，　铁桶②江山为酒亡。
更有堪舆相命辈，　欺瞒上帝罪无疆；
富贵在天生死命，　何为惑世顾肥囊。
其余不正难枚举，　在人鉴别于微茫。
细行不矜终累德，　坚冰未至慎履霜。
禹稷勤劳忧饥溺，　当身而显及后王。
周文孔丘身能正，　陟降灵魂在帝旁。
真言语，　　　　　不铺张，
予魂曾获升天堂，　所言确据无荒唐。
婆心固结不能忘，　言之不足故言长。
积善之家有余庆，　积恶之家有余殃。
顺天者存逆天亡，　尊崇上帝得荣光。

---

① "渴"，原作"喝"，误，校改。
② "桶"，原作"统"，误，校改。

百正歌，歌百正。真正食天禄，真正畏天命，真正作公作侯，真正作善作正。真正鬼服人钦，真正民安国定，真正邪魔远避，真正天心顺应。尧舜化日光天，由为君能正；禹稷身显后王，由为臣能正；周家麟趾兴歌，由为父能正；虞廷瞽瞍底豫，由为子能正。周文归心八百，乃以正事不正；孔丘服教三千，乃以正化不正；汤武天应人顺，乃以正伐不正；楚汉项灭刘兴，乃以正胜不正。桀纣亡其家国，乃夫妇不正；庄灵弑于崔夏，乃君臣不正；齐襄生前见杀，乃淫妹不正；楚平死后被鞭，乃纳媳不正；隋杨氏不再传，乃父子不正；唐李氏多内乱，乃男女不正；唐宪宗乱天下，由纵妻不正。狄仁杰人所仰，由拒色能正；武三思人所戮，由贪色不正。百正歌，歌百正。正乃人禽攸分，正乃古今所敬，正乃天爵尊崇，正乃人生本性。能正可享天堂福，不正终归地狱境。正可立地顶天，正可靖奸摄佞，正可行蛮貊，正可锄强梗。身不正，民从所好；身能正，民从所令。身不正，亲戚所畔；身能正，天下所信。身不正，祸因恶积；身能正，福缘善庆。贵不正，终为人倾轧；富不正，终为人兼并；男不正，人类终非；女不正，妖孽究竟。一家不正多乖逆，一国不正多争竞。从来正可制邪，自古邪难胜正。一正福禄日加增，一正祸灾自消尽。

原道醒世训

从来福大则量大，量大则为大人；福小则量小，量小则为小人。是以泰山不辞土壤，故能成其高；河海不择细流，故能就其深；王者不却众庶，故能成其德。凡此皆量为之也。

无如时至今日，亦难言矣。世道乖离，人心浇薄，所爱所憎，一出于私。故以此国而憎彼国、以彼国而憎此国者有之，甚至同国以此省此府此县而憎彼省彼府彼县、以彼省彼府彼县而憎此省此府此县者有之；更甚至同省府县，以此乡此里此姓而憎彼乡彼里彼姓、以彼乡彼里彼姓而憎此乡此里此姓者有之。世道人心至此，安得不相陵相夺相斗相杀而沦胥以亡乎？无他，其见小，故其量小也。其以此国而憎彼国、以彼国而憎此国者，其见在国，国以外则不知，故同国则爱之，异国则憎之。其以此省此府此县而憎彼省彼府彼县、以彼省彼府彼县而憎此省此府此县者，其见在省府县，省府县以外则不知，故同省同府同县则爱之，异省异府异县则憎之。其以此乡此里此姓而憎彼乡彼里彼姓、以彼乡彼里彼姓而憎此乡此里此姓者，其见在乡里姓，乡里姓以外则不知，故同乡同里同姓则爱之，异乡异里异姓则憎之。天下爱憎如此，何其见未大而量之不广也。

遐想唐虞三代之世，天下有无相恤，患难相救，门不闭户，道不拾遗，男女别途，举选尚德。尧舜病博施，何分此土彼土？禹稷忧溺饥，何分此民彼民？汤武伐暴除残，何分此国彼国？孔孟殆车烦马，何分此邦彼邦？盖实见夫天下凡间，分言之则有万国，统言之则实一家。皇上帝，天下凡间大共之父也，近而中国是皇上帝主宰化理，远而番国亦然；远而番国是皇上帝生养保佑，近而中国亦然。天下多男人，尽是兄弟之辈；天下多女子，尽是姊妹之群。何得存此疆彼界之私，何可起尔吞我并之念？是故孔丘曰："大道之行也，天下为公，选贤与能，讲信修睦。故人不独亲其亲，不独子其子，使老有所终，壮有所用，幼有所长，鳏寡孤独废疾者皆有所养。男有分，女有归。货恶其弃于地也，不必藏于己；力恶其不出于身也，不必为己。是故奸邪①谋闭而不兴，盗窃乱贼而不作，故外户而不闭，是谓大同。"

而今尚可望哉！然而乱极则治，暗极则光，天之道也。于今夜退而日升矣。惟愿天下凡间我们兄弟姊妹，跳出邪魔之鬼门，循行上帝之真道，时凛天威，力遵天诫，相与淑身淑世，相与正己正人，相与作中流之砥柱，相与挽已倒之狂澜。行见天下一家，共享太平。几何乖离浇薄之世，其不一旦变而为公平正直之世也！几何陵夺斗杀之世，其不一旦变而为强不犯弱、众不暴寡、智不诈愚、勇不苦怯之世也！在易，同人于野则亨，量大之谓也；同人于宗则吝，量小之谓也。况量大则福大，而人亦与之俱大；量小则福小，而人亦与之俱小。凡有血气者，安可伤天地之和，而贻井底蛙之诮哉！诗云：

> 上帝原来是老亲，水源木本急寻真。
> 量宽异国皆同国，心好天人亦世人。
> 兽畜相残还不义，乡邻互杀断非仁。
> 天生天养和为贵，各自相安享太平。

原道觉世训

天下总一家，凡间皆兄弟。何也？自人肉身论，各有父母姓氏，似

---

① 孔子这段话引自《礼记·礼运》，但"奸邪"两字系洪秀全添加。

有此疆彼界之分，而万姓同出一姓，一姓同出一祖，其原亦未始不同。若自人灵魂论，其各灵魂从何以生，从何以出？皆禀皇上帝一元之气以生以出。所谓一本散为万殊，万殊总归一本。孔伋曰"天命之谓性"，《诗》曰"天生蒸民"，《书》曰"天降下民"，昭昭简编，洵不爽也。此圣人所以天下一家，时勤民吾同胞之怀，而不忍一日忘天下。而近代则有阎罗妖注生死邪说。阎罗妖乃是老蛇、妖鬼也，最作怪多变，迷惑缠捉凡间人灵魂。天下凡间我们兄弟姊妹所当共击灭之，惟恐不速者也。而世人偏伸颈于他，何其自失天堂之乐而自求地狱之苦哉！

论道有真谛，大凡可通于今不可通于古、可通于近不可通于远者，伪道也，邪道也，小道也。据怪人妄说阎罗妖注生死，且问中国经史论及此乎？曰"无有"。番国《圣经》载及此乎？曰"无有"。无有，则何以起？怪人佛老之徒出，自陷迷途，贪图射利，诳人以不可知之事以售己诈，诱人作福建醮以肥己囊，兼之魔鬼入心，遂造出无数怪诞邪说，迷惑害累世人。如秦政时，怪人诳言东海有三神山，秦政遂遣入海求之。此后代神仙邪说所由起也。究其始，不过一秦政受其惑，所谓差之毫厘；而后代则叠效尤于后，至于固结不可解，所谓失之千里者也。又如汉武时，怪人诳言祠灶丹砂可化黄金，汉武遂信而祠之，于是燕齐怪诞怪人多来言神仙怪事矣。又如近代有怪人诳言东海龙妖发雨。东海龙妖即是阎罗妖变身。雨从天降，众目所视者也。孟轲云："天油然作云，沛然下雨，则苗浡然兴之矣。"周诗云："天上同云，雨雪雰雰，益之以霢霂，既优既渥，既沾既足，生我百谷。"又考番国《旧遗诏书》，当挪亚时，皇上帝因世人背逆罪大，连降四十日四十夜大雨，洪水横流，沉没世人。此皆凿凿可据，且众目所视，实降于天者也。而世人亦多信怪诞不经之怪说，即一雨论，而世人既多良心死尽、大瞒天恩矣，又遑论其他哉？

又如近代有怪和尚诳言阎罗妖怪事，且有《玉历》记怪书讹传于世，而世之读死书者亦多惑其说。独不思注生死一事岂是等闲？既不是等闲，宜为中国、番国各前圣所论及，且笔于书以传后世。而于今历考中国、番国各前圣所论及，且笔于书以传后世者，只说天生天降，皇上帝生养保佑人，未尝说及阎罗怪也；只说死生有命，亦是命于皇上帝已耳，毫无关于阎罗妖也；只说皇上帝审判世人，阴骘下民，临下有赫，又毫无关于阎罗妖也。而世人之读死书者，不信古今远近通行各经典，而信怪人无端突起之怪书，不亦惑哉！此无他，好生恶死，慕福惧祸，恒情也。以恒情而中人心，则其入之也必易。是以邪说一倡，而天下多靡然信之从之。信从久则见闻熟，见闻熟则胶固深，胶固深则难寻其罅漏，难寻其罅漏则难出其范围。皇上帝纵历生聪明圣智于其间，亦莫不随风而靡矣。此近代所以多惘然不识皇上帝、悍然不畏皇上帝，尽中蛇魔阎罗妖诡计，陷入地狱沉沦而不自知者也。

噫！后之人虽欲谙天地人之道，其孰从而求之？甚矣，人之好怪也，不求其端，不讯其末，惟怪之欲闻。予想夫天下凡间，人民虽众，总为皇上帝所化所生，生于皇上帝，长亦皇上帝，一衣一食并赖皇上帝。皇上帝，天下凡间大共之父也，死生祸福由其主宰，服食器用皆其造成。仰观夫天，一切日月星辰雷雨风云莫非皇上帝之灵妙；俯察夫地，一切山原川泽飞潜动植莫非皇上帝之功能，昭然可见，灼然易知。如是乃谓真神，如是乃为天下凡间所当朝朝夕拜。

有执拗者①曰："皇上帝当拜矣，必然有帮皇上帝保佑人者，譬如君王主治国中，岂无官府辅治也？"不知君王之官府是其亲手设立调用，故能辅君王以治事也。至若凡人所立一切木石、泥团、纸画各偶像，且问尔，是皇上帝旨意设立否乎？非也。类皆凡人被魔鬼迷蒙灵心，据愚意愚见，人手造出各等奇奇怪怪也。况皇上帝当初六日造成天地山海人物，已设有其神使千千万万，在天上任其差遣，何用得凡人所造各等奇奇怪怪者乎？且叛逆皇上帝实甚。考《旧遗诏书》，皇上帝当初下降西奈山，亲手缮写十款天条在石碑上，付畀摩西。皇上帝亲口吩咐摩西曰："我乃上主皇上帝，尔凡人切不好设立天上地下各偶像来跪拜也。"今尔凡人设立各偶像来跪拜，正是违逆皇上帝旨意。尔凡人反说各偶像是帮皇上帝保佑人，何其被魔鬼迷蒙灵心，懵懂之极乎！尔不想皇上帝当初六日造成天地山海人物，尚不要人帮助，岂今日保佑人又要谁帮助？且问尔，设使皇上帝当初造天不造地，尔足犹有所企立，且犹有田亩开垦否乎？曰"无也"。且又问尔，今荷皇上帝之恩，既造天地矣，设使皇上帝不造成地上桑、麻、禾、麦、菽、豆及草、木、水、火、金、铁等物，又不造成水中鱼虾、空中飞鸟、山中野兽、家中畜牲等物，尔身犹有所穿、口犹有所食、饔飧犹有炊爨、器械犹有所运用否乎？曰"无也"。且又问尔，今荷皇上帝之恩，万物备足矣，设使皇上帝一年不出日照耀尔凡人，一年不降雨滋润尔凡人，一年不发雷替尔凡

---

① "执拗者"下，原有衍字"说"，今删。

人收妖，一年不吹风散尔凡人郁气，尔凡人犹有收成、平安否乎？曰"无也"。且又问尔，今荷皇上帝之恩，既有收成、平安矣，设使皇上帝一旦怒尔，断绝尔灵气生命，尔口犹能讲、目犹能视、耳犹能听、手犹能持、足犹能行、心犹能谋画否乎？曰"断断不能也"。且又问尔，天下凡间欲一时一刻不沾皇上帝恩典，得乎？曰"断断不得也"。

由是观之，天下凡间欲一时一刻不沾皇上帝恩典亦不得。此便是皇上帝明明白白保佑人矣。既是皇上帝明明白白保佑人，尔凡人却另立各偶像，另求保佑有得食有得穿，曰"我菩萨灵"。明明皇上帝恩典，却误认为邪魔恩典。其邪魔敢冒天恩者，该诛该灭无论矣。尔凡人良心死尽，大瞒天恩，究与妖魔同犯反天之罪。何其愚哉！嗟呼，明明有至尊至贵之真神，天下凡间大共之天父，所当朝朝夕拜而不拜，而拜专迷惑缠捉人灵魂之妖鬼，愚矣！明明有至灵至显之真神，天下凡间大共之天父，求则得之，寻则遇著，扣门则开，所当朝朝夕拜而不拜，而拜无知无识之木石、泥团、纸画各偶像，有口不能言、有鼻不能闻、有耳不能听、有手不能持、有足不能行之蠢物，抑又愚矣！

虽然流之浊由源之不清，后之差由前之不谨，天下凡间无人一时一刻不沾皇上帝恩典，何至于今，竟罕有知谢皇上帝恩典者，其祸本何自始哉？历考中国史册，自盘古至三代，君民一体皆敬拜皇上帝也。坏自少昊时，九黎初信妖魔，祸延三苗效尤。三代时，颇杂有邪神及有用人为尸之错。然其时君民一体皆敬拜皇上帝，仍如故也。至秦政出，遂开神仙怪事之厉阶，祀虞舜，祭大禹，遣入海求神仙，狂悖莫甚焉。皇上帝独一无他也，汉文以为有五，其亦暴悖之甚矣。汉武临老虽有悔悟之言，曰："始吾以为有神仙，今乃知皆虚妄也。"然其始祠灶、祠泰乙、遣方士求神仙，其亦秦政之流亚也。他若汉宣祠后土、遣求金马碧鸡，汉明崇沙门、遣求天竺佛法，汉桓祠老聃，梁武三舍身，唐宪迎佛骨；至宋徽出，又改称皇上帝为昊天金阙玉皇大帝。夫称昊天金阙犹可说也，乃称玉皇大帝，则诚亵渎皇上帝之甚者也。皇上帝，天下凡间大共之父也，其尊号岂人所得更改哉？宜乎宋徽身被金虏，同其子宋钦俱死漠北焉。总而论之，九黎、秦政作罪魁于前，历汉文、武、宣、明、桓、梁武、唐宪接迹效尤于后，至宋徽又更改皇上帝尊号，自宋徽至今，已历六七百年，则天下多惘然不识皇上帝、悍然不畏皇上帝，又何怪焉。

呜呼！天地之中人为贵，万物之中人为灵。人何贵？人何灵？皇上帝子女也，贵乎不贵？灵乎不灵？木石、泥团、纸画各偶像，物也。人贵于物，灵于物者也，何不自贵而贵于物乎？何不自灵而灵于物乎？近千百年间，能不惑神仙怪事者非无其人，究之知其一莫知其他，明于此转暗于彼，卒无有高出眼孔彻始彻终而洞悉乎魑魅魍魉之诡秘也。北朝周武废佛道毁淫祠、唐狄仁杰奏焚淫祠一千七百余所、韩愈谏迎佛骨、宋胡迪焚毁无数淫祠、明海瑞谏建醮之数人者，不可谓无特识矣，第其所毁所焚所谏，仅曰淫祠、曰佛、曰建醮，则其所不毁不焚不谏者仍在。不知彼所毁所焚所谏者，固当毁当焚当谏；即彼所不毁不焚不谏者，又何独非当毁当焚当谏乎？何也？皇上帝之外无神也，世间所立一切木石、泥团、纸画各偶像，皆后起也，人为也。被魔鬼迷蒙灵心，颠颠倒倒，自惹蛇魔阎罗妖缠捉者也。

故今沥胆披肝实情谕尔等，尔凡人何能识得神乎？皇上帝乃是真神也。尔凡人跪拜各偶像正是惹鬼。何也？尔凡人所立各偶像，其或有道德者既升天堂久矣，何曾在人间受享？其一切无名肿毒者，类皆四方头、红眼睛蛇魔阎罗妖之妖徒鬼卒。自秦汉至今一二千年，几多凡人灵魂被这阎罗妖缠捉磨害。俗语云："豆腐是水，阎罗是鬼。"尔等还不醒哉？及今不醒，恐怕迟矣。

实情谕尔等，尔凡人何能识得帝乎？皇上帝乃是帝也，虽世间之主称王足矣，岂容一毫僭越于其间哉！救世主耶稣，皇上帝太子也，亦只称主已耳。天上地下人间，有谁大过耶稣者乎？耶稣尚不得称帝，他是何人，敢觊称帝者乎？只见其妄自尊大，自干永远地狱之灾也。

噫吁！敬拜皇上帝，则为皇上帝子女，生前皇上帝看顾，死后魂升天堂，永远在天上享福，何等快活威风；溺信各邪神，则变成妖徒鬼卒，生前惹鬼缠，死后被鬼捉，永远在地狱受苦，何等羞辱愁烦。孰得孰失，请自思之。天下凡间我们兄弟姊妹，可不醒哉！若终不醒，则真生贱矣，真鬼迷矣，真有福不知享矣。明明千年万万载在天上永远快活威风，如此大福都不愿享，情愿大犯天条，与魔鬼同犯反天之罪，致惹皇上帝义怒，罚落十八重地狱受永苦。深可悯哉！良足慨已！

太平天日 *

　　诏书一。当初天父上主皇上帝六日造成天地山海人物，第七日完工。上古之时，普天下皆知感谢皇上帝恩典。当挪亚时，世人被邪魔诱惑，淫秽世间。皇上帝大怒，连降四十日四十夜大雨，洪水横流，沉没世人殆尽。至后天下皆敬畏皇上帝，惟以色列为最，麦西侯独苦害之。皇上帝大怒，降救以色列出麦西邦，过红海，显大神迹，诛灭妖侯。到西奈山，皇上帝亲设十款天条。奈后世多中魔计，屡犯天条。皇上帝大怒，欲尽灭世人。斯时幸有救世主天兄基督，是皇上帝太子，情愿降凡捐躯，替世人赎罪。皇上帝割离恩爱，因遣天兄基督降生犹大邦，显无数神迹，年三十三，被 ［按：现存原刻本下缺三百余字］……太平真主。此又是天父、天兄莫大之恩爱，怜恤世人，故特赐真光照凡间。

　　主年二十五岁，在天西三月初一日子刻，见无数天使自天降下，说接升天；又见穿黄袍小孩子至面前；见有像似雄鸡，高数尺，立于其前。君王父，君王母李，王长次兄仁发、仁达，嫂黄、信，王娘赖又正月宫等咸在。对父尤悲曰："有负父兄功劳矣。"又命其妻赖又正月宫云："尔为朕妻，尔不可嫁。尔身怀妊，未知男女。男欤，当依兄勿嫁；女欤亦然。"举家之悲，妻尤悲甚。

　　俄而天使扶真主坐轿，迤逦从东方大路而升。主在轿甚不过意。到天门，两旁无数娇娥美女迎接。主目不邪视。到天堂，光彩射人，迥异尘凡。见无数穿龙袍角帽者咸来见主。继传旨剖主腹，出旧换新；又将文字排列，旋绕主前，一一读过。后有天母迎而谓曰："我子，尔下凡

---

　　* 据其封面题注，该书刊刻于太平天国壬戌十二年，但其内容在 14 年前就已由洪秀全"诏明"。本书据影印本《太平天国印书》辑录。原刻本现藏英国剑桥大学图书馆，缺第二叶。

身秽，待为母洁尔于河，然后可去见尔爷爷。"朕身洁净，天母乃引见。天父上主皇上帝头戴高边帽，身穿黑龙袍，满口金须拖在腹上，像貌最魁梧，身体最高大，坐装最严肃，衣袍最端正，两手覆在膝上。主到前跪拜毕，立于旁。天父上主皇上帝悲，诏曰："尔升来么！朕说尔知，甚矣凡间人多无本心也。凡间人谁非朕所生所养？谁非食朕食、衣朕衣？谁非享朕福？天地万物皆朕造成，一切衣食皆朕赐降，如何凡间人享朕福，多瞒昧本心，竟无半点心敬畏朕？甚为妖魔迷惑，耗费朕所赐之物，以之敬妖魔，好似妖魔生他养他？殊不知妖魔害死他、缠捉他，他反不知。朕甚恨焉、悯焉！"主闻此诏，心甚不平，欲即去劝醒他们，使各人识得妖魔诡计，回心敬转天父上主皇上帝。天父上主皇上帝曰："难！难！"

天父上主皇上帝常教主坐装衣袍要齐整，头要轩昂，身要挺直，两手要覆在膝，两脚要八字排开。天父上主皇上帝又携主在高天，指点凡间妖魔迷害人情状，一一指主看明。又将其手降赐、凡间妖魔即冒功劳，亦一一指主看明。指毕，主见皇上帝回头不看。有时天父上主皇上帝见妖魔十分作怪，怒甚，立差天使下凡诛灭妖魔，倏上来矣。

斯时天父上主皇上帝所指看一切妖魔，总无非冒天父上主皇上帝功劳，迷坏世人行邪事、犯天条，不必敬畏天父上主皇上帝而敬畏他之意。间有不敬畏他者，他则扰害之，苦磨之。主怒甚，因请天父上主皇上帝曰："爷爷，他们如此作怪，如何不诛灭他？"天父上主皇上帝诏主曰："不但凡间有妖魔，即高天三十三天亦间有妖魔矣。"主曰："爷爷有这样大权能，要他生即生，要他死即死，缘何容他们闯来？"天父上主皇上帝曰："暂容他们作怪一阵，然后收他。难道他们还走得朕手段？"主曰："但容他一阵，既难为我兄弟姊妹受气矣。"天父上主皇上帝曰："尔且看他们如何。若果容不得，便一概驱逐矣。"天父上主皇上帝又指主看出这四方头、红眼睛之妖魔。主时时关顾他，看见他总是古古怪怪迷惑人、缠捉人。主因请天父上主皇上帝逐他。天父上主皇上帝曰："他们果如此作怪，尔奉朕命斥逐他走。"主奉天父上主皇上帝命，斥逐妖魔头曰："朕天父上主皇上帝吩咐朕来谕尔，速速好走矣！"这妖魔头，凡间人所称阎罗妖，又称东海龙妖者，想走又不想走。主迫他走曰："尔速走！此处所在甚好，但尔无福气，又尔腥腥臭臭身，何得居此处住！"妖魔头无奈何，乃走。天堂间有被迷坏心肠者，亦欲跟随他走。斯时，救世主天兄基督统众天使咸集。天父上主皇上帝大发圣旨：

"凡高天人有跟随妖魔头走者，个个要捉回。凡有奸心帮妖者，及一切偷闯之妖魔仔，个个要驱逐下去。"

又推勘妖魔作怪之由，总追究孔丘教人之书多错。天父上主皇上帝命摆列三等书，指主看曰："此一等书，是朕当前下凡显迹设诫所遗传之书。此书是真，无有差错。又此一等书，是朕当前差尔兄基督下凡显神迹捐命赎罪及行为所遗传之书。此书亦是真，无有差错。彼一等书，这是孔丘所遗传之书，即是尔在凡间所读之书。此书甚多差谬，连尔读之，亦被其书教坏了。"天父上主皇上帝因责孔丘曰："尔因何这样教人糊涂了事，致凡人不识朕。尔声名反大过于朕乎？"孔丘始则强辩，终则默想无辞。天兄基督亦责备孔丘曰："尔造出这样书教人，连朕胞弟读尔书，亦被尔书教坏了。"众天使亦尽归咎他。主亦斥孔丘曰："尔作出这样书教人。尔这样会作书乎？"孔丘见高天人人归咎他，他便私逃下天，欲与妖魔头偕走。天父上主皇上帝即差主同天使追孔丘，将孔丘捆绑，解见天父上主皇上帝。天父上主皇上帝怒甚，命天使鞭挞他。孔丘跪在天兄基督前，再三讨饶。鞭挞甚多，孔丘哀求不已。天父上主皇上帝乃念他功可补过，准他在天享福，永不准他下凡。

当时天父上主皇上帝命主战逐妖魔，赐金玺一，云中雪①一，命同众天使逐妖魔，三十三天逐层战下。其跟随妖魔头走之兄弟姊妹，逐一捉回高天。其有奸心帮妖魔头及偷闯之妖魔仔，逐一驱赶。驱赶甚，妖魔头同这妖魔仔回头同主战，但势不能抗主。那时有天父上主皇上帝作主，妖魔虽诡计百出，总一一被主破尽。主与妖魔战时，天父上主皇上帝在其后；天兄基督亦在其后，执金玺照妖。妖不能害主，且妖不敢见金玺，见金玺即走。其妖头甚作怪多变，有时打到地，倏变为大蛇矣；又将大蛇打到，倏又变为别样矣，能变得十七八变，虽狗虱之小亦能变焉。主战到愤怒时，欲遽收他。天父上主皇上帝大呼曰："不可！不可！只断服他就罢。"主不解其故。天父上主皇上帝谕曰："这妖是老蛇，能迷人、食人灵魂。若即收他，许多被他食之灵魂无救矣，况污秽圣所，故暂容他命。"即这妖魔仔，天父上主皇上帝亦吩咐主不可遽收他；待到凡间这一重天，然后砍他也。主有时战困而睡，众天使重重围护，妖不能害。睡醒又战。其三十三天所偷闯②之妖魔仔，及有奸心帮妖魔头

① "云中雪"，"刀"之代称。原是天地会隐语，为太平天国沿用。
② "偷闯"，原作"闯偷"，误，校改。

者，俱一一逐下凡间。逐下凡间这重天时，主怒甚，大呼众天使曰：
"斩！斩！"众天使乃奉天父上主皇上帝命、救世主天兄基督命，又奉主
命，将天父上主皇上帝所赐主云中雪砍了妖魔无数，而妖魔头已先遁去
矣。于是妖慑服，其遵命落十八重地狱不敢作怪者，三分居二焉。主有
时战饿，其天母及众小妹摘高天甘果畀主食。其色甚黄，其味甚香。主
与妖战，其天母及众小妹亦皆出力助主，故所战无不胜矣。

战胜回归高天，天父上主皇上帝十分欢喜，乃封主为"太平天王大
道君王全"。天父上主皇上帝命主曰："尔名为全矣。尔从前凡间名头一
字犯朕本名，当除去。尔下去凡间，时或称洪秀，时或称洪全，时或称
洪秀全。尔细弟之名与尔名有意义焉。"

其时主在高天，有殿在东郭。天父上主皇上帝常教他唱诗，或字眼
不变。天父上主皇上帝教一字一字长声而唱则变。天父上主皇上帝有时
命其天兄基督教主，读字不变。天兄基督发怒，其天嫂劝止其天兄。天
嫂甚思量他，可称长嫂当母焉。其天兄基督或有苦迫，其天母即劝止其
天兄。其天母甚慈爱他，洵称娇贵之极焉。主正月宫在高天事主甚恭
谨，其时正生一子，未曾安名。其高天众小妹亦时或陪主读诗书，琴箫
鼓乐，快活无穷。主此时不愿下凡矣。但天父上主皇上帝常命主曰：
"为爷教尔多读些诗书，后作凭据。尔仍要下凡也。尔若不下凡，凡间
人何能得醒、得升天堂乎？"主曰"唯唯"。但主心不愿下凡矣。有时天
父上主皇上帝催促甚，主不得已，既下几重天，仍然退回。天父上主皇
上帝烈怒。主乃吩咐其正月宫曰："尔且带子，同爷爷、妈妈、哥哥、
嫂嫂及众小姑同居住。待朕下凡理爷爷事毕，然后升天，同尔享安
乐焉。"

于是，天父上主皇上帝同其天兄基督及众天使送主下凡。见凡人剃
头，天父上主皇上帝怒曰："尔看凡人这样贪威风！"见凡人好饮酒，天
父上主皇上帝怒曰："尔看凡人这样变怪，其口好吃！"见凡人食烟，天
父上主皇上帝怒曰："尔看凡人这样变怪，其口出烟！"见人淫邪，天
父上主皇上帝怒曰："尔看凡人这样变怪，不成人类！"天父上主皇上帝又
命主曰："尔今名为全，朕唱诗与尔听。尔牢记在心，待后有对验焉。"
天父上主皇上帝唱曰：

> 有个千字少一笔，在尔身上说话装。
> 有个介字顶上顶，财宝来装就成王。
> 一长一短尔名字，有刀无柄又无光。

爷爷生尔是乜名，一横一点不是谎。

有个胡须五寸长，弯弯一点在中央。

天父上主皇上帝又命主曰："尔下去凡间，还有几年不醒。但不醒亦不怕，后有一部书畀尔，对明此情。既对明此情，尔即照这一部书行，则无差矣。但尔照此书行，凡间人多毁谤尔，侮笑尔，看小尔。朕唱诗与尔听：一个牛蹄有百五，人眼看见酒中壶；看尔面上八十丈，有等处所实在孤。"

主别天父上主皇上帝及天兄基督，临下凡时有难色。天父上主皇上帝曰："尔勿惧，尔放胆为之。凡有烦难，有朕作主，左来左顶，右来右顶，随便来随便顶。尔何惧焉？"天父上主皇上帝命写"天王大道君王全"七字，差其兵权放在主宫门首作凭据。

主自三月初一日升天，至送下凡时，约四十余日。天父上主皇上帝虽吩咐甚悉，既在凡间时，则未能尽醒然于心也。后君王母李在宫门首觅见此七字。君王父持与主看。主曰："天果是更朕名为全也。"主遂对其父兄曰："朕是天差来真命天子，斩邪留正！"其族人或亲戚来见，主手直放在胸前，比人要正，曰："尔们要速速炼正，天话尔们变妖矣。今天差朕来收妖怪。朕下天时既落了天罗地网，网尽妖怪矣。"其姊洪辛英来见，主曰："姊，朕是太平天子。"以手画写"太平天子"四字与姊看。有时唱高天之声与他们听，人以为颠。又有不论男妇，其好人①来见，主即施礼请坐，极好讲话；其邪人来见，主则大声叱曰："尔速速走！朕是何人，尔敢大胆来见朕？朕乃真命天子，斩邪留正。尔识得朕么？"其父兄及旁人俱不明其故，总以为颠；君王父且骂之。主曰："朕不是尔之子，尔骂得朕么？"人愈以为颠。不知此正是高天妙算，正天所以遮护主也。主自是志度恢宏，与前迥不相同。

年三十一，岁在癸荣②。六月有一天将晓时，主闻有老人在床前呼喊曰："尔还这样好睡乎？尔还不醒乎？"主即起身自思曰："奇矣！"时主适看《劝世良言》一书，看见其书说有一位造天造地造万物大主宰之

---

① "好人"，原作"人好"，误，校改。

② 太平天国忌讳音不雅、义不祥之字词，改干支中的"丁"为"天"，"丑"为"好"，"卯"为"荣"，"亥"为"开"。故"丁酉"作"天酉"，"癸丑"作"癸好"，"乙卯"作"乙荣"，"癸亥"为"癸开"。此处"癸荣"即"癸卯"，指道光二十三年癸卯（1843年）。又，太平天国执行时仍有疏忽，"天酉"、"丁酉"混用便是一例。后期刊刻的《钦定敬避字样》规定："天酉单是真圣主上天之年称之，以志天恩，余仍用丁酉字样。"

上帝，人人皆当敬畏他、崇拜他；至于世间所立一切邪魔该杀，皆是凡间人中了蛇魔鬼域之计，至为其所捉，陷入地狱沉沦，世人切不可跪拜他，要回心转敬①上帝，方能脱魔鬼之手，得上天堂。又说有一位救世主基督，是上帝太子，前一千八百余年，上帝因世人信邪魔、行邪事，悖逆②罪大，欲尽灭世人则不忍于心，欲尽赦世人则有碍于义，因于无可如何中，乃差太子基督降世，替人赎罪，代世人受苦难。临降世时，天使赞扬空中曰："今日有生救世主矣！天上荣归上帝，地下太平，人间恩和矣。"基督年三十，施教传徒，劝世人要在上帝面前悔罪，丢弃一切邪魔，遵守天条，方得升天。年三十三，赎罪期至，被世人陷害，钉死十字架，完成上帝遣降旨意；死后三日复醒，仍与门徒讲明天情四十日之久；然后升天，吩咐门徒曰："天地之间，朕操万权矣。尔们且往普天下万国广传福音与众人听，信者则得救，不信者则被定罪矣。"又说"现今基督在高天为万国救世主，天父上主皇上帝交权与他，统众天使，救世人脱魔鬼之手"等语。

　　将此书所说反复细勘，因想起天酉年升天及下天所见所为之情，一一与此书所说互相印证，若合符节。主乃悟当日临下凡时，天父上主皇上帝曾吩咐曰："尔下去凡间，还有几年不醒。但不醒亦不怕，后有一部书畀尔，对明此情。既对明此情，尔即照这一部书行，则无差矣。"即此一部书也。主此时如梦初觉，乃作感悟悔罪诗曰：

> 吾侪罪恶是滔天，幸赖基督代保全。
> 克胜邪魔遵圣诫，钦崇上帝正心田。
> 天堂荣显人宜慕，地狱幽沉朕亦怜。
> 及早回头归正果，敢将方寸俗情牵？

　　首与莲花塘李敬芳在天父上主皇上帝面前悔罪。主劝其家人要在天父上主皇上帝面前悔罪，丢弃一切邪魔。主家人初不信，乃将升天时叱其父兄等语晓其家人曰："朕升天时所话'老亚公'，即是天父上主皇上帝；所话'有些食同别人饮了食了'，就是敬邪魔；所话'尔们无本心，丢却老亚公同别人较好'，就是不敬天父上主皇上帝，反敬邪魔。"历历互证一番，其家人方醒。举家在天父上主皇上帝面前悔罪，丢却一切邪魔，遵守天条。

---

① "转敬"，原作"敬转"，误，校改。
② "悖逆"，原作"背逆"，误，校改。

主有族弟干王洪仁玕，颇有信德见识。主将此情对他说明，他即醒悟。主又将此情说知南王冯云山。南王冯云山亦有见识信德，一闻即醒悟。三人同在天父上主皇上帝面前悔罪，同往石角潭浸洗。七月十四日，主到五马岭，将此情对彭参平、彭昌玕、彭寿伯等诏明。他们亦在天父上主皇上帝面前悔罪。其初年颇有人信从之者。

年三十二，岁在甲辰。二月十五日，主同南王冯云山、冯瑞嵩、冯瑞珍出游天下，将此情教导世人。始由广东省城，继由顺德，复旋回转游南海、番禺、增城、从化、清远、英德、函江、阳山、连山等处。三月十八日，到白虎圩。主此时意欲自己往游八排，分发冯云山、冯瑞嵩、冯瑞珍三人回家。冯瑞嵩、冯瑞珍二人则愿回，南王冯云山则愿与主遍游天下，艰苦甘心。主乃与南王云山别冯瑞嵩、冯瑞珍，往游八排。到南江排，将此情此道劝化瑶①人。数日乃出山到蔡江。主曰："现今不若到广西也。"由蔡江到山径，由山径到石田、到荔枝铺，由荔枝铺到金庄，由金庄到南丰，由南丰到鱼捞，由鱼捞到封川，由封川到容圩，由容圩到藤县，由藤县到大武，由大武到木落，由木落到蒙圩，一路俱托赖天父上主皇上帝庇护。

四月初五日，由蒙圩到广西浔州贵县赐谷村黄盛均表兄家下。主寓其家，时写劝人拜天父上主皇上帝诏传送人。主与南王常寓黄盛均家。其二表兄黄盛潮、三表兄黄盛乾、四表兄黄盛坤、五表兄黄盛爵等，则接至家焉。

主闻土人说，此处有六乌②妖庙，一男一女，甚灵。主问曰："是夫妇乎？"土人曰："非也。当初二人在此山和歌，苟合而死。后人传闻得道，故立像祭祀。"主曰："有是哉？何凡间人愚且甚！他淫奔苟合、天所必诛，而得道，且问得何道乎？"乃悟广西淫乱，男女和歌，禽兽不如，皆由此等妖倡焉，故作诗以斥云：

> 举笔题诗斥六乌，该诛该灭两妖魔。
> 满山人类归禽类，到处男歌和女歌。
> 还道竟然传得道，龟婆无怪作家婆。
> 一朝霹雳遭雷打，天不容时可若何。

---

① "瑶"，原作"猺"，今改。
② "六乌"，原作"六窠"，误，校改。粤语"乌"、"窠"同音。据民国九年（1920年）刊《桂平县志》卷三十，该庙坐落在六乌山麓的六乌坑口。

　　七月时候，主见表兄家苦，甚难过意。适与南王到田寮，语言有拂逆，主即回赐谷村，与南王云山、洪仁球、恤王洪仁正等议回东。主欲连夜到林桥，待明早他三人赶来也。洪仁球曰："尔连夜私走，人有猜疑焉。"乃明早诏表兄黄盛均曰："朕欲回东矣。"黄盛均曰："他三人回得，臣子黄为正①现未放出，主回不得。不若他三人先回去罢，待臣子出来，然后送主回东未迟也。"主决意要回。黄盛均泣曰："主若回东，我亦不留命矣。"南王云山三人并劝主勿回。二十三日，主遣南王冯云山、洪仁球、恤王洪仁正三人先回东。黄盛均送三人到浔州。三人留滞六七天，盘费用去些。南王此时见主未回，他是不愿回东，兼有张永绣劝他同伴不回，故南王独留浔州。

　　八月十五日，觐王黄为正出班房。其先，主劝表兄黄盛均拜天父上主皇上帝，使他朝晚求天父上主皇上帝救黄为正早早释放。觐王黄为正既归家后，主亦劝他拜天父上主皇上帝，遵守天条。此处兼有人信从真道。

　　十月初，主欲回东，乃闻南王还在浔州。初九日，黄盛均送主到浔州。主到南门掌塘张考水处跟问南王。张考水曰："九月二十时候，南王同我侄张永绣商议回东也。近日二人未曾到此处，大约二人既回东矣。"主乃不复寻南王，别表兄登舡而回，二十一日始到家。主自二月十五日出游以后，该处人讹传主与南王被人陷害，其父兄半信半疑，时时纳闷；主妻赖又正月宫时时啼哭。后有洪仁球、恤王洪仁正二人带回家信，其父兄方才放心。主到家跟问南王回来否，俱答未回，乃知南王还在浔州也。此时干王洪仁玕染病见天，启奏主曰："兄三十八岁方登天子位也。"

　　南王与张永绣留滞浔州月余，后至古林张家。乙巳年，南王寓紫荆山高坑冲张家。南王时常将此情教导人，间有信从真道焉。丙午年，南王寓黄泥冲曾玉珍家。南王时常将此情教导人。曾玉珍子曾沄正颇有见识信德，一闻此情，即回心在天父上主皇上帝面前悔罪，遵守天条。他却信得真，不独不拜偶像，且时常侮弄偶像。人以为颠，他亦无猜疑焉。丁未年，南王仍寓曾玉珍家。

　　主回东后，年三十三，岁在乙巳矣，作《原道救世诏》、《原道醒世训》。

---

　　①　原作"黄维正"，据下文校改。又，"黄"系"王"的避改字。

年三十五，岁在丁未。二月初，主与干王洪仁玕到广东省城礼拜堂。后干王仁玕回归，主独留礼拜堂，与花旗番罗孝铨①共处数月。主历将《旧遗诏圣书》、《前遗诏圣书》细览，乃悟当前战妖时，天父上主皇上帝所指"此一等书，是朕下凡显迹设诚所遗传之书"，即此《旧遗诏圣书》也；并悟天父上主皇上帝所指"此一等书，是朕差尔兄下凡显神迹也，捐命赎罪及行为所遗诏之书"，即此《前遗诏圣书》也。

六月初十日，主再游广西，即由省城到官窑，由官窑到西南，由西南到广利，由广利到肇庆，由肇庆到禄步，由禄步到梅子汛地。海边湾有十余强盗拦路，主拔剑。强盗跪②赚曰："我们是查私，老将不得动手。"主未开言，强盗既举枪炮刀铳围住。主此时身上所带一剑盒上凿有"全"字者亦被夺去，行李银钱一空，止剩存些替换衣服。是日到悦城，进退两难。次日，由悦城到九官，由九官搭舡到德庆州。时无盘费，心颇烦。时有三水陈某二人劝慰曰："舡到滩头水路开。"主亦以为然——凡事有高天作主，朕今且去搭梧州渡，看天父如何救我也。主坐舡愁烦无语，只暗求天父上主皇上帝怜救。因想当前升天临送下凡时，天父上主皇上帝曾吩咐曰："尔放胆为之，凡有烦难，有朕作主。"今日当烦难，势必有救，但不知天父上主皇上帝如何救我也。主每天只食一餐，托赖天父上主皇上帝化醒舟人。时有江西李相肇，广东欧纯、欧艮，高要陈正。主到舡尾食茶，其四人相谈曰："此先生如何这样愁闷，又不食饭？他又不是病，必定别有事情，试问他如何？"主听知四人论己，仍归自己卧处。江西李相肇开口问："先生有何愁闷，饭又不食？"主见问，将根由对他诏明。四人齐声曰："主不早说明，今晚主同我四人食饭，饭钱臣们同主拆，渡钱臣们相劝渡仔。但不知主到何处，还要几多盘费方能得到也。"主曰："朕到浔州贵县，但约数百文足矣。"四人曰："数百文既足，便易易矣。"主见四人如此大义，较放心些，暗谢天父上主皇上帝。

舡到梧州，四人支拆饭钱外，主于是由梧州搭舡到容圩，由容圩到山寮，由山寮到藤县，由藤县到山村，由山村到大乌，由大乌到马皮，由马皮到蒙圩，由蒙圩到贵县赐谷村。旧岁八月，南王同曾沄正由紫荆山来探黄盛均，故黄盛均等知南王在紫荆山也。

---

① "罗孝铨"，即美国南浸会传教士罗孝全。
② "跪"，疑作"诡"。

主甫到数日，便欲到紫荆山。七月十五日，主同觐王黄为正由赐谷到勒马，由勒马到东乡。十七日，由东乡路过，逢九妖庙。主入庙，命觐王黄为正捧砚。主举笔题诗在壁云：

> 朕在高天作天王，尔等在地为妖怪；
> 迷惑上帝子女心，觍然敢受人崇拜。
> 上帝差朕降凡间，妖魔诡计今何在？
> 朕统天军不容情，尔等妖魔须走快。

是日到紫荆山，南王喜出望外。越两日，主命觐王黄为正转回贵县。主每天同南王写书送人，时将此情教导世人，多有信从真道焉。幸得曾沄正四处代传此情，大有功力，故人多明醒也。主居月余。主与南王冯云山、曾沄正、曾玉景、曾观澜等写奏章，求天父上主皇上帝选择险固所在栖身焉。

九月初，主由黄泥冲转寓高坑冲碾王卢六家，闻土人说象州有一什妖庙，甚灵。主问有何灵，土人曰："象州州官朱某验尸，经过其庙，他敢拖州官朱某下轿，要这州官朱某送龙袍才放他；即庙祝烧香、点灯、要打锣，恐或撞见。该处不敢乱讲他。若有人乱讲他，他便作古怪，害此人家中不安，要此人将猪牛祭他，然后无事。"主又问其当初如何出身，土人奏说当初打死母亲。主叹曰："此正是妖魔也！朕先救此一方民。"

九月十六日，主率南王冯云山、曾沄正、碾王卢六、陈利，往象州破此妖庙。十七日始到。十八日，主亲到其庙，以大竹搞此妖魔，骂曰：

> 朕是真命天子，尔识得朕么？天酉年朕升高天，朕天父上主皇上帝命朕同众天使战逐你们一切妖魔，哪①个妖魔不被朕战到服处？尔今还认得朕么？若认得朕，尔今好速速落地狱矣！打死母亲，尔大罪一。敢冒天父上主皇上帝功劳，尔大罪二。天地万物，天父上主皇上帝造成，人人是天父上主皇上帝生养，故人人该跪拜天父上主皇上帝。尔有何功德，人不是尔生，又不是尔养，不关尔事。尔有何面目，敢冒天父上主皇上帝功劳，竟觍然受人跪拜？尔大罪为何如乎？迷惑天父上主皇上帝子女心肠，尔大罪三。诱赚天

---

① "哪"，原作"那"，校改。

父上主皇上帝子女肉食，尔大罪四。缠捉天父上主皇上帝子女灵魂，尔大罪五。尔细妹与同年坐，尔大罪六。欢悦妇女唱邪歌，尔大罪七。缠捉天父上主皇上帝子女行淫乐，尔大罪八。诱惑天父上主皇上帝子女行邪事，尔大罪九。种种作怪作妖，迷坏害累世人，尔大罪十。犯了十款大罪，天理难容。尔速下地狱，永不准尔在世迷惑害累世人。

命其四人将妖眼挖出，须割去，帽踏烂，龙袍扯碎，身放倒，手放断。主题诗在壁云：

> 题诗行橄斥甘妖，该灭该诛罪不饶；
> 打死母亲干国法，欺瞒上帝犯天条；
> 迷缠男妇雷当劈，害累世人火定烧；
> 作速潜藏归地狱，腥身岂得挂龙袍！

后写"太平天王题"。又写天条及王诏贴壁，诏谕该处人民。其诏曰：

> 奉天父上主皇上帝真命，太平天王大道君王全诏谕该处人民。尔等知此甘妖怪既犯了天条大罪乎？打死母亲，大罪一；敢①冒天父上主皇上帝功劳，大罪二；迷惑天父上主皇上帝子女心肠，大罪三；诱赚天父上主皇上帝子女肉食，大罪四；缠捉天父上主皇上帝子女灵魂，大罪五；细妹与同年共坐，大罪六；欢悦妇女唱邪歌，大罪七；缠捉天父上主皇上帝子女行淫乐，大罪八；诱坏天父上主皇上帝子女行邪事，大罪九；种种作妖作怪，迷惑害累世人，大罪十。犯了十款大罪，天理难容。朕奉天父上主皇上帝命，亲身到此毁破此妖。继自今，其令此妖永不准在世作妖作怪、迷惑害累世人，并令该处人等永不准复立此妖庙、仍拜此邪魔。倘敢抗命，定与此妖一同治罪。钦此。

南王冯云山亦题诗在壁云：

> 奉天讨伐此甘妖，恶孽昭彰罪莫逃；
> 迫我弟妹诚敬拜，诱吾弟妹乐歌谣；
> 生身父母谁人打，敝首邪尸自我抛；

---

① "敢"字下，原有衍字"犯"，今删。

该处人民如害怕，请从土壁读天条。

十九日，回归紫荆山。自打破此妖，传闻甚远，信从愈众。

十一月初旬，主又别南王，同曾玉景①由紫荆山到贵县赐谷村。越数日，曾玉景回紫荆山。主题诗诫他云：

迷途既返速加鞭，振起雄心赶向前；

尽把凡情丢却去，方能直上九重天。

前此主与曾玉景来贵县时，路经武平。十一因风雨甚，主投宿黄四家。主将此情教导该人，间有人信从真道②焉。

---

① "曾玉景"，原作"曾玉璟"，据同书上文校改。
② "真道"下，原有衍字"者"，今删。

太平礼制[*]

天王诏令

　　王世子，臣下呼称"幼主万岁"；第三子，臣下呼称"王三殿下千岁"；第四子，臣下呼称"王四殿下千岁"；第五子，臣下呼称"王五殿下千岁"。以下第六子至百子、千子，皆仿此类推。

　　王长女，臣下呼称"长天金"；第二女，臣下呼称"二天金"；第三女，臣下呼称"三天金"；第四女，臣下呼称"四天金"。以下第五女至百女、千女，皆仿此类推。

　　东世子，臣下呼称"东嗣君千岁"；第二子，臣下呼称"东二殿下万福"；第三子，臣下呼称"东三殿下万福"。以下第四子至百子、千子，皆仿此类推。

　　东长女，臣下呼称"长东金"；第二女，臣下呼称"二东金"；第三女，臣下呼称"三东金"。以下第四女至百女、千女，皆仿此类推。

　　西世子，臣下呼称"西嗣君千岁"；第二子，臣下呼称"西二殿下万福"；第三子，臣下呼称"西三殿下万福"。以下第四子至百子、千子，皆仿此类推。

　　西长女，臣下呼称"长西金"；第二女，臣下呼称"二西金"；第三女，臣下呼称"三西金"。以下第四女至百女、千女，皆仿此类推。

　　南世子，呼称"南嗣君千岁"。北世子，呼称"北嗣君千岁"。翼世

---

　　* 太平天国辛开元年（清咸丰元年，1851年）刊刻，后有多种修改本问世。壬子二年刻本仅有细微改动：将"长天金"改为"天长金"，"长东金"改为"东长金"，"长西金"改为"西长金"。韦昌辉因天京事变被杀后，有关北王的内容被删除，推出戊午八年刻本。洪仁玕、陈玉成、李秀成等人封王后，增补相关内容，又有新刻本问世。本书仅收初刻本，据影印本《太平天国印书》辑录。原刻本现藏德国国家图书馆。

子，呼称"翼嗣君千岁"。南女，呼称"南金"。北女，呼称"北金"。翼女，呼称"翼金"。皆与东、西一式。

丞相至军帅，皆称"大人"。如丞相则称"丞相大人"，检点则称"检点大人"。以下类推。

师帅至两司马，皆称"善人"。如师帅则称"师帅善人"，旅帅则称"旅帅善人"。以下类推。

丞相子至军帅子，皆称"公子"。但同称公子，亦有些别。如丞相子称"丞公子"，检点子称"检公子"，指挥子称"指公子"，将军子称"将公子"，侍臣子称"侍公子"，侍卫子称"卫公子"，总制子称"总公子"。以下类推。

师帅子至两司马子，皆称"将子"。但同称将子，亦有些别。如师帅子称"师将子"，旅帅女称"旅将子"。以下类推。

丞相女至军帅女，皆称"玉"。但同称玉，亦有些别。如丞相女称"丞玉"，检点女称"检玉"。以下类推。

师帅女至两司马女，皆称"雪"。但同称雪，亦有些别。如师帅女称"师雪"，旅帅女称"旅雪"。以下类推。

王世子及东、西、南、北、翼各世子，皆是管理世间者也，故均称"世子"。

宫城女及东、西、南、北、翼各女，皆是贵如金者也，故均称"金"。金，贵也，色美而不变者也。

丞相至军帅，皆是公义之人，故均称其子曰"公子"。又皆是虔洁之人，故均称其女曰"玉"。玉，洁也，色润而可宝者也。

师帅至两司马，皆是典兵之人，故均称其子曰"将子"。又皆是清净之人，故均称其女曰"雪"。雪，清也，色白而可爱者也。

女丞相、女检点、女指挥、女将军，皆称"贞人"。妇人，以贞节为贵者也。

军师妻，呼称"王娘"。丞相妻，呼称"贵嫔"。检点妻，呼称"贵姒"。指挥妻，呼称"贵姬"。将军妻，呼称"贵嫱"。钦命总制妻，呼称"贵媪"。监军妻，呼称"贵奶"。军帅妻，呼称"贵娴"。师帅妻，呼称"贵娴"。旅帅妻，呼称"贵婕"。卒长妻，呼称"贵妯"。两司马妻，呼称"贵娌"。

丞相妻至军帅妻，加称"贞人"。师帅妻至两司马妻，加称"夫人"。

朕仁发兄、仁达兄，称"国兄"；嫂称"国嫂"。

庆善伯、缵奎伯、元玠伯辈，称"国伯"。

庆轩、绍衎叔辈，一体同称"国叔"。

仁正兄、仁宾，称"国宗兄"。

元清、辅清、四福、韦宾辈，一体同称"国宗兄"。

贵妹夫及后宫父母、伯叔、兄弟辈，一体同称"国亲"。细分之，后宫父称"国丈"，后宫母称"国外母"，后宫伯叔称"国外伯"、"国外叔"，后宫兄弟称"国舅"。

朕岳丈，天下人大同，称"国丈"；岳母，天下人亦大同，称"国岳母"。国岳与国岳两相称，自因其长次，则称为"国亲兄"、"国亲弟"。

千岁岳丈，天下人大同，称"某千岁贵丈"；岳母，天下人亦大同，称"某千岁贵岳母"。贵岳与贵岳两相称，自因其等职。譬如，七千岁贵岳见九千岁贵岳，则称"东贵亲兄"。又譬如，七千岁贵岳会六千岁、五千岁贵岳，则称"北贵亲弟"、"翼贵亲弟"。如此，为兄弟相称也。

国岳丈与九千岁、七千岁、六千岁、五千岁之贵岳会见八千岁贵岳，两相称①，自因其长次，同称"亲家兄"、"亲家弟"也。

贵丈见国岳，则称"某国岳"。

国岳会贵岳，亦因其等职。譬如，会九千岁贵岳，则称"东贵弟"；会七千岁贵岳，称"南贵弟"。如此，则国岳为兄、贵岳为弟也。

国岳母与国岳母两相称，自因其长次，则称"国亲嫂"、"国亲婶"。

贵岳母与贵岳母两相称，自因其等职。譬如，七千岁贵岳母见九千岁贵岳母，则称"东贵亲嫂"。又譬如，七千岁贵岳母会六千岁、五千岁贵岳母，则称"北贵亲婶"、"翼贵亲婶"。如此，则为嫂婶相称也。

国岳母与九千岁、七千岁、六千岁、五千岁贵岳母会见八千岁贵岳母，两相称，自因其长次，同称"亲家嫂"、"亲家婶"也。

贵岳母见国岳母，则称"某国岳母"。

国岳母会贵岳母，亦因其等职。譬如，会九千岁贵岳母，则称"东贵婶"；会七千岁贵岳母，则称"南贵婶"；会六千岁贵岳母，则称"北贵婶"；会五千岁贵岳母，则称"翼贵婶"。如此，国岳母为嫂、贵岳母为婶也。

各宜凛遵。钦此。

---

① "两相称"下，原有衍字"因"，今删。

起义初期诏旨[*]

（一）五大纪律诏

庚戌十二月初旬 时在金田

天王令曰：一、遵条命；二、别男行女行；三、秋毫莫犯；四、公心和傩，各遵头目约束；五、同心合力，不得临阵退缩。

（二）行营铺排诏

辛开①七月十九日 时在茶地

天王诏令：各军各营众兵将，放胆欢喜踊跃，同顶天父天兄纲常，总不用慌。万事皆是天父天兄排定，万难皆是天父天兄试心，各宜真草②、坚草、耐草，对紧天父天兄也。天父前有言曰："越寒天，越退衣；各坚耐，万不知。"众兵将各宜醒醒。

今据奏说现无盐，移营是。又据奏说多病伤，护持紧。兄弟姊妹一个不保齐，辱及天父天兄也。

今行营，其令各军各营，队伍宜整齐坚重，同心同力；千祈恪遵天

---

　　* 共 13 件，《天命诏旨书》收录。该书于太平天国壬子二年新刻，癸好三年（清咸丰三年，1853 年）重刻。重刻本现藏法国巴黎东方语言学校图书馆。本书据影印本《太平天国印书》所收重刻本辑录，大小标题及序号为编者所加。按：本书所拟诏旨标题，主要参酌太平天国历史博物馆编《太平天国文书汇编》（中华书局 1979 年版），谨此说明。又，文中"庚戌"，指道光三十年；"辛开"，指太平天国辛开元年。

　　① "开"，原作"亥"，全书刻印时仅此一处漏改。

　　② "草"指"心"，"灯草"指"人心"。原是天地会隐语，为太平天国沿用。

令，不得再逆。前军主将贵妹夫、左军主将达胞，同统戊壹监军、前壹军帅、前贰军帅、左壹军帅、左贰军帅开通前路；中军主将清胞，统土壹总制、中壹军帅、中贰军帅及前选侍卫二十名护中；右军主将正胞、后军主将山胞，同统右壹军帅、右贰军帅、后壹军帅、后贰军帅押后。每行营、匜营，各军各营宜间匀连络，首尾相应，努力护持老幼男女病伤，总要个个保齐，同见小天堂威风。众兵将各各遵。钦此。①

（三）同心同力同向前诏

辛开八月初三日 时在莫村

天王诏令：各军各营众兵将，放胆欢喜踊跃，同心同力同向前。万事皆有天父主张、天兄担当，千祈莫慌。真神能造山河海，任那妖魔一面来；天罗地网重围住，尔们兵将把心开。日夜巡逻严预备，运筹设策夜衔枚；岳飞五百破十万，何况妖魔灭绝该。钦此。

（四）谕兵将遵天令诏

辛开八月十九日 时在舟中

天王诏令：众兵将千祈遵天令，不得再逆。朕实情谕尔，眼前不贪生怕死，后来上天堂便长生不死；尔若贪生便不生，怕死便会死。又，眼前不贪安怕苦，后来上天堂便永安无苦；尔若贪安便不安，怕苦便会苦。总之，遵天诫，享天福；逆天令，落地狱。众兵将千祈醒醒，再逆者莫怪。钦此。

（五）谕兵将不得私藏财物诏

又八月初七日 时在永安

天王诏令：各军各营众兵将，各宜为公莫为私，总要一条草对紧天父天兄及朕也。继自今，其令众兵将，凡一切杀妖取城所得金宝、绸帛、宝物等项，不得私藏，尽缴归天朝圣库。逆者议罪。钦此。

---

① "钦此"二字后，接"此是前时行营、坐营铺排如是，今宜听东王将令"。这句话是后来编书时补加的。洪秀全诏封五王，是在攻克永安之后。

（六）令各军记功记罪诏

辛开九月二十五日 时在永安

天王诏令：通军大小兵将，千祈遵天令，欢喜踊跃威武，同心同力同向前，同顶天父天兄纲常。今诏令各军，每场杀妖后，各两司马立即记录自己管下兵。某名头顶遵令向前，则画圆圈以记其功；某名头顶逆令退缩，则画交叉以记其罪；中等者免记录。记录册成，两司马执册达卒长，卒长达旅帅，旅帅达师帅，师帅达军帅，军帅达监军，监军达总制，总制次第①达丞相，丞相达军师，军师转奏。俟到小天堂，以定官职高低，小功有小封，大功有大封。各宜努力自爱。钦此。

（七）谕兵将真忠报国到底诏

辛开十月十二日 时在永安

天王诏令：通军大小众兵将，千祈遵天令，欢喜踊跃，坚耐威武，同心同力同向前，同顶天父天兄纲常。当前朕有令曰："上天岂容易，头要耐心志，一定会上天；尔们把心坚，最怕半路差，鬼路最歪邪。"据眼前论，众兵将今知得妖魔多端诱惑否？今知得鬼路歪邪否？今知得朕前言有定准否？兹今特诏大小兵将，千祈坚耐，莫被诱惑。果能立志顶天、真忠报国到底，天父天兄自有眼照得尔到，朕亦自有眼照得尔到也。

今诏封从前及后一概打仗升天功臣，职同总制世袭；掌打大旗升天功臣，职同将军、侍卫世袭。现封及者，袍帽遵依官制；未封及者，风帽一概尽与两司马同。既封及者一体，未封及者一样。上到小天堂，凡一概同打江山功勋等臣，大则封丞相、检点、指挥、将军、侍卫，至小亦军帅职，累代世袭，龙袍角带在天朝。

朕实情谕尔，我等既幸得为天父子女，又幸得为天兄弟妹，在世则威风无比，在天则享福无疆。朕问尔等，威风有如此真威风否？享福有如此真享福否？继自今，各军大小众兵将千祈踊跃同心，同顶起天父天兄纲常。妖魔诡计百出，众兵将千祈醒醒，莫至天光怨鬼迷也。钦此。

---

① "次第"，原作"次递"，误，校改。

（八）永安封五王诏

辛开十月二十五日 时在永安

天王诏令：通军大小兵将，各宜认实真道而行。天父上主皇上帝才是真神。天父上主皇上帝以外，皆非神也。天父上主皇上帝无所不知、无所不能、无所不在，样样上；又无一人非其所生所养，才是上，才是帝。天父上主皇上帝而外，皆不得僭称上、僭称帝也。

继自今，众兵将呼称朕为"主"则止，不宜称"上"，致冒犯天父也。天父是天圣父，天兄是救世圣主，天父天兄才是圣也。继自今，众兵将呼称朕为"主"则止，不宜称"圣"，致冒犯天父天兄也。天父上主皇上帝是神爷，是魂爷。前此左辅、右弼、前导、后护各军师，朕命称为"王爷"，姑从凡间歪例。据真道论，有些冒犯天父。天父才是爷也。

今特褒封左辅正军师为东王，管治东方各国；褒封右弼又正军师为西王，管治西方各国；褒封前导副军师为南王，管治南方各国；褒封后护又副军师为北王，管治北方各国；又褒封达胞为翼王，羽翼天朝。以上所封各王，俱受东王节制。另诏：后宫称"娘娘"，贵妃称"王娘"。并钦此。

（九）犯第七天条杀无赦诏

壬子正月二十七日 时在永安

天王诏令：通军大小男女兵将，千祈遵天条。兹今特诏令清胞、贵妹夫、山胞、正胞、达胞暨各军各头领，务宜时时严查军中有犯第七天条否。如有犯第七天条者，一经查出，立即严拿斩首示众，决无宽赦。众兵将千祈莫容忍包藏，致干天父皇上帝义怒。各宜醒醒。钦此。

（十）永安破围诏

壬子二月三十日 时在永安

天王诏令：通军男将女将，千祈遵天令，欢喜踊跃，坚耐威武，放胆诛妖。任那妖魔千万算，难走天父真手段。江山六日尚造成，各信魂爷为好汉。高天差尔诛妖魔，天父天兄时顾看。男将女将尽持刀，现身着衣仅替换。同心放胆同杀妖，金宝包袱在所缓。脱尽凡情顶高天，金砖金屋光焕焕。高天享福极威风，最小最卑尽绸缎。男着龙袍女插花，各做忠臣劳马汗。钦此。

（十一）严禁私藏私带金宝诏

壬子八月初十日 时在长沙

天王诏令：通军大小兵将，自今不得再私藏私带金宝，尽缴归天朝圣库。倘再私藏私带，一经察出，斩首示众。钦此。

（十二）汇编天命诏旨书诏

天王诏曰：戊申年三月，天父上主皇上帝下凡，显出无数神迹权能凭据，载在诏书。是年九月，天兄救世主耶稣下凡，亦显出无数神迹权能凭据，载在诏书。今恐通军大小男女兵将未能熟知天父圣旨命令，及熟知天兄圣旨命令，致有误逆天命天令也，故特将诏书寻阅天父、天兄圣旨命令最紧关者，汇录镌刻成书，庶使通军熟读记心，免犯天令，方得天父、天兄欢心也。后将朕令附尾，亦无非使尔等识法、忌法之意。钦此。①

（十三）严别男女整肃后宫诏

天王诏旨

诏曰：咨尔臣工，当别男女。男理外事，内非所宜闻；女理内事，外非所宜闻。朕故特诏：继自今，外言永不准入，内言永不准出。今凡后宫，臣下宜谨慎，总称"娘娘"。后宫姓名、位次，永不准臣下②称及、谈及。臣下有称及、谈及后宫姓名③、位次者，斩不赦也。后宫面

---

① 《天命诏旨书》卷首即此诏，未署时间，交代了编辑、刻印此书的主旨。据前后诏的时间推算，该诏应是在太平天国壬子二年长沙战役期间发布。

② "下"字，原脱，校补。

③ "姓名"，原作"姓各"，误，校改。

永不准臣下见。臣下宜低头垂眼；臣下有敢起眼窥看后宫面者，斩不赦也。后宫声永不准臣下传。臣下、女官有敢传后宫言语出外者，斩不赦也。臣下话永不准传入。臣下话有敢传入者，传递人斩不赦，某臣下斩不赦也。

朕实情诏尔等，后宫为治化之原，宫城为风俗之本。朕非好为严别，诚体天父天兄圣旨，斩邪留正；有偶不如此，亦断断不得也。自今朕既诏明，不独眼前臣下宜遵，天朝万国万万年子子孙孙暨所有臣下，俱宜遵循今日朕语也。钦此。

癸好三年正月二十八日诏

建都初期诏旨[*]

（一）地转天旋好兆头诏

天王诏曰：

> 万样魂爷六日造，同时今日好诛妖。
> 地转实为新地兆，天旋永立新天朝。
> 军行速追诰放胆，京守严巡灭叛逃。
> 一统山河图已到，胞们宽草任逍遥。钦此。
> 太平天国癸好三年四月　　日

（二）删改《诗韵》诏

天王诏曰：咨尔史臣，万样更新，《诗韵》一部，足启文明。今特诏左史、右史，将朕发出《诗韵》一部，遵朕所改，将其中一切鬼话、怪话、妖话、邪话，一概删除净尽，只留真话、正话，抄得好好缴进，候朕披阅刊刻颁行。钦此。

　＊　共 5 件，大小标题及序号为编者所加。张德坚主编《贼情汇纂》卷七收录 4 件诏旨（大多缺颁诏日期），本书以中国史学会主编《中国近代史资料丛刊·太平天国》第 3 册（全 8 册，神州国光社 1952 年版）盋山精舍本《贼情汇纂》为底本辑录。最末一件天王诏旨，太平天国癸好三年刊刻《贬妖穴为罪隶论》卷首所附。本书据影印本《太平天国印书》辑录。《贬妖穴为罪隶论》原刻本现藏法国巴黎东方语言学校图书馆。

（三）天下皇帝、大哥独一诏

天王诏曰：咨尔清胞，名份昭昭，诰谕兵士，遵命遵条。普天大下，皇帝独一，天父上主皇上帝是也。天父上主皇上帝而外，有人称皇帝者，论天法该过云中雪也。天下大哥独一，天兄耶稣是也。天兄耶稣而外，有人称大哥者，论天法该过云中雪也。继自今诏明天下，以后犯者勿怪也。钦此。

（四）劝戒鸦片诏

天王诏曰：

高天灯草似条箭，时时天父眼针针；
不信且看黄以镇，无心天救何新金。
吹去吹来吹不饱，如何咁①蠢变生妖？
戒烟病死胜诛死，脱鬼成人到底高。并钦此。

（五）贬直隶省为罪隶省诏

天王诏曰：有功当封，有罪当贬。今朕既贬北燕地为妖穴，是因妖现秽其地；妖有罪，地亦因之有罪，故并贬直隶省为罪隶省。天下万郭帝无二，京亦无二，天京而外皆不得僭称京。故特诏清胞速行告谕守城、出军所有兵将，共知朕现贬北燕为妖穴，俟灭妖后方复其名为北燕；并知朕现贬直隶省为罪隶省，俟此省知悔罪，敬拜天父上帝，然后更罪隶之名为迁善省，庶俾天下万国同知妖胡为天父上帝所深谴所必诛之罪人。钦此。

---

① "咁"，粤语，作"这样"解。

天父上帝言题皇诏[*]

其一

三星共照日出天，禾王作主救人善；
尔们认得禾救饥，乃念日头好上天。

其二

人字脚下一二三，一直不出在中间；
玉清不好起歪心，全敬上帝不愁难。

其三

清朝灯草就日头，照明天下不用愁；
贵人也要三星照，升天享福正修悠。

其四

且说金炉是名头，日月照明不用愁；
灯草开来对日洪，信实天父自悠悠。

其五

功名顶头借金引，不拘大小再真心；
戒净邪花酒多少，得福公子贵如金。

＊ 又名《十全大吉诗》，太平天国癸好三年刊刻。本书据影印本《太平天国印书》辑录。
原刻本现藏伦敦英国图书馆东方部。

其六

琵琶鼓乐箫来和，金玉堂中快乐多；
正人上天真享福，胜起高楼顶上坐。

其七

朝中公子胜公郎，出在深山金玉堂；
富贵功名天分定，灯草对紧日头上。

其八

笛子出在玉堂中，扇子不拨自有风；
山头白云风吹散，真心敬天不愁穷。

其九

黄金财宝是名头，为人修善不用愁；
正人自有升天日，天堂享福万千秋。

其十

题名头顶半金黄，为人真心总不妨；
且看江水何处去，尽归一统转天堂。

御制千字诏*

维皇上帝，独一无二，当初显能，造天及地。

万物齐全，生人在世。分光隔暗，昼夜轮递。

日月苤照，星辰协治。风偃四方，吹嘘猛厉。

悠然作云，雨下空际。洪水退后，悲悯约誓，

永不沉灭，虹为号记。诛妖戮鬼，雷轰电掣，

霜寒雪白，霰集露零，雹重霞红，烟斜雾横。

斗杓所竖，节序以更。乾旋坤转，夏热冬冷。

铜关铁卡，汤池金城，江带山砺，海宴河青，

岸高谷深，野广原平，峰尖岳秀，波绉涛惊。

麒麟狮象，凤凰鹿麋，虎豹熊罴，獬豸犴猩，

猿猴麝麟，猰㺄豺狼，狐狸狯猾，狰狯獭獐，

驴骡骆驼，骊马牛羊①，犬豕猫鼠，雁鹏鹤鹁，

雉鸡鸤鹄，翡翠鸳鸯，鹁鸠鹕鸪，鸽鹑鹧鹨，

鸱鸹鹪鹩，鹊鸦鹎鸩，鸠鹘鹂鹚，鹃鸰鸨鹅，

蚕蛾蝴蝶，蜂蜜螳螂，蜘蛛蜻蜓，蚯蚓蛞蝼，

蟋蟀蜈蚣，鱼鳖龟蛇，鼋鼍蛟龙，鲢鳟鲤鲨，

蟛蟹蚌螺，蚬蠔鲍虾，鳊鳊鲫鲙，虫蚁缘爬，

鳞潜羽舞，壁蝇井蛙，动走跳跃，皮革爪牙。

种植树艺，禾麦豆麻，薯芋菜蔬，苋蒜薑瓜，

---

　　* 太平天国甲寅四年（清咸丰四年，1854 年）刊刻。本书据影印本《太平天国印书》辑录，系戊午八年修改版，卷末盖有朱戳"戊午遵改"四字。原刻本现藏伦敦英国图书馆东方部。

　　① "羊"，原作"养"，误，校改。

芸荽萝卜，松柏梨楂。油盐糖醋，槟榔蒟茶，
咸酸辣苦，浓淡香臭。凡间形色，总由圣父。
耳目舌鼻，心肝肺腑，腹背胁腋，膏肓①肠肚，
颈肩头顶，面脸脚手，臀肾脾胃，胯臂肱股，
仿佛亲像，赋畀昔古。诏谕教敕，条诫恪守，
千祈莫奸，逆者斩首。十款昭彰，遵获祝嘏。
西奈石碑，流垂曩时，赫奕威严，靡有易移。
邪魔诡怪，魍魉魅魑，灵常惑诱，草屡缠迷，
引陷狱火，害坏顽愚。屋漏怠致，罪孽盈余，
义实难容，恩怎可施。魂爷若日，鉴兹氓虫，
奚悍违我，蠢弗之知。淫乱秽亵，硫璜烧尔。
慎尽则瞋，怒极而怜，改祸锡祥，赦旧开新。
爰差爱子，救彼寰尘，捐躯欣愿，代赎艰辛。
母氏利亚，稔悉秘情；大兄耶稣，睿知慈仁。
煌耀权势，担病勤殷，瘫起软企，哑说聋听，
死苏瞽见，麻净跛伸。比喻宣道，牧看列民，
男妇跟随，族类依瞻。擘饼给饱，另剩几篮。
叱咤浪息，船憩湖潭。变化颜晃，庐筑巉岩。
奉遣力援，饮杯是甘。骑坐群呼，童孩喧嚷。
预言钉架，复活于三。得银卖师，凶毒何堪，
螅党计谋，路撒妒谗，虽乃旨定，峨崿贻惭。
淋漓宝血，陪伴盗贼，黯兮惨愁，拈阄袍裂，
叹唎疾声，胆汁醮塞。伤哉仇敌，痛楚骨刻，
戏弄狎侮，伊谁凄恻。主被奴欺，慷慨气绝。
防墓孔迩，盖盘遽揭。贞女傍窥，使踞冢侧，
谓报弟妹，欢忻喜悦，应验先往，确乎信德。
次令门徒，福音诞敷。伪善必兴，甚綦糊涂。
谨慎操执，勿溺谎诬。现与保罗，授传愈普。
丁酉年岁，季春和舒，蒙接升堂，指示根株，
命锄务本，芟剔奸除，继或些味，赐对部书。
癸卯斯载，如晦才曙，互相印证，历合玺符。

---

① "膏肓"，原作"膏盲"，误，校改。

乃始周游，唤醒英雄，跋涉险阻。前导南冯，
忧乐胥共，安危俱同。甫届戊申，孰降苍穹，
至尊真神，监临其中，清口托题，左辅杨东。
九秋菊绽，基督乘荣，贵婿娇客，右弼精忠。
击祟逐魅，膺宠加封，凭据踪迹，罕匹寡双，
眷顾扶持，阴骘庇超。团营鏖战，仗剑挥刀，
斧钺弓矢，旌旗旄旄，札隆钩戟，粉码炮包，
锣角牌帽，甲胄戈矛。扼吭破竹，夺隘拔毛。
步匝稳固，轻锐健豪。旗麾劲阵，远望窜跑。
鼓擂通军，乍闻弃抛。沸腾崒崩，奔溃震骚。
护卫密致，联络强坚。萱迥捷奏，氛倏消泯。
益阳桥浮，渡竟牵连。洞庭长驱，鲸鳌沫涎。
皖省直进，将士扬鞭。舆驻建康，统诸延绵。
京都钟阜，殿陛辉鲜。林苑芳菲，兰桂叠妍。
宫禁焕灿，楼阁百层。延阙琼瑶，钟磬铿锵。
台凌霄汉，坛焚牲畜。荡涤洁修，斋戒沐浴。
礼拜敬虔，赞美雍肃。恳吁居歆，自求莆禄。
胡越贡朝，蛮夷率服。任多版图，总归隶属。
库满珍珠，仓储菽粟。亿兆供球，臣僚辑睦。
千字诏终
共一千一百〇四字

天父诗[*]

天父在茶地题

天父下凡又几年，天兄护降苦同先。
耶稣为尔救世主，尽心教导本仍然。
天父生全为尔主，何不尽忠妄修前？
尔们多有重逆令，我无旨^①出胆如天。

其二

瞒天莫道天不知，天量如海也无迟；
看尔些有无胆志，不做忠臣到何时？
尔想三更逃黑路，不过天光怨鬼迷；
各为尔王行真道，信实天父莫狐疑。

其三

天父下凡事因谁？耶稣舍命代何为？
天降尔王为真主，何用烦愁胆心飞。

其四

真小今知兄前苦，何不心雄战胜回？

　＊ 太平天国丁巳七年（清咸丰七年，1857 年）刊刻。王庆成编注《影印太平天国文献十二种》，中华书局 2004 年版，辑有《天父诗》。本书以此为底本辑录。原刻本现藏伦敦英国图书馆东方部。

　① "旨"，原作"指"，误，据洪秀全《致英国全权特使额尔金诏》校改。

有志顶天忠报国，何常临阵事屡屡？

其五

自古死生天排定，哪①有由己②得成人；
灵魂本是由天父，今时不醒做何民？

其六

杜而景逆令双重，云中雪下罪难容；
胆敢瞒天无信德，阵中两草退英雄。
真神能造山河海，不信魂爷为何功；
尔们众小遵天诫，逆同而景罪无穷。

其七

功臣既得赖夫阳，同忠志草顶山江；
小志花开千万载，荣时私出力高张。

其八

万方儿小别家庭，离乡立志做忠臣。
前未勤王当虎豹，今知有主可成人。
不信山中清贵止，亦念魂爷立主真。
凭据权能天作主，未团敢碎妖如尘。

其九

千金千嘱千瞒天，千时千话千闲言，
千尔千要千新过，千祈千炼千果然。

其十

万方万郭万来朝，万山万水万飘摇③，
万里万眼万钻至，万知万福万功劳。

---

① "哪"，原作"那"，校改。下同。
② "己"，原作"巳"，误，校改。
③ "摇"，原作"遥"，误，校改。

十一

头一炼正，
第二遵旨，
第三听二姊教，
第四姊妹和傩，
第五虔诚欢喜，
第六炼好心肠，
第七炼好面情，
第八炼好声气，
第九不好眼青，
第十爱人如己。

十二

天父上主皇上帝曰："敬我天父要好心。"
天兄耶稣曰："心净者有福矣。"
天兄耶稣曰："好高反低。"

十三

天兄耶稣曰：
身之光者，眼也。
眼正周身得光，眼邪周身皆暗。

十四

天兄耶稣曰：
右眼惑尔，则挖尔右眼；
左眼惑尔，则挖尔左眼。
宁只眼上①天堂，好过双眼落地狱千万倍也。

十五

天父天兄最恼邪，最恼曲，最恼恶，最恼假。

---

① 原文如此，未改作"尚"，属漏改。

人有手指甲一些邪，人有手指甲一些曲，
人有手指甲一些恶，人有手指甲一些假。
还是妖，还是鬼，都不转得天也。

十六

天父天兄最惜正，最惜直，
最惜善，最惜真。
人炼得正正，人炼得直直，
人炼得善善，人炼得真真，
就转得天也。

十七

服事不虔诚，一该打；
硬颈不听教，二该打；
起眼看丈夫，三该打；
问王不虔诚，四该打；
躁气不纯静，五该打。

十八

讲话极大声，六该打；
有喙不应声，七该打；
面情不欢喜，八该打；
眼左望右望，九该打；
讲话不悠然，十该打。

十九

不得大胆，不得瞒天，
不得逆旨，不得歪心。

二十

遵旨得救逆旨难，天王旨令最紧关；
想做娘娘急放醒，各为丈夫坐江山。

二十一

尔不顾主有人顾，尔不扶主有人扶；
为主即是为自己，做乜不遵天令书。

二十二

尔对夫主心常真，金砖金屋住尔身；
尔对夫主心常假，难上高天难脱打。

二十三

尔为夫主心极真，永配夫主在天廷；
尔为夫主心极假，贱莫怨爷莫怨姐。

二十四

一眼看见心花开，大福娘娘天上来；
一眼看见心亮①起，薄福娘娘该打死；
大福薄福自家求，各人放醒落力修。

二十五

一下炼好永远贵，万载得企娘娘位；
一下炼歪永远贱，天王万载不得见；
大贵大贱炼到成，速速炼好得长生②。

二十六

炼好道理做娘娘，天下万国尽传扬；
金砖金屋有尔住，永远威风配天王。

二十七

心虔口虔头面虔，手虔身虔衣服鲜；
六虔一鲜事夫主，威风快活万千年。

---

① 太平天国避上帝"爷火华"名讳，"火"以"亮"、"燆"或"夥"、"炎"等字代。
② "长生"，原作"常生"，误，校改。

二十八

好心有好报，歪心有歪报；
尔们做娘娘，要识天理道。

二十九

真心享真福，假心享假福；
天照尔心肠，赏赐尔福禄。

三十

尔说夫主题诗好，各炼悠然莫作校；
坐立端庄声气细，高天享福永不老。

三十一

一个虔诚敬天敬主敬夫都有福，
一个怠慢逆天逆主逆夫都有哭。
一回虔诚一回贵，各人企稳娘娘位；
一回怠慢一回贱，万载千年不好怨。

三十二

耳莫乱听，喙莫乱讲，
眼莫乱望，心莫乱想。
正直善真，有大福享。

三十三

炼好尔条性，顾稳尔条命；
若不炼好性，怕会害了命。
娘娘不易做，速炼得悫悫①。

三十四

由天由主是娘娘，逆天由己罪难当；

---

① "悫"是太平天国新造字，同"正"，取人正首先要心正之义。

此层道理速认真，方可享福在天堂。

三十五

一心对日是娘娘，心不对日罪难当；
果然心正邪难入①，万载千秋配太阳。

三十六

铁石心肠炼得倒，永远娘娘永远好；
铁石心肠炼不倒，永远歪报永远了。

三十七

狗子一条肠，就是真娘娘；
若是多鬼计，何能配太阳。

三十八

今日顾主得上天，今不顾主后冤牵；
尔们果想后日好，灯草对日福万千。

三十九

认得道理真，享福在天廷；
若不认得真，怕难保尔身。

四十

灯草似箭是娘娘，灯草似弓罪难当；
直方是人曲是鬼，展脱蛇魔上天堂。

四十一

第一天条，崇拜皇上帝。
第二天条，不好拜邪神。
第三天条，不好妄题皇上帝之名。
第四天条，七日礼拜颂赞皇上帝恩德。

---

① "入"，原作"人"，误，校改。

第五天条，孝顺父母。

第六天条，不好杀人害人。

第七天条，不好奸邪淫乱。

第八天条，不好偷窃劫抢。

第九天条，不好讲谎话。

第十天条，不好起贪心。

四十二

心中无鬼是娘娘，心中有鬼罪难当；

日头下凡专收鬼，各莫鬼迷逆太阳。

四十三

晓照本心是娘娘，不照本心罪难当；

不照本心就是鬼，速照本心对太阳。

四十四

正直善真是娘娘，邪曲恶假罪难当；

天媳天婶行天道，真妻真心对真王。

四十五

口能对心是娘娘，一反一覆最难当；

万载半时学那样，金真玉洁尔心肠。

四十六

悠然定叠莫慌忙，细气娇声配太阳；

月亮不同星宿样，各炼长久做娘娘。

四十七

不怕尔修炼大多，总怕尔一下大错；

天上法断不饶情，打醒精神莫大过。

四十八

尔果惜人天惜尔，尔果恼人天恼尔；

尔们真想做娘娘，炼好心肠识道理。

四十九

一个遵旨得上天，一个逆旨有冤牵；
成人头要遵旨令，方可享福万千年。

五十

癸好三年正月二十六日，时取天京，在舟中题。

先日开恩开得多，从今再歪莫怪我；
眼前下等不知变，结局金殿骂因何。

五十一

炼成蛤蟆喙，总系自家害；
娘娘无乱讲，才配得万岁。

五十二

凡情未脱恩难开，姊妹不和大不该。
从今速变看上高，善恶到头天眼恢。

五十三

让人三尺不为高，因何逞恶又逞刁？
大做不着细着些，因何凡情不脱耗？

五十四

天父题

不遵天父罪尔身，不信不和不成人；
若要成人信天教，又信家人清心真；
贤人到来保尔身，不念他贤后分明。

五十五

一个救亮是娘娘，一个冲亮罪难当；
天差尔们为何事，因何歪草对太阳？

五十六

应该恐怕炼不好，因何好错把天瞒？
自今再不照本心，想两十宫总系难。

五十七

无功不受禄，有功受到足；
落力理天事，后来享大福。

五十八

尔想三更半夜，暗中行歪。
天就天光地白，显然报歪。

五十九

尔果三更半夜，暗中行好。
天就天光地白，显然报好。

六十

天兄耶稣曰："无有秘密而不露出。"

六十一

天父上帝不可欺，尔想瞒天恭喜尔；
一毫一丝无报错，因何情愿惹鬼迷？

六十二

心肠不净有何福？心肠不灵食何禄？
钥匙不带为何人？灯草不对想何屋？

六十三

不用拜隑不用愁，炼好有时见日头；
果然灯草能对紧，威风快活万千秋。

六十四

宫内最贵两十宫，身着月袍凤绣双。

心净心灵兼心好，方能受得天高封。

六十五

邪就是妖妖可恶，曲便似鬼鬼余辜，
恶即成魔魔落地，假既成怪怪该诛。

六十六

天父开恩得升天，得升天者福万千；
福万千皆由己炼，由己炼成万万年。

六十七

正气无邪得升天，直躬无曲福万千；
善人无恶由己炼，真心无假万万年。

六十八

天堂子女遵爷法，千条岔路脚莫踏；
明明真心又真心，从今闪避莫混杂。

六十九

高天万人共条心，姊妹和傩好酌斟；
高天替死都欢喜，心醒蛇魔难害侵。
高天灯草似条箭，各照本心莫阴沉；
高天杀死不敢邪，各守天条贵如金。

七十

欺善怕恶是凡情，天父诛恶救善人；
尔们速脱邪恶假，好心方得近王身。

七十一

咨尔臣邻，去伪存真，
自醒遵炼，转教军兵。

七十二

瞒天犯第七天条，天眼恢恢哪得逃；

妄尔前修天指出，麻疯永远眼前刀。

七十三

吹来吹去吹不饱，因何咁蠢变生妖？
戒烟病死胜诛死，脱鬼成人到底高。

七十四

遵条遵命得成人，条命不遵害尔身；
修炼大多怕一错，当知天法不饶情。

七十五

尔想上天莫瞒天，瞒天一定有冤牵；
不信且看杜①而景，第九天条千万千。

七十六

尔们何故咁逆旨？总是红眼睛迷缠；
缠尔去做鬼喙粮，速快挣脱好上天。

七十七

心有些恶害死尔，心有些邪上帝知，
心有些假天难瞒，今时不醒到何时？

七十八

朕弟朕妹，莫被鬼害；
身宁受刀，莫犯天条。

七十九

为人千祈想长远，切莫鬼迷顾眼前；
眼前极好后难过，长远威风万万年。

八十

炼正炼善兼炼真，不犯爷法得成人；

---

① "杜"，原作"枉"，误，校改。

天堂子女娇为贵，好心好口好面情。

八十一

放醒放灵，格外虔诚；
信天父教，就成得人。

八十二

千祈莫学杜而景，无心天救草同金；
尔们炼成豆叶样，太阳一出就开心。
无心错过天可怜，有心错过罪尔身；
至嘱千祈莫故意，放灵放醒放虔诚。

八十三

咨尔臣邻，认真天情；
永敬上帝，方成得人。

八十四

时时刻刻晓顾头，千年万载保得头；
时时刻刻不顾头，千年万载好杀头。

八十五

万载千年同半刻，一时半刻同千年；
千年半刻要那样，遵条遵命敬皇天。

八十六

暗中积歪罪滔天，暗中积好福无边；
歪积多多怕落地，好积多多万万年。

八十七

积好紧好积歪了，速悔速改速果然；
不悔不改受永苦，知悔知改早代捐。

八十八

真草对天享天福，假草对天落地狱；

真来真去贵尔身，假千假万大尔哭。

八十九

因何炼假不遵天？因何叛逆敢不服？
不服天法惹天诛，高天做事无委屈。

九十

行条路一步一步，出句言谨静悠然；
举下眼要正要善，起下心莫奸莫淫；
一坐装正直端方，一立企正身正仪；
手一动看天从容，脚一踏天情要合。

九十一

成人不自在，自在不成人；
尔心防鬼入，脱尽①旧凡情。

九十二

耳邪变妖耳该切，不切妖耳云中雪；
切去妖耳得升天，天兄代赎尔罪孽。

九十三

眼邪变妖眼该挖，不挖妖眼受永罚；
挖去妖眼得升天，上帝怜尔眼无瞎。

九十四

喙邪变妖喙该割，不割妖喙凡不脱；
割去妖喙得升天，永居高天无饥渴。

九十五

心邪变妖心该刳，不刳妖心发大麻；
刳去妖心得升天，心净有福见爷妈。

---

① "尽"，原作"净"，误，校改。

九十六

手邪变妖手该断，不断妖手祸多端；
断去妖手得升天，尔手仍在无苦酸。

九十七

脚邪变妖脚该斩，不斩妖脚鬼且阘；
斩去妖脚得升天，永随上帝脱危险。

九十八

妖邪莫真正要真，真真妖邪永苦辛；
真真正气方有救，各人真草对真神。
天下万国，　　　　千祈遵正。

九十九

知情不报应同罪，藏奸瞒天云雪飞；
话人须要话到底，含含糊糊累到谁？

一百

贵人贵口贵言章，贵头贵面贵心肠；
贵耳贵眼贵手脚，贵身贵量贵行装。
真金不怕红炉亮，猛风方知劲草强；
脚到飘摇忠臣出，田中饱水晒无妨。

一百零一

朕弟朕妹莫大过，天情道理在和傩；
天父上帝恩救过，从今真草对爷哥。

一百零二

得罪自家真是好，得罪人侪真是了；
化运①尔头只扫开，千祈莫同人计校。

---

① "化运"，又作"运化"，太平天国隐语，指大便。小便为"润泉"。

一百零三

万事有爷又有哥，自家不好谁人保？
嫌人不好己先歪，各想得福要遵老。

一百零四

他人恼尔尔惜他，尔饶人天饶自家；
爱人如己终是好，荣功享福见爷妈。

一百零五

思量人者有福矣，当前科炭今何如？
他人有难尔救他，尔若有难天救尔。
见人灾病同己病，见人饥寒同自饥；
为人即是为上帝，莫作等闲诈无知。

一百零六

朕妻朕儿体爷心，头顶大罪是奸淫；
不信且看阵中养，上帝一怒即降临。
暗中行歪显报歪，哪时天眼不针针？
威风金贵有何道，炼个正字脱沦沉。

一百零七

虔诚欢喜又悠然，娇声细气福齐天；
有这锁匙开这锁，何至门外咁冤牵？

一百零八
天父在平在①山教导先娇姑

天父开言清口讲②，发令易飞木儿房；
先说天花娇为贵，因何无谨逞高张？
天父曰娇声妻子。

---

① "平在"下，原有衍文"平在"，今删。
② 按照上帝教教义，上帝下凡时降附杨秀清之身，借杨之口发布圣旨。"天父开言清口讲"即指此事。

一百零九

天父发令为一女，不遵天令乱言题；
若是不遵天命者，任从全清贵①杖尔。

一百零②十

奉天诏命尽势打，乱言听者不留情。

一百零十一

乱言讲者六十起，听者亦杖六十尔；
己③醒即道要尔好，不醒反说天父悖。

一百十二
天父在石头脚下凡圣旨

天父上主皇上帝曰："众小媳，他说尔这样尔就这样，说尔那样尔就那样，不使得性，不逆得他。逆他就是逆我天父、逆天兄也。"

一百零十三

天父曰："众小媳，不是同尔校笑。尔们炼得好好，他不④知几好笑也。"

一百十四

天父曰："众小媳，孝顺尔丈夫。服事尔二姊国母也一样。"

一百十五
天父在东乡下凡圣旨

天父曰："众小，尔们要一心扶主，不得大胆。我差尔主下凡作天王，他出一言是旨、是天命，尔们要遵。一个不顾王顾主都难。"

---

① "全清贵"，分别指洪秀全、杨秀清、萧朝贵。
② 原文如此，下同。
③ "己"，原作"巳"，误，校改。
④ "不"字下，原有衍字"不"，今删。

一百十六
天兄耶稣在石头脚下凡圣旨

天兄曰："咁多小婶，有半点嫌弃怠慢，我胞弟云中雪飞。"

一百十七

朝晚拜爷拜在心，心先拜敬道理深；
心拜更真身拜假，各炼真真贵如金。

一百十八

真心顶天心脱邪，时遵天法莫些差；
果然时刻心常对，便是时刻心拜爷。

一百十九

敬我天父要好心，敬我天兄要好心，
敬我天王要好心，为尔丈夫要好心。

一百二十

玉清不好起歪心，玉清不好起邪心，
玉清不好起奸心，玉清不好起贪心。

一百二十一

自家系会教会人，因何姊妹像无亲？
做多一些多些功，因何算盘算咁真？

一百二十二

孝顺父母孝顺天，第五天条千万千；
天大福禄由敬老，速速认真万万年。

一百二十三

几多因为一句话，五马分尸罪不赦；
一言既出马难追，天法不饶怕不怕？

一百二十四

扇拨飞虫是热天，茶洁泉三样相连；
起身摄裳茶洁须，袍帽靴帖礼拜虔；
化纸一些都碍眼，物件端正理悠然；
壳核放好怕捻起，朝堂净正壮威权。

一百二十五

功劳不怕多，罪恶不好多；
好心不怕多，歪心不好多；
好样不怕多，歪样不好多；
暗好不怕多，暗歪不好多；
真凭不怕多，歪凭不好多。

一百二十六

功劳多过人，享福多过人；
好心多过人，贵气多过人；
好样多过人，威风多过人；
暗好多过人，光荣多过人；
真凭多过人，尊贵多过人。

一百二十七

眼前辛苦后安乐，眼前安乐后折剥；
不理幼细理卤粗，后来不好怨落瘼。

一百二十八

半星亮起烧死人，各人救亮放精灵；
明知亮大偏冲起，烧死自家有谁怜？

一百二十九

且看旧①年亮烧宫，当知亮大不可冲；

---

① "旧"，原作"舅"，误，校改。

加先草涩须除净，免尔烧死在亮中。

一百三十

好心娘娘歪心鬼，越恶越贱善就贵；
玉清不好起歪心，万载千年真草对。

一百三十一

好高反低莫好高，逞刁挪贱莫逞刁；
越善越贵天越惜，千祈恶字尽丢耗。

一百三十二

七日礼拜，袍帽靴帖①；
坐殿游苑，金帕扇插。

一百三十三

做人小妹听姊教，千祈至紧莫逞高；
每事不晓问二姊，认真道理着月袍。

一百三十四

煞尾五更头御正，二回头御副②接轮；
煞尾五更头御副，二回二御正接轮；
煞尾五更二御正，二回二御副接轮；
煞尾五更二御副，二回头御正接轮。

一百三十五

煞尾五更三御正，二回三御副接轮；
煞尾五更三御副，二回四御正接轮；
煞尾五更四御正，二回四御副接轮；
煞尾五更四御副，二回三御正接轮。

---

① "帖"，原作"贴"，误，校改。
② "副"，原作"付"，误，校改。

一百三十六

煞尾五更五御正，二回五御副接轮；
煞尾五更五御副，二回六御正接轮；
煞尾五更六御正，二回六御副接轮；
煞尾五更六御副，二回五御正接轮。

一百三十七

御同御轮照进宫，头御轮到二御中；
三御御照进宫算，四御接三御算同；
五御进宫先先为，六御一样算玲珑。

一百三十八

姊妹和㑩好斟酌，因何眼青不修心？
大作不着细着些，因何执仇恨咁深？
姊妹不是路边人，因何嫌恨到如今？
人侪不好不相干，自家不好天眼针。

一百三十九

流泪同人争，不照本心行；
三样不轻饶，遵旨得长生①。

一百四十

尔们不晓炼悠然，哪得夫主甚悠然？
尔们个个真悠然，何愁夫主不悠然？

一百四十一

悠然悠然得上天，悠然悠然福万千，
悠然悠然无冤牵，悠然悠然万万年。

一百四十二

斩邪留正是天令，炼得正正方成人；

---

① "长生"，原作"常生"，误，校改。

玉清不好起邪心，多多放醒顾头筋。

一百四十三

奸懒恶假不准为，虔诚欢喜永远为；
谁想长久做娘娘，看紧上高真草对。

一百四十四

官执印信理天事，后宫带钱为丈夫；
晓得教己^①后教人，便是真娘娘样模。

一百四十五

二为二燉，一国一二；
各照本心，轮流趱去。

一百四十六

理事殷勤，每样皆轮；
照本心行，万载传闻。

一百四十七

每逢礼拜，格外虔诚；
朝后跪拜，理事通灵。

一百四十八

不用响鼓兼响锣，威风贵气在和傩；
认真道理真贵气，炼好心肠威风多。

一百四十九

真心凭据最要多，歪心凭据不好多；
歪凭积多罪就多，真凭积多贵气多。

一百五十

心有草涩除开先，面有草涩怕亮延；

---

① "己"，原作"已"，误，校改。

口有草涩尽澈净，眼有草涩扫连连。

一百五十一

每夜内殿正朝门，出入关锁旨当遵；
一出一入有不锁，不晓提防有处分。

一百五十二

响板换御浪涎筒，看过朝堂后转宫；
一个浪扫有忘记，莫怪责罚无放松。

一百五十三

醒来洁眼理泉茶，须嚏周时洁无差；
千年万载同半刻，不开过口记清些。

一百五十四

十旨十该十天理，浪看搔演嚏眼须；
清净虔欢悠娇细，认真真道记时时。

一百五十五

一个认真总是好，一个做校都怕了；
自今一些不容情，打斧换柄好赶早。

一百五十六

头顶紧关十天条，款款遵守福禄高；
第七天条些犯着，云中雪下罪难饶。

一百五十七

行营面不畀人见，因何贱样不脱完？
娇娥美女娇声贵，因何似狗吠城边？
耳贱乱听犯天条，心贱乱想最滔天，
声贱不敛羞爷面，贱人哪得贵万年。

一百五十八

晚头头顶顾飞虫，一个晓顾头顶功，

一个不顾好大罪，好心歪心福不同。

一百五十九

夜顾飞虫日顾热，单人拨扇行不得；
极紧事情都替顶，无替能遵亮不烈。

一百六十

认真道理好心肠，头顶威风亦本当；
若至不当地豆叶，何功受得天荣光？

一百六十一

十款天条莫犯七，四十四旨噬眼须；
时刻记清五十四，各为尔王行真理。

一百六十二

天父开恩不理事，生孩两岁为丈夫；
两年以内单为子，后殿事情且跟由。

一百六十三

为子便是赞上帝，为子便是接尔王；
不为子时当赞接，不赞不接锣讁量。

一百六十四

不准暗角暗打人，响锣奉旨在天廷；
暗打毒打皆有罪，天眼恢恢不饶情。

一百六十五

值日提教查看四，冷眼暗看左右企；
见有逆旨把锣响，奉旨议打天总知。

一百六十六

拨扇虔诚莫己①由，当轻当重心对夫；

---

① "己"，原作"已"，误，校改。

亮红举手须虔洁，水凉救好亮方乌。

一百六十七

尔真知错真知改，自然天量大如海；
尔不知错不知改，莫倚势天量如海。

一百六十八

天父小媳总要好，天兄小婶总要好；
多一个也不为多，少一个也不为少。

一百六十九

自今一个不悠然，躁人不准近主前；
自今一个不好心，贱人不准到主边；
自今一个不听教，拗头贬落理亮毡；
自今一个不纯善，歪样挪贱莫怨天。

一百七十

日夜琴声总莫停，停声逆旨处分明；
天堂快乐琴音好，太平天下永太平。

一百七十一

理文洗身后洗帕，笔墨金帽理莫差；
颈钏扇插虔理好，好坐殿游苑敬爷。

一百七十二

理袍早朝看彻摆，袍被理好莫些歪；
赞同文靴捧钏插，洗袍虔札正心怀。

一百七十三

理靴上晏看彻摆，带裳套裹理莫歪；
赞同文袍捧钏插，伺候接捧正心怀。

一百七十四

理茶夜晡看彻摆，同响钟锣心莫歪；

文袍靴同顾下身，半粗毡亮正心怀。

一百七十五

旧理文理奏帕扇，旧理袍札被灵变，
旧理靴茶响钟锣，门开朝阳上后殿。

一百七十六

副看袍靴头理事，统教看茶二为夫，
统教文茶三更敬，四看靴五文袍徒。

一百七十七

怕拨飞虫离五寸，一些挨着不殷勤；
榨底飞虫来则挟，乱挨风大有处分。

一百七十八

自今为妈不虔诚，大犯天条须奏明；
为二怠慢也一样，见病不理不饶情。

一百七十九

新帕换二共八条，四洗四洁莫差毫；
黄帕三十白绢十，扇各七烂换夜朝。

一百八十

提教企左御企右，提教出声莫己①由；
袋帕②清香手虔净，茶莫乃出正悠悠。

一百八十一

洗身茶后朝摄裳，文袍行先理朝堂；
见有草涩除净净，放正灯草对太阳。

---

① "己"，原作"巳"，误，校改。
② "帕"，原作"怕"，误，校改。

一百八十二

旧统看教看朝仪，见有喧哗立奏知；
新统看教看服事，见有怠慢奏莫迟。

一百八十三

遵旨是顾王顾主，逆旨便是不顾主；
顾主享福在高天，不顾万载受永苦。

一百八十四

一好好到无底好，一了了到无底了；
问尔想好还想了，不是同尔作笑校。

一百八十五

半草对天跪何人？病痛未跟求何人？
灯草不对近何人？起身未扶为何人？

一百八十六

赞呼虔诚天眼开，天大福禄天赐来；
赞呼怠慢天亮起，大胆瞒天罪应该。

一百八十七

亮起跪求要虔诚，亮未救缩莫起身；
亮红速跪速救乌，一个起身不容情。

一百八十八

礼毕统锁宫巷门，化奏看响鼓声匀；
朝夜理文奏帕扇，三十白十扇七分。

一百八十九

一个遮躲左右眼，大嘴尖利小则板；
风琴锁匙放琴面，一个逆旨照法攒。

一百九十

娘娘为主有好样，一条灯草对太阳；
格外虔诚放灵醒，欢①喜问短又问长。

一百九十一

安名为主是歪样，无功小事罪难当；
未曾预为先预睡，瞒天哪见得太阳。

一百九十二

无事莫到洗身宫，晏后凑徒遵玲珑；
去不遵旨有责罚，文袍靴茶一样同。

一百九十三

不知误逆罪还小，明知故逆罪难逃；
尔识丈夫何样人，速快遵旨莫差毫。

一百九十四

非轻容易做娘娘，要识道理好心肠；
晓得争紧丈夫志，方是顾倒爷纲常。

一百九十五

识得道理又易做，不识道理亮难过；
尔想长久做娘娘，放醒放灵莫卧垛。

一百九十六

天朝天国，不容些恶；
且看虎鹿，不得老琢。

一百九十七

起眼看主是逆天，不止半点罪万千；

---

① "欢"，原作"劝"，误，校改。

低头垂眼草虔对，为得丈夫敬倒天。

一百九十八

天父上帝开大恩，差尔得到主身边；
应该有福当知享，因何主身不晓跟？
自今再学臭虫样，两十宫位让人先。
不好怨，不好怨。

一百九十九

天天日日要用他，软和飘摇飘上天；
两个能童到飘摇，人子开门看下先。
怕有人子不开门，总是臭虫有冤牵。
不好怨，不好怨。

二百

洗身穿袍统理发，疏通扎好解主烦；
主发尊严高正贵，永远威风坐江山。

二百零一

回回亮是谁人冲，冲得亮多为何功；
回回冲亮假月亮，假草对天天不容。

二百零二

回回亮是谁人救，救得亮多福己①求；
回回救亮真月亮，真草对天配日头。

二百零三

难见我者有哭矣，合得我者有福矣；
难近我者有哭矣，为得我者有福矣。

二百零四

冲我亮者有哭矣，救我亮者有福矣；

---

① "己"，原作"巳"，误，校改。

逆我旨者有哭矣，遵我旨者有福矣。

二百零五

瞒天逆旨罪实深，分别有心与无心；
有心故逆罪难赦，无心误逆天哀矜。

二百零六

副月宫回回亮都冲，副月宫岂有咁丁冬，
副月宫不晓跟理虫，副月宫不话拿涎筒，
副月宫有鬼在心中，副月宫面情不欢容。
副月宫因何不尽忠？副月宫老琢有何功？

二百零七

内言内字不准出，敢传出外五马分；
外言外字不准入，敢传入内罪同伦。

二百零八

物件不正诈无知，尔今现做谁人妻？
道理时时都一样，因何到今睡还痴？
耕田婆有耕田样，天堂人物好威仪；
尔们想做真月亮，到今还不晓提理。

二百零九

不悔不改是三人，明知故犯是三人，
大胆瞒天是三人，歪心逆旨是三人。

二百零十

天父圣旨莫使性，天兄圣旨净半点，
天王发旨遵得救，莫学三人敢大胆。

二百十一

加先擘菜遵不论，菜来遵旨摆殷勤；
菜来不晓遵旨摆，逆天由己①有处分。

---

① "己"，原作"已"，误，校改。

二百十二

更更板响莫纫皮，奉旨和斟记时时；
惹奏惹打要欢喜，文袍行先好提理。

二百十三

尔真怕饿速炼好，果然炼好永远饱；
若不炼好饿万年，怕当猪狗都不倒。

二百十四

尔想威风速修心，若不修心怕沦沉；
果然修心果然对，永远威风贵如金。

二百十五

响锣读诗锣炼扇，极热极凉重最善；
微热微凉也一样，莫拨榻底要灵变。

二百十六

钟锣响毕打开门，同对着袍在和勤；
眼看身闪莫遮躲，认真真道永生存。

二百十七

拨扇扯被离一尺，扶王捧手身先行；
天寒问着热问宽，一心虔意得长生①。

二百十八

因何开亮出朝门，真真胆大旨不遵；
自今以后再乱出，逆旨瞒天有处分。

二百十九

姊有逆主妹教姊，妹有逆主姊教妹；

———————

① "长生"，原作"常生"，误，校改。

一齐及好莫怪些，怪些责罚莫自害。

二百二十

一齐及好一齐好，一齐不及一齐了；
一些半点不饶情，莫怪莫怨不是校。

二百二十一

一个冲亮有斥革，加先发旨说明白；
见人行错不出声，又贬又斥永成额。

二百二十二

天王旨到响金锣，立即跪接呼声和；
一个不接是逆天，又贬又斥不是苛。

二百二十三

天情道埋莫眼青，爱人如己①心放平；
姊妹多多都一样，巴望永涨船高行。

二百二十四

帕匙换教带玲珑，须面手汗帕不同；
须面用新洁手旧，汗帕换开立锁封。

二百二十五

尔身想安为主安，尔心想宽顾主宽；
树头不稳叶哪茂，泉源不通流会断。

二百二十六

为主身安尔身安，顾主心宽尔心宽；
树头生稳叶定茂，泉源开通流不断。

二百二十七

一些半点都不得，不是校笑认真先；

---

① "己"，原作"已"，误，校改。

教尔这样就这样，不开过口记万年。

二百二十八

越为得多越大份，各为尔主要殷勤；
今日积福后来享，锁匙带紧得入门。

二百二十九

小事议打大事奏，奏照本心莫执仇；
执仇连己逆天令，半斤八两究两头。

二百三十

照宫封门同开门，时时一样旨当遵；
早朝响板不同出，统教看知有处分。

二百三十一

鬼心不去哪得贵，恶心不除哪得为，
邪心不净云雪飞，奸心不灭有狼狈。

二百三十二

心有些恶逆真神，面有些恶害尔身，
眼有些恶福亦薄，口有些恶不成人。

二百三十三

真心真意扶真主，真贤真和为真夫，
真真正善真真好，真虔真欢确真悠。

二百三十四

一些恶样看不得，一些恶声听不得，
一些鬼心容不得，一些鬼计宽不得。

二百三十五

自今一个性枰枰，同人争交及骂人；
三样逆天是由己①，定然重责不饶情。

---

① "己"，原作"巳"，误，校改。

二百三十六

性枰枰要奏出，同人争要奏出，
骂妖魔要奏出，一些恶要奏出。

二百三十七

看主单准看到肩，最好道理看胸前；
一个大胆看眼上，怠慢尔王怠慢天。

二百三十八

悠然贵气躁气贱，娇声顺爷盘逆天；
纯善成人恶成鬼，欢喜长生①绐冤牵。

二百三十九

周时冲亮说尔会，尔话害人自家害；
周时瞒天天不知，一下指出怕不迟。

二百四十

周时逆旨真是好，饭米糯食看作校；
周时大胆总无差，尔不看木匠担枷。

二百四十一

不拨飞虫生浪耳，不顾尔王害自己；
一个不顾都是难，半点怠慢不恭喜。

二百四十二

一条心逆不是人，一些心敬些是人，
一半心敬些是人，一条心敬全是人。

二百四十三

早朝头御理事，早朝二御查看；

---

① "长生"，原作"常生"，误，校改。

上晏二御理事，上晏头御查看；
洗身头御理事，洗身二御查看；
夜饭二御理事，夜饭头御查看。

二百四十四

早朝叁御理事，早朝肆御查看；
上晏肆御理事，上晏叁御查看；
洗身叁御理事，洗身肆御查看；
夜饭肆御理事，夜饭叁御查看。

二百四十五

早朝伍御理事，早朝陆御查看；
上晏伍御理事，上晏陆御查看；
洗身陆御理事，洗身伍御查看；
夜饭伍御理事，夜饭陆御查看。

二百四十六

两个提教理事，后殿两提查看；
一个提教理事，后殿三提查看。

二百四十七

旧夜奏拨上传旨，内殿后殿新奏知；
钟锣响毕打开门，摄稳不撑夜扶持。

二百四十八

冲得亮多后有报，一个歪心难近夫；
好心好报歪歪报，高天做事不糊涂。

二百四十九

各人认各人道理，天父圣旨记时时；
话尔这样就这样，些不逆得逆害尔。

二百五十

不使得性速减性，不是校笑早当知；

天兄圣旨争半点，从今好醒莫鬼迷。

二百五十一

不识道理真是难，为人至紧莫做奸；
逆天由己最大罪，因何大胆把天瞒？

二百五十二

任尔一面不虔诚，莫怪尔主不饶情；
不拿然来无然待，各人打醒各精神。

二百五十三

生杀由天子。
我不曾着靴，我不曾坐车。
看紧上高。

二百五十四

还不分高低①，拿然来。

二百五十五

一日一夜，统教管事，
提教受管，每事查顾，
通御奏得，轮管天事。

二百五十六

朝箱带袍签卢茶，衣箱卢袍带泉茶；
朝夜工夫都一样，三更捧手一手揸。

二百五十七

朝朝穿袍钟锣响，响开钟锣尽朝阳；
后殿此时齐呼拜，前殿门开来接光。

①　"低"，原作"底"，误，校改。

二百五十八

教管御文袍靴茶，周时提理莫些差；
御文袍靴茶些搅，一面响锣奏打他。

二百五十九

查看秉公莫包藏，冷眼暗装对太阳；
见人些歪锣议打，知情藏奸罪同行。

二百六十

看教日夜看为王，拨扇理琴理本章；
瓜果敬爷后敬妈，二更四更琴音长。

二百六十一

统教总管前后殿，见人有歪奏主前；
奏拨奏御兼查看，秉正秉直莫瞒天。

二百六十二

二管尔妹细心教，至紧教要遵天条；
当打则打当奏奏，不用恼气咁操劳。

二百六十三

旧年顾脚觳逆天，因何今年又仍然？
朝晚飞虫头顶脚，再不顾好责连连。

二百六十四

扇密密拨眼密洁，格外虔诚方为得；
半点怠慢不容情，莫怪尔主性咁烈。

二百六十五

每日读书一章，轮读诗一首，礼拜日加读天条。
一直是名读某名，双直地名读出声。
每日先读书一章，后读诗一首。

一日读旧遗一章，一日读新遗一章。

二百六十六

这个又冲，那个又冲，
尔主哪得安乐在宫中？
这个不然，那个不然，
尔主哪得安乐在高天？
这个又赦，那个又赦，
尔主哪得安乐管天下？
这个又饶，那个又饶，
尔主哪得安乐坐天朝？

二百六十七

朝捧箱仔放榨面，伺候穿袍钟锣宣；
旧理靴茶响钟锣，各各尽忠莫瞒天。

二百六十八

因何同徒不跟理？因何同徒说不知？
因何藏奸不直道？因何瞒天咁鬼迷？

二百六十九

内殿同徒同跟理，同徒有错先奏知；
己先奏知己无罪，不奏知者拖累尔。

二百七十

一个瞒天天不留，一个故犯妄前修，
一个由己①有大哭，一个暗歪显惹诛。

二百七十一

由天由王是天路，由己行错地狱途；
草对弯弯直上天，不对走下冰火糊。

---

① "己"，原作"巳"，误，校改。

二百七十二

日夜拨扇扇莫停，莫拨榨底要记清；
拨由己不拨由己，大胆逆天不成人。

二百七十三

有福之人果然变，无福之人不知变；
狗食糯米总无变，恐食糯米好早变。

二百七十四

新统看教手执扇，理袍伺候要虔虔；
靴茶伺候响钟锣，统看开门共朝天。

二百七十五

每朝新统看提教，禁止同徒莫些躁；
无心锣打大胆奏，各照本心细教道。
两首诗是朝朝朝，
王诗每朝朝，王诗要记清。

二百七十六

拿横灯草罪不轻，放正灯草得长生①；
灯草对紧天大福，永远照实本心行。

二百七十七

天上无病地狱病，天上无苦地狱苦，
天上无饿地狱饿，天上无丑地狱丑。

二百七十八

一分逆天一分哭，一分敬天一分福；
十分逆天十分哭，十分敬天十分福。

---

① "长生"，原作"常生"，误，校改。

二百七十九

天报应人无毫差，问尔想福还想哭；
想哭由己①不用修，想福由天炼速速。

二百八十

三更响开头回锣，查看照喊敬爷哥；
遵旨逆旨鼓奏明，不理事提理和傩。

二百八十一

提教带御早为夫，虔诚换帕跪朝呼；
呼毕教御先洁眼，金鼓响毕裹着悠。

二百八十二

早朝统看袍靴茶，加先整容插好花；
头回锣响出前殿，灯草对夫即对爷。

二百八十三

提教带御顾上身，文袍靴茶顾下身；
统看教人顾主身，顾王身即顾尔身。

二百八十四

头额额角共眉毛，永远不准扯一条，
不准扎脚讲妖话，不准同姑话言交。
四样犯些须奏出，藏奸瞒天罪难饶。
尔们既为上帝媳，各炼真真守天条。

二百八十五

亮起速快求开恩，不求莫怪亮连天；
见人跪求替人奏，不奏亮起在眼前。

---

① "己"，原作"巳"，误，校改。

二百八十六

本章一来看教理，开合箱盖票封皮；
盖开本章虔洁手，提教同御记时时。

二百八十七

爷哥纲常得上天，顾哥面光福齐天；
顾夫志气配在天，顾仔体面永在天。

二百八十八

真草娘娘假草妖，敬天娘娘瞒天刀，
正草娘娘横草斩，虔诚娘娘怠慢煲。

二百八十九

敬重不完是谁人？虔诚不完是谁人？
赞美不完是谁人？欢接不完是谁人？

二百九十

心一惜他得上天，心一惜他福万千，
心一惜他无冤牵，心一惜他万万年。

二百九十一

各人有各人夫妻，不准混杂乱些许①；
些邪该斩单留正，天法不饶后悔迟。

二百九十二

任尔秘藏天指出，知情不报拖累尔；
第七天条永远记，差在毫厘失千里。

二百九十三

人瞒天己莫瞒天，知情立报不瞒天；

---

① "些许"，原作"些须"，误，校改。

知情不报同瞒天，同瞒天罪同瞒天。

二百九十四

因何当睡又不睡？因何不当睡又睡？
因何不顾主顾睡？因何到今还敢睡？

二百九十五

天父圣旨顾得救，天兄圣旨半点头；
知错知改方得生，不知罪过后无留。

二百九十六

捧茶不正难企高，拿涎不正难轻饶；
万样都是正为贵，速炼正正福滔滔。

二百九十七

天寒洁身最紧关，起身帕到草莫奸；
四条燥帕伺候便，闲手不顾个个难。

二百九十八

摄眼鼻抽鬼坏人，真真大胆不成人；
作怪得多害谁人，三年不好大戊人。

二百九十九

有得尔理无心理，后来想理无得理；
天事何不尽忠理，后来让过别人理。

三百

看尔恰似试大水，紧炼紧歪心有鬼；
尔王岂有好出声，行着岂有好尔跪。

三百零一

天天日日日行天，照救世人脱妖缠；
有天有日永作主，真草对紧福无边。

三百零二

十款天条款款遵，犯着五七罪该分；
千祈正气遵爷旨，至紧孝顺重天伦。

三百零三

嫂在洗宫姑莫进，姑理洗睡嫂莫进；
嫂还为嫂姑还姑，见有混杂奏秉正。

三百零四

旧统看教写名单，响锣逐名写莫懒；
打开一个点一个，打完轮奏莫些瞒。

三百零五

藉为妈二去躲懒，虽然奏出草亦奸；
见凡逆旨报尔姊，做两十宫莫同瞒。

三百零六

外头剥艇不准人，内头剥艇不准出；
见有过界立奏明，想贵过人莫贱骨。

三百零七

问尔同谁人过亲？谁人生尔养尔身？
谁人替尔赎尔罪？谁人救尔照尔灵？

三百零八

想为尔主脱净歪，太阳面前歪报歪；
想为尔主脱净恶，太阳面前恶报恶。

三百零九

八分歪恶八分贱，不得近主不好怨；
一些歪恶一些贱，不得为主不好怨。

三百零①十

写诏墨盘戾一头，半水半旱任蘸收；
札帽企正摄裳背，奉旨讲人莫己由。

三百十一

晓看晓奏是帮夫，同天过亲奏连连；
不看不奏是逆天，同天无亲瞒连连。

三百十二

宫内最贵两十宫，因会救亮故高封；
真会救亮真月亮，千年万载得威风。

三百十三

真会救亮脱鬼迷，真会救亮是真妻，
真会救亮好心肠，真会救亮识道理。

三百十四

天情真道在救苦，好心方能脱永苦；
尔见人苦救人苦，天见尔苦救尔苦。

三百十五

天父慈悲怜人苦，深望世人尽脱苦；
见又一人遭难苦，天父痛肠甚刻苦。

三百十六

天兄恩怜弟妹苦，遵爷圣旨替人苦；
十字架钉流血苦，替出弟妹免永苦。

三百十七

在上固宜救下苦，在下更宜救上苦；

---

① "零"字，原脱，校补。

尔真好心救人苦，天父厚报尔无苦。

三百十八

敬天一定会敬主，敬主方是真敬天；
天生尔主为尔王，敬天敬主两相连。

三百十九

天情真道在知错，不知错过是妖魔；
想上高天速知错，知错知改见爷哥。

三百二十

一个作怪要打多，错在无心不用苛；
想脱痛苦速炼好，狗子条肠见爷哥。

三百二十一

千祈千祈莫讲偏，讲偏一句是瞒天；
瞒天速认该何罪，逆令双重糯饭泯。

三百二十二

正直善真　好醒慈仁

真媳真正真真直，真婶真善真真真，
真妻真好真真醒，真妈真慈真真仁。

三百二十三

尔同合意愿同坐，尔得天惜天若何；
想上高天速放醒，速速真草对爷哥。

三百二十四

天真惜尔有高封，何忍贬尔落冷宫；
天不恼尔永光荣，何至罚尔十八重。

三百二十五

心肝想倒照直行，因何想倒又拿横？

手蹄流血怕有救，颈筋流血怕难生。

三百二十六

一回痛过就知错，二回不用再痛过；
一回痛过不知错，二回更要再痛过。

三百二十七

一回逆犯是初犯，二回逆犯是重犯；
初犯看事怜误犯，重犯重究其故犯。

三百二十八

带袋迟延打带袋，统看迟延打统看；
一换开帕袋行先，虔诚同到齐呼换。

三百二十九

心有些邪鬼缠心，心有些曲鬼缠心，
心有些恶鬼缠心，心有些假鬼缠心。

三百三十

鬼入心缠说尔会，鬼汗尔心不自爱；
应该逐鬼早出心，因何藏鬼来自害？

三百三十一

毁谤冒渎五马分，鬼入心缠听不闻；
心内谤渎罪更大，想上高天赶早遵。

三百三十二

头顶紧关要求奏，不求不奏该斩头；
求奏无欺天欺主，晓求晓奏福已①求。

三百三十三

当跪不跪罪该分，跪要虔诚耳宜闻；

---

① "已"，原作"巳"，误，校改。

当求不求是冒渎，求要停声旨当遵。

三百三十四

理前殿事专为王，后殿妈二为本当；
不理幼细理卤粗，不晓为王为娘娘。

三百三十五

两行企位奉旨审，错有情理是无心；
误犯一百几十得，单单故犯追究深。

三百三十六

旧果放盘到明日，新果来时平匀食；
新果未来有乱食，同徒奏出有重责。

三百三十七

着袍离颈转面前，穿开袍袖乃两边；
自今一个不遵旨，重责不准带金钱。

三百三十八

左边左领右牵袖，右边右领定肩头；
左袖转前轻放颈，企前向后两边悠。

三百三十九

暗中敬天敬夫主，天堂享福万千秋；
暗中瞒天瞒夫主，地狱受苦万千秋。

三百四十

打开知错是单重，打不知错是双重；
单重打过罪消融，双重雪下罪难容。

三百四十一

虔诚欢喜一条肠，就是炼倒水咁凉；
面情声气极慈和，就是纯善真娘娘。

三百四十二

任尔一面不虔诚，宫内哪样都要人；
好心企上歪企下，高天做事无占情。

三百四十三

不打不骂还过得，惹打惹骂要欢虔；
不欢不虔逆双重，莫怪满天尽亮延。

三百四十四

面情善好是人面，面情不好是鬼面；
声气善好是人声，声气不好是鬼声。

三百四十五

叶心真好叶就好，心肠真好面就好；
琴心真好音就好，心肠真好声就好。

三百四十六

上帝所合人难分，何况他子是嗣君；
嗣君母亲是王母，天下万国重大伦。

三百四十七

夫主身上万样福，尔得为些天下福；
心恐无为就有福，算盘咁真有何福？

三百四十八

千祈千祈脱净恶，尔们无恶天何恶；
千祈千祈炼善善，尔们果善天更善。

三百四十九

凡间最好是何日？今年夫主生诞日，
天父天兄开基日，人得见太平天日。

三百五十

自家既错当认错，因何逞刁不和傩？
自家虽着当说姊，因何不晓畏爷哥？

三百五十一

爷圣旨万样节俭，一饭一丝当悭廉；
今日悭廉积上天，积福多多万方沾。

三百五十二

曾岳丈直认求恩，大罪化小得上天；
杜①而景讲偏一句，罪上加罪云雪连。

三百五十三

右后响鼓遵妈姊，内殿响鼓奏主知；
行不响鼓当奏明，时时一样真道理。

三百五十四

带未挂时洁眼紧，被既卷时遏被紧，
人一响时奏知紧，亮一起时救亮紧。

三百五十五

手不顾主该斩手，头不顾主该斩头，
些不顾主些变妖，周身顾主福已求。

三百五十六

不好心肝命不生，不好心肝眼会青，
不好心肝容不宽，不好心肝耳无听。

三百五十七

看尔想试云中雪，天情道理不识得；

---

① "杜"，原作"枉"，误，校改。

看尔想试五马分，因何大胆自作孽？

三百五十八

天情道理莫嫉妒，嫉妒最惹爷义怒；
天情道理要敬主，毁谤冒渎真可恶。

三百五十九

万样须要照直行，因何前横今又横？
万样奏准方行得，因何当声不晓声？

三百六十

晓得照直就是人，天大福禄赐尔身；
晓得奏主是奏天，敬天敬主合天情。

三百六十一

永远金贵贵道理，永远金贵贵心肠；
真正真直真善真，方成长久真娘娘。

三百六十二

打开顶头头顾主，打剩顶喙喙虔求；
任丢任掷草一样，万载千秋对日头。

三百六十三

因何有旨看作校，是乜入心咁琢老；
应该加早先算清，万样要理得好好。

三百六十四

晚头搥脚食毡四，早旧毡对食四理；
奸懒恶假须脱尽，怕无尔为那时迟。

三百六十五

一个作校是妖魔，一个认真跟爷哥；
天大福气在遵旨，敬天敬主威风多。

三百六十六

害人不是害人侪，害来害去害自家；
且看三人心不好，现今如何处置他。

三百六十七

大话不听细细听，因何拗颈不遵行？
成人头要听人教，遵旨听教得长生①。

三百六十八

燉参掌门提教事，同枱理毡人工夫；
一个诈奸须奏出，同心合手莫糊涂。

三百六十九

当食就要像食样，当睡就要像睡样；
万样遵旨要像样，天父专诛带歪样。

三百七十

一个遵旨是真妻，一个逆旨是鬼迷；
半点怠慢云中雪，后来结局尔就知。

三百七十一

今日似乎说尔会，后来方知是鬼害；
鬼不害尔自家寻，遵旨得救当自爱。

三百七十二

因何主问不直奏，欺天欺主该斩头；
因何同人同瞒天，讲偏一句法当诛。

三百七十三

人侪杀头尔杀头，同人瞒天罪该诛；

---

① "长生"，原作"常生"，误，校改。

一讲倒二二讲一，瞒天欺主后无留。

三百七十四

敬天敬主得长生，虔诚欢喜得长生，
遵旨照直得长生，无谎无假得长生。①

三百七十五

头更毡琴靴脚盘，副看松臂袍脚弯；
二更食琴毡脚盘，统教松臂看脚弯；
三更毡琴茶脚盘，统教松臂文脚弯；
四更毡琴鞋脚盘，看教松臂副脚弯；
五更食琴毡脚盘，理文松臂袍脚弯；
余外新进松脚盘，头四更食松脚弯。

三百七十六

宴将摆好喊看教，迟延看食打难逃；
宴未食完喊统教，迟延统袋打难饶。

三百七十七

化宫门开随手关，不关怠慢又奸懒；
不知有主不晓顾，定然重责不容瞒。

三百七十八

只有媳错无爷错，只有婶错无哥错；
只有人错无天错，只有臣错无主错。

三百七十九

千祈莫明知故犯，千祈莫逆令双重，
千祈莫同人瞒天，千祈莫假草不忠。

三百八十

千祈做人莫变鬼，脱鬼敬爷时刻跪；

---

① 原诗"长生"，俱作"常生"，误，校改。

鬼心鬼面恶如狼，人心人面凉过水。

三百八十一

人妖分别在邪正，邪些是妖正是人，
邪些极贱正极贵，邪些该砍正该升。

三百八十二

人妖分别在曲直，曲些是妖直是人，
曲些极贱直极贵，曲些该砍直该升。

三百八十三

人妖分别在善恶，恶些是妖善是人，
恶些极贱善极贵，恶些该砍善该升。

三百八十四

人妖分别在真假，假些是妖真是人，
假些极贱真极贵，假些该砍真该升。

三百八十五

朕妻朕儿行真道，真道出自爷教导；
遵爷圣旨得长生①，好心定然有好报。

三百八十六

朕妻朕儿坚耐心，遵行真道贵如金；
遵爷圣旨爷子女，天大福气自家寻。

三百八十七

因何无亮冲起来？因何亮起不救开？
亮冲起来谁人受？亮不救开烧死该。

三百八十八

做媳有福不知享，做媳不成当识想；

---

① "长生"，原作"常生"，误，校改。

不上得天要落地，到了那时有乜讲。

三百八十九

阎罗妖鬼都难飞，打得服服畏天威；
天父天兄手段高，阎妖低头钻地龟。

三百九十

提教查看文袍门，靴茶参茸食洗门；
看紧上高理天事，起些奸心后处分。

三百九十一

千祈不好炼大胆，大胆是妖罪该斩；
千祈不好起奸心，奸心是奸过半点。

三百九十二

朝新毡亮副看琴，各理天事要小心；
虔诚遵旨些错赦，单打大胆究深深。

三百九十三

洁嚏因何洁倒须，大胆不遵成乜妻？
装涎因何又重犯，万样要正还不知？

三百九十四

响在无心晓认错，不是大胆恩赦过；
错在不知一时误，不是奸心轻警惰。

三百九十五

天上不准一些横，炼得直直得长生①；
诈聋诈哑诈盲瞎，奸心瞒天罪不轻。

三百九十六

果见做成实是见，当声立即就出声；

---

① "长生"，原作"常生"，误，校改。

爷哥不是同校笑，尔想常长照直行。

三百九十七

一个大胆起奸心，眼前重打后背杀；
千祈至紧破直行，地路甚宽天路窄。

三百九十八

掌等大阳不见窗，蛇逝有路必有踪；
一齐赶走证认出，千祈逆令莫双重。

三百九十九

姊生即是自己生，妹生亦是自己生；
多多都是由爷生，看作一体得长生①。

四百

养子养女非本事，教子教女真本事；
爱子爱女就要教，不教子女有大误。

四百零一

别样或留邪无留，天条犯七定斩头；
爷爷圣旨单留正，想上高天落力修。

四百零二

万样靠他三子爷，虔诚欢接总无差；
且看虎鱼鸟草朝，各人正草顾自家。

四百零三

一样不恶是不虔，诈盲诈哑是瞒天；
万样直奏安主心，一个大胆有冤牵。

四百零四

头贴夫主坐本份，因何理事不殷勤？

---

① "长生"，原作"常生"，误，校改。

何不尽忠忘前修，遵爷圣旨得生存。

四百零五

本一个人分贵贱，有道时贵无道贱；
本一个人分人妖，好心时人歪心妖。

四百零六

尔们爱头不爱头，爱头破直醒心修；
无心有救奸心杀，大胆奸心天不留。

四百零七

今不开恩有头么？下次再犯看如何；
爱头速速孝顺妈，大犯天条有爷哥。

四百零八

尔想成人还成妖？成人遵旨遵天条；
成妖大胆起奸心，眼前重打后过刀。

四百零九

爷爷圣旨勿忧容，成人最要好仪容；
娘娘自有真面容，从今虔接永修容。

四百一十

万样不论论道理，头光髻恶好道理，
修容插花好道理，虔欢接主好道理。

四百十一

万样不论论心肠，头光髻恶好心肠，
修容插花好心肠，虔欢接主好心肠。

四百十二

三分人才四分扮，成人仪容要好看；
爷哥不恤陋容人，从今好醒好打算。

四百十三

怠慢不准做副看，着人袍裳做替换；
罚贬三年不分新，期满炼好另处断。

四百十四

乃车轧轧看花香，尔晓就光故得光；
锁匙带紧门易入，虔诚永远服事主。

四百十五

为妈虔欢乃妈车，为主虔欢乃主车，
为姊虔欢乃姊车，开恩得光永乃车。

四百十六

不理事人奏乐行，隔日人同值日荣；
各人妻子乃夫车，永遵天条得长生①。

四百十七

隔日先就隔日光，因何逆旨咁瞒天？
一句半字都是旨，认真遵旨万万年。

四百十八

喝山山转喝水潮，爷爷圣旨遵为高；
夫主开言由爷出，遵旨得救逆旨刀。

四百十九

哪样就得理天事？好心就得理天事；
哪样是会理天事？遵旨是会理天事。

四百二十

人有乜福福在爷，心不就爷享乜福？

---

① "长生"，原作"常生"，误，校改。

人有乜福福在哥，心不就哥享乜福？
人有乜福福在主，心不就主享乜福？
就爷就哥就夫主，得上高天享永福。

四百二十一

哨不得烂莫乱吞，知不的确要来遵；
天差夫主来作主，因何遵旨不殷勤？

四百二十二

一车两边不可挨，挨近兜开然后乃；
车带乃直车就直，缓步徐行开心怀。
转角前左后右摆，前右后左不用猜；
悠然定叠顾手脚，前后兜车莫高低。

四百二十三

乃车对面向路行，有阻回头看兜平；
苑内游行真快活，百鸟作乐和车声。

四百二十四

万样由天由夫主，逆天由己①罪该诛；
主行则行主止止，万样听主莫糊涂。

四百二十五

人多扇扇一双松，人少扇扇一个松；
日夜处处都一样，完多袋对洁玲珑。

四百二十六

上高掉正然后上，千祈定叠莫慌忙；
同齐乃车同出力，万样同心福长久。

四百二十七

想上高天读圣书，因何无事咁糊涂？

---

① "己"，原作"巳"，误，校改。

自今再不遵旨读，响鼓人报姊奏夫。

四百二十八

响锣一处不准停，自今再犯不饶情；
查着看门当奏出，同人瞒天理不应。

四百二十九

宫内有人真不好，看奏一双使大刀；
跪奏奉三子爷令，林苑双刀齐不饶。

四百三十

爷爷圣旨煲糯米，狗食糯米无更移；
知变大兄赎尔罪，不变后林看奏理。

四百三十一

尔真爱人天爱尔，爱人爱自己；
尔真害人天害尔，害人害自己；
尔好心天好报尔，好心好自己；
尔歪心天歪报尔，歪心歪自己。

四百三十二

尔双重诈聋奸草，登楼洗化两该刀；
自今再不遵条五，后来结果总无饶。

四百三十三

因何不改又不悔？因何罪上又加罪？
自今再不知改悔，后来结果治尔罪。

四百三十四

且看长沙诛老妖，奏爷剑即赐天朝；
又看旧城赏四十，朝赦晡木不轻饶。

四百三十五

尔今速变限这回，这回不变命鬼催；

后林苑内糯米饭，永远受苦怨得谁？

四百三十六

宫内代代莫乱行，金鼓云板响大声；
见有偷闯当奏出，逆旨瞒天责不轻。

四百三十七

一时一样假娘娘，周时一样真娘娘；
逆旨冲亮假娘娘，遵旨救亮真娘娘。

四百三十八

有天有日永作主，因何还睡咁糊涂？
起些奸心照对对，尔想大胆怕天诛。

四百三十九

同心顾主同得贵，一个冲亮有死罪；
得主欢喜得上天，同破直行真草对。

四百四十

现不遵旨贬冷宫，后不遵旨十八重；
想上高天要遵旨，遵旨得救得高封。

四百四十一

无心逆旨还有救，有心逆旨要斩头；
天量如海也无迟，大胆奸心天不留。

四百四十二

应该知情当直奏，因何同瞒不爱头？
同瞒人杀尔也杀，速速帮天放醒修。

四百四十三

爷教尔姊放胆奏，此等鬼话应难留；
好得尔姊直奏出，同谢尔姊落力修。

四百四十四

天差尔们四处生，同一夫主草莫横；
不做忠臣到何时，鬼害得多还不惊？

四百四十五

人生一世无二世，正者上天邪落地；
此世修好永在天，齐醒莫中魔鬼计。

四百四十六

魔鬼想害人变鬼，麻疯想害人发疯；
明明娘娘福知享，魔鬼害人害得重。

四百四十七

且看大兄鬼还惑，屋顶想害大兄跌；
明明太子还来欺，尔们速醒脱鬼域。

四百四十八

又看夫主鬼还欺，冒做爷哥好得知；
明明太阳还弄计，尔们速醒莫鬼迷。

四百四十九

朕妻朕儿报爷恩，认真真道顶高天；
遵爷圣旨享永福，识破鬼计脱妖缠。

四百五十

成人成鬼定此世，极贵极贱定此世，
上天落地定此世，永福永苦定此世。

四百五十一

妻儿齐醒体爷心，识破鬼计脱沦沉①；

---

① "沦沉"，原作"轮沉"，误，校改。

莫负爷爷生养大，心醒蛇魔难害侵。

四百五十二

邪曲恶假魔鬼路，行错鬼路任鬼怖；
行错鬼路鬼边人，受鬼缠捉此缘故。

四百五十三

正直善真爷真道，行着真道得好报；
行着真道爷边人，鬼想害尔不能到。

四百五十四

好心遵旨就转天，心醒心正脱妖缠；
速醒悔改行真道，打马回头转爷边。

四百五十五

爷爷是亮故生亮，有是爷亮有仔亮，
有是哥亮有弟亮，普照人间尽是亮。

四百五十六

无亮千祈莫冲起，冲起亮来烧自己；
好心顾亮替人救，免亮延烧无了止。

四百五十七

母鸡千祈不好啼，一啼斩头天所排；
后宫亲戚赐由爷，世世脱尽凡情歪。

四百五十八

后宫各字莫出外，出外母鸡来学啼；
后宫职份服事夫，天闻外事是天排。

四百五十九

后宫亲戚进贡爷，不用私献致有差；
所有臣下赐由爷，私受不雅脱尽邪。

四百六十

敬爷敬只心，敬哥敬只心，
为夫为只心，为主为只心。

四百六十一

天情道理在知错，因何有错不认错？
直知直认错不错，不知不认错加错。

四百六十二

一不准多哆争骂，二不准响气喧哗，
三不准讲及男人，四不准讲及谎邪。

四百六十三

学倒曾添罪过轻，学倒而景怕难生；
认也知不认也知，千祈灯草莫拿横。

四百六十四

遵旨响鼓响板来，遵旨响鼓响板回；
来得光明回正大，当知天父眼恢恢。

四百六十五

哪样犯倒或赦得，单单条七罪滔天；
爷差来斩邪留正，速炼正正脱妖缠。

四百六十六

一条真道小心行，千条岔路得人惊；
岔路妖魔装陷阱，两提踏错怕难生。

四百六十七

妖魔害尔在梦中，迷坏尔魂仃佟佟；
遵爷圣旨脱凡心，任鬼万害都是空。

四百六十八

脱净凡心就上得，记爷圣旨万万年；
鬼计害人如装雕，醒行真道脱妖缠。

四百六十九

正直善真得上天，正直善真福万千，
正直善真无冤牵，正直善真万万年。

四百七十

姑进响鼓十五点，一个未出是瞒天；
姑出响鼓十五点，方准进洗记万年。

四百七十一

好心遵旨脱鬼缠，好心遵旨苦脱完，
好心遵旨福无边，好心遵旨上得天。

四百七十二

脱净凡心脱鬼缠，脱净凡心苦脱完，
脱净凡心福无边，脱净凡心上得天。

四百七十三

脱净凡心，爱人如己，
正直善真，好心遵旨。

四百七十四

斩邪留正是谁人？杀曲赦直是谁人？
诛恶救善是谁人？恼假惜真是谁人？

四百七十五

子不敬父失天伦，弟不敬兄失天伦，
臣不敬君失天伦，下不敬上失天伦。

四百七十六

父怒子跪求开恩，兄怒弟跪求当虔，
君怒臣跪求本份，上怒下跪本连连。

四百七十七

当跪不跪是明欺，当求不求是鬼迷；
理当如是不如是，瞒天莫道天不知。

四百七十八

君子周时口对心，一反一覆陷沦沉；
有爷有哥永作主，当知时时天眼针。

四百七十九

早暗化洗更模双，从头叠二顾飞虫；
文袍靴茶花水食，顶替到毡福要功。

四百八十

尔们真真无大胆，不用打骂何讲斩；
尔无奸心脱净苦，从今切莫有半点。

四百八十一

打千打万因大胆，大胆莫怪天法严；
杀千杀万因奸心，奸心云中雪难堪。

四百八十二

问尔怕打不怕打，怕打莫炼曲恶假；
问尔怕斩不怕斩，怕斩心莫邪半点。

四百八十三

怕打怕斩速遵旨，遵旨脱苦苦就止；
尔们分别在遵旨，遵旨好心好自己。

四百八十四

饭养不生遵旨生，从今遵旨草莫横；
天大福气自己炼，千祈至紧照直行。

四百八十五

小心弯远顾紧须，悠悠轻轻模挨脐；
脐上不挑是逆旨，为主万样好心机。

四百八十六

同徒同出同企定，同跪同呼同虔诚，
同行同向同架止，同心同力同忠真。

四百八十七

心肝想倒莫拿横，照紧本心破直行；
理当如是就如是，些事因何要主声？

四百八十八

些事到今不会理，心有鬼计做谁妻？
狗子条肠配真主，因何到今还鬼迷？

四百八十九

遵旨得救得上天，永远享福万万年；
逆旨会死会落地，当狗不倒贱无边。

四百九十

跟主不上永不上，永远不得见太阳；
面突乌骚身腥臭，喙饿臭化烧硫磺。

四百九十一

醒一样睡又一样，一时一样假心肠；
假心肠定赏假福，贱人哪得永荣光。

四百九十二

暂一样久也一样，周时一样真心肠；
真心肠定赏真福，贵人应得永荣光。

四百九十三

一个大胆是妖魔，一个瞒天是妖魔，
一个逆旨是妖魔，一个歪心是妖魔。

四百九十四

草木接日得菲芳，臣下接日得荣光；
智者踊跃接为福，因何草不接太阳？

四百九十五

尔想爷哥夫主惜，好心遵旨就会惜；
今朝遵旨今朝惜，永远遵旨永远惜。

四百九十六

子女幼细不用扇，宁可热些要遵天；
自古成人不自在，遵守天条万万年。

四百九十七

知错知求方有赦，不知不求该杀头；
爷爷养怒杀三人，打坏多多因不求。

四百九十八

统左看右玉凳理，三更天光看朝仪；
见有逆旨立即奏，莫再藏奸诈不知。

四百九十九

未企玉凳提袋理，企凳统看直奏知；
统看提看紧上高，知情立奏记时时。

五百

一个心恐无得为，爷哥恩怜有得为；
一个心恐不会为，爷哥恩化就会为。

命镇守天浦省诏[*]

朕诏答天豫薛之元弟知之：

万有爷哥朕主张，残妖任变总灭亡；诏弟统兵镇天浦，兼顾浦口拓省疆。

朕昨令弟排拨官兵五千，亲自统带，星速赶赴六合镇守。今朕复思，天浦省乃天京门户，弟有胆识，战守有方，足胜镇守之任。爰特诏弟统齐兵士，赶赴天浦省垣，协同将帅黄连生弟等实力镇守，安抚黎庶，造册举官，团练乡兵，以资防堵；征办粮饷，源源解京；鼓励将兵严密堵剿，毋些疏虞。

今特命保天福刘庆汉、欢天福林世发、侍卫黄钦元、陆凤翔等捧诏前来，令弟星速带齐官兵，前赴天浦省实力镇守，并排薛之武弟带同一队官兵前赴浦口镇守。弟等见诏，实力奉行，放胆雄心，力顶起爷哥朕江山万万年也。钦此。

---

* 约颁于太平天国戊午八年秋。原件黄缎硃书，现藏北京故宫博物院。本书据《太平天国文书汇编》所收排印件辑录，标题为编者所加。

幼主诏书[*]

天王诏旨

朕命幼主写诏书，颁婿万信脱迷途。

遵此十救诏习炼，上天长生^①福长悠。钦哉。

幼主诏书

妈别崽，崽别妈，别上天，无别邪，天爷爹爹专斩邪。崽大九岁媳为他，崽大七岁学洗身，睡不同床严别些；崽长成时不相见，生身妈众妈一也。

姊别弟，弟别姊，别上天，无别死，瞒天犯条天诛死。弟大四岁姊别起，弟大七岁别一丈，不准同床害自己；弟大九岁远别清，天眼针针齐遵旨。

哥别妹，妹别哥，别上天，无别魔，瞒天混杂是妖魔。妹大五岁手莫摸，妹大九岁远别清，男行女行不同坐；妹长成时不相见，遵条分别福江河。

嫂别叔，叔别婶，别上天，无别了，天法无饶不是校。叔大五岁别起好，叔大七岁不相见，不到叔所命可保。天爷爹爹眼针针，斩邪留正别早早。

哥别婶，婶别哥，别上天，无别魔，瞒天混杂是妖魔。哥所婶莫大胆过，婶所哥亦不好到，永不相见福多多。嫂是为哥叔莫看，婶是为弟

---

    * 又名《十救诗》。据影印本《太平天国印书》辑录。原刻本现藏伦敦英国图书馆东方部，未署刊刻年份。幼主被俘后供述："九岁时就给我四个妻子，就不准我与母亲姊妹见面。老大王做有《十救诗》给我读，都是说这男女别开不准见面的道理，我还记得几首。我九岁后想着母亲姊妹，都是乘老天王有事坐朝时偷去看他。"据此推断，该书应在太平天国丁巳七年幼主 9 岁成婚时刊刻。

    ① "长生"，原作"常生"，误，校改。

哥莫摸。

爹别媳，媳别爹，别上天，无别邪，天爷爹爹专斩邪。媳一进来别无差，爹有妈为莫见媳，媳有夫为莫见爹。无有秘密不露出，瞒天混杂云雪加。

孙别婆，婆别孙，别上天，无别分，瞒天混杂失天伦。第七天条代代遵，遵条上天享永福，犯条过刀陷沉沦。孙大九岁严分别，常不相见永生存。

男别女，女别男，别上天，逆法严，男行女行齐脱凡。犯条过刀谁人甘，修炼大多怕一错，打醒精神嘱再添。邪心向人是犯条，斩邪留正无二三。

最紧喙，喙最紧，喙好生，恶害身。天爹当前有圣旨，喙出恶言最污人。好丑天知不声赢，信和上天顾实筋；喙恶骂人己有罪，人骂不声享福真。

最紧心，心最紧，心好生，歪害身。天爷爹爹降作主，救来救去好心人。捏害人侪害自己，好心上天顾头筋。天爹舍命替人死，好心上天享福真。

致英国全权特使额尔金诏[*]

朕诏西洋番弟明，天情迥不比凡情。
天父上主皇上帝，普天大共圣父亲。
朕之胞兄是耶稣，朕之胞弟是秀清。
戊申三月上帝降，托传东王乃^①世人；
是年九月救主降，托传西王形迹彰。
爷哥带朕坐天国，大显权能坐天堂；
建都天京开天国，万国臣民朝父皇。
真神殿在天朝内，基督殿同永荣光。

丁酉年时朕升天，爷爷真命授诗篇^②，
嘱朕熟读作凭据，将诗认爷免倒颠。
爷又命哥教朕读，爷哥亲教嘱连连。
天父上帝海底量，三十三天妖闯上。
爷哥带朕层层逐，天将天兵护两旁。
那时砍了三分^③二，天门重重尽提防，
尽打妖魔落地下，只剩一分显父皇。
爷后嘱朕再下凡，万事有爷作当担，
嘱朕放胆不用慌，有爷出头嘱再三。

---

* 写于太平天国戊午八年十一月。原抄件现藏英国剑桥大学图书馆。本书据原抄件照片辑录，标题为编者所加。
① 此处"乃"系"乃貪"之略称。"貪"是太平天国新造字，"乃貪"即"乃埋"，作"提携"、"援救"解。
② 指《天父上帝言题皇诏》。
③ "分"，原作"份"，误，校改。

戊申南王困桂平，朕求爷降显威严。
朕时由西回粤东，天父下凡救出南。
东王赎病是圣灵，爷爷降托灭妖精。
诛了无数死魔鬼，故能如此早到京。
爷降凡间悉圣旨，朕尽读过记清清，
故此认爷能不错，爷哥带朕宰太平。
爷遣东王来赎病，眼蒙耳聋口无声；
受了无尽的辛苦，战妖损破颈跌横。
爷爷预先降圣旨，师由外出苦难清；
期至朝观遭陷害，爷爷圣旨总成行。
太兄赎罪把命捐，替出世人万万千。
东王赎病同哥苦，瘟脱归灵谢爷恩。
爷哥草内万不知，欲调真草上高天。
爷爷圣旨降无数，略举一二降诏宣：

天父下凡又几年，天兄护降苦同先；
耶稣为尔救世主，尽心教导本仍然。
天父生全为尔主，何不尽忠妄修前？
尔们多有重逆令，朕无旨出胆如天。

天父下凡事因谁？耶稣舍命代何为？
天降尔王为真主，何用烦愁胆心飞。

万方儿小别家庭，离乡立志做忠臣。
前未①勤王当虎豹，今知有主可成人。
不信山中清贵出，亦念魂爷立主真。
凭据权能天作主，千图勇敢碎如尘。

万方万国万来朝，万山万水万飘摇②，
万里万眼万钻至，万知万福万功劳。

---

① "未"，原作"来"，误，校改。
② "飘摇"，原作"飘遥"，误，校改。

瞒天莫道天不知，天量如海也无迟。

看尔些有无胆志，不做忠臣到何时？

尔想三更逃黑路，不过天光怨鬼迷。

各为尔王行真道，信实天父莫狐疑。

"天生真主坐山河"——那时上帝降此一句圣旨，命朕续尾三句。朕续云：天父天兄劳心多；所有权能归上主，太平一统乐如何。上帝又降圣旨曰：九重天上一东王，辅佐江山耐久长。上帝降此二句圣旨，又命朕续尾二句。朕遵爷圣旨续二句云：禾乃师兼赎病主，乃貪世人大担当。后上帝改云：主立东西双凤子，东西南北尽朝阳。上帝又改云：主立东西双凤子，蒙天恩降共朝阳。

以上略举爷圣旨，朕实诏尔番弟知。

天父天兄真下凡①，真凭真据在爷诗。

神迹权能言不尽，早到天堂可悟之。

太兄耶稣同爷样，半句圣旨无差移。

天父上帝真上帝，天兄耶稣真天兄。

爷哥带朕坐天国，扫灭邪神赐光荣。

西洋番弟听朕诏，同顶爷哥灭臭虫。

万事爷哥朕作主，弟门踊跃建万功。

朕前游行粤东省，礼拜堂诏罗孝全。

那时朕诏上过天，天父天兄托大权。

于今孝全曾到否？到则上朝共朕言。

朕乃上帝第二子，哥暨东王同胞连。

同敬天父同一家，地下太平早既言。

天国迩来今既来，西洋番弟把心开。

朕前上天见爷排，万国扶朕在天台。

爷排定定今来到，替天出力该又该。

替爷替哥杀妖魔，报爷生养战胜回。

朕立幼主继耶稣，双承哥朕坐天都。

幼主一半耶稣子，一半朕子迓天麻。

---

① "下凡"，原作"不凡"，误，校改。

代代幼主上帝子，双承哥朕一统书。

西洋番弟朝上主，朕意爷哥使然乎。
太兄前钉十字架，使留记号无些差。
十全大吉就是朕，万样总是排由爷。
太兄复苏在三日，三日建殿不是夸。
朕乃爷生是三日，建爷哥殿诛魔蛇。
癸好三年斩魔蛇，乙荣灭兽赖爷哥。
蛇兽伏诛永一统，普天同唱太平歌。
西洋番弟朝上帝，爷哥带朕坐山河。

朕今实情诏弟等，欢喜来朝报爷哥。
朕据众臣本章奏，方知弟等到天都。
朕诏众臣礼相待，兄弟团圆莫疑狐。
朕虑弟等不知得，故降诏旨情相孚。
西洋番弟朝上帝，人间恩和在斯乎！钦此。

己未九年颁行天历诏[*]

（一）天历每 40 年一斡旋诏

朕诏和甥、福甥、玕胞、达胞、玉胞、秀胞、恩胞、贤胞、辅胞、璋胞、天将、掌率、统管、尽管、神策朝将、护京国将、六部、义、主佐将①内外众臣知之：

        天父上帝太平天，太平天国万万年；

        天国天历无穷尽，四十年加诏在前。

        兹据玕胞恳裁定，诏每四十年斡旋；

        斡年每月念八日，节气平匀义更全。

朕今诏明甥等，天父上帝乃天下古今前后大共太平天父，太兄基督乃天下古今前后大共太平天兄，朕乃太平天子。自戊申年三月，天父上帝下凡，降托东王乃食世人；九月太兄基督下凡，降托西王诛灭妖魔。今蒙爷哥下凡带朕作主，创开天国、天京、天朝、天堂、天历，永远流传，自辛开元年一直传去，千年万载万万载永无穷尽。

朕前业既诏明，当前南王困桂平，见天启。天使将天历畀南王看，天历永远永无穷尽。诚以天国、天京、天朝、天堂，乃爷哥带朕作主之天国、天京、天朝、天堂，合古今前后、天上地下人间为一大统，故天历流行永无止息。普天大下万郭万代臣民，同享爷哥真福在世，升天永

---

    * 《太平天国辛酉十一年新历》收录两件天土诏旨，分别颁布于太平天国己未九年十月初七日、十月十四日。原刻本现藏伦敦英国图书馆东方部。本书据影印本《太平天国印书》辑录，标题及序号为编者所加。

    ① "主佐将"即"主、佐将"，分指主将、佐将。

活，威风无了期。此当前太兄升天，命门徒传福音于普通大下人听也。盖福音之传，为今日预先传知众人，凡间得享真福。真福何在？在爷哥恩降凡间，带朕作主坐天国，救起万民转天堂，在世享真福，升天得永活，故福音久传于从前。今蒙爷哥下凡带朕作主，天国迩来，现享真福，后得永活。自开辟至今，未有如今日之大福也。生在太平世界，何幸如之！

朕前业准东王、西王、南王暨众臣等，天历每年三百六十六日，单月三十一日，双月三十日；每四十年一加，每月三十三日，取真福无边、有加无已之意。兹据玕胞等朝奏，天历永远高深，固非凡例浅识所能窥，而便民耕种兴作，亦属天情真道不可少，恳请每四十年一斡旋，斡之年每月二十八日，节气俱十四日，平匀令善，有便于民；自四十年至八十年、一百二十年、一百六十年，至千年万载万万载，永远如是，每四十年一斡为总。朕业准奏。

为此再诏，除却从前每四十年一加之诏外，继自今，史官每年遵今诏，每四十年一斡，斡年每月二十八日，节气俱十四日；余俱照前例——每年三百六十六日，双月三十日、单月三十一日例，制造天历颁行。并遵前诏，每年十月献明年新天历盖玺，十二月颁近省，十一月颁远省，永远如是。又将今诏系于天历之首，并注明每年正月十三日是太兄升天节，二月初二日是报爷节，二月二十一日是太兄暨朕登极节，三月初三日是爷降节，七月二十七日是东王升天节，九月初九日是哥降节。每年六节，各注明该月日顶头，永远如是颁行天下，庶俾普天大下万郭万代臣民同伸孝敬爷哥之虔，无忝为子为弟之道，共抒铭刻代赎之念，克尽感功感德之心。

巍乎焕乎，真道天情，家喻户晓；美矣善矣，山涯海角，浃体沦肌。天历颁行，咸使闻知。钦此。

太平天国己未九年十月初七日诏

（二）颁行天历永不改元诏

朕诏和甥、福甥、玕胞、达胞、玉胞、秀胞、恩胞、贤胞、辅胞、璋胞、天将、掌率、统管、尽管、神策朝将、护京国将、六部、义、主佐将、内外各省众官将兵知之：

天父上帝降凡间，暨爷哥带朕坐江山；

爷哥朕国是天国，三子爷共御尘寰。
爷哥下凡天国来，天历流传如循环。
辛开①元年传永远，永不改元诏再颁。
月亮圆缺无拘论，专显天情救沉沦。
凡历信邪中鬼计，妄为推算陷鬼门。
叛爷惑鬼受永罚，今诏脱凡齐醒遵。
谈天说地皆诞妄，认真真道永生存。

天历首重孝顺爷，七日礼拜福禄加。
二月初二报爷节，谢爷差朕斩妖蛇。
三月初三爷降节，天国迩来共一家。
本年三更诛凶首，从此万郭归爷妈。
天历二重恭敬哥，舍命赎罪活人多。
正月十三哥升节，普天铭感福江河。
二月念一哥登极，亦朕登极人间和。
九月初九哥降节，靠哥脱罪记当初。
天历三重识东王，降托东王是父皇。
爷前下凡空中讲，爷今圣旨降托杨。
七月念七东升节，天国代代莫些忘。
谢爷降托赎病主，乃贪世人转天堂。
天国代代遵三重，天情真道福无穷。
妄为推测有何益，可怜叛爷成臭虫。

脱尽凡情天情显，爷初立约现天虹。
哥活二日升四旬，四十年斡可认踪。
特命史官作月令，钦将天历记分明。
每年节气通记录，草木萌芽在何辰。
每四十年一核对，裁定耕种便于民。
立春迟早斡年定，迟减早加作典型。
立春迟早看萌芽，耕种视此总无差。
每年萌芽记节气，四十年对斡减加。

---

① "辛开"，原作"新开"，误，校改。

立春迟些斡年减，早些斡加气候嘉。

无迟无早念八定，永远天历颁天涯。

甥们遵诏，每年十月命史官献明年新天历，盖玺刻颁，永远依东王前奏天历例，制造天历颁行天下，永不改元。庶天情真道炳耀人间，而凡例妖谎屏绝宇内矣。钦此。

太平天国己未九年十月十四日诏

庚申十年幼主诏旨*

（一）褒奖忠王李秀成诏

奉天爷、天爹暨爹①命，朕诏秀叔知之：

爷生秀叔扶朕躬，开疆裕国建奇功。

叔善感化洋人顺，又善筹谋库币充。

富庶之区首苏福，陪辅京都军用丰。

叔筹交库首顾国，功上加功忠更忠。

朕览恩叔等本奏，据称秀叔由杭州七瓮桥、常郡、苏省叠解银洋归库，又缴库金珠、参茸、燕窝、珊瑚、玉笔各珍。朕思秀叔劳心征剿，克复天爷、天爹暨爹及朕版图，并念及京库欠丰，筹办解运，以充国用。虽各项银物俱是天爷所赐，亦由秀叔诛绝妖氛、开疆拓土之力，实堪嘉尚。叔见诏格外欢心，妥酌镇抚，宜善筹裕课长策，永远裕爷爹爹朕京需万万年也。钦此。

太平天国庚申十年六月十九日

---

* 计6件，原件佚。第一件诏旨原抄件现藏英国剑桥大学图书馆。其排印件见罗尔纲、王庆成主编《中国近代史资料丛刊续编·太平天国》第3册（全10册，广西师范大学出版社，2004），本书据此辑录。第四、第五、第六件诏旨原抄件现藏伦敦英国图书馆东方部，本书据王庆成编注《影印太平天国文献十二种》辑录。原抄件为图省便，或略去下诏年月，或变动格式，兹酌情校改。第二、第三件诏旨，系1860年8月上旬颁给在天京访问的美国传教士花雅各。花雅各将之翻译，同年9月1日在《北华捷报》刊发；清苏松太道吴煦派人据英文回译。本书据《吴煦档案中的太平天国史料选辑》（生活·读书·新知三联书店，1958）之排印件辑录。全篇大小标题及序号，均由编者所加。

① "天爷"指上帝，"天爹"指基督，"爹"指洪秀全。

（二）福音久传验今时诏

奉天爷、天爹暨爹命，朕诏①普天众番镇。嘉尔归荣帝真神，嘉尔诚心靠基督，嘉尔朝天朝主真。嘉尔回朝忠报国，嘉尔顶天灭妖精。嘉尔同心顶天国，嘉尔有志扶太平。嘉尔确是天兵将，嘉尔传福音艰辛。爷爹爹朕照尔顶天报国无更移，遵治尔太平天国，万邦归爷是真理。齐结信果归上帝，依靠基督血淋漓。尔等雄心理天事，录功回朝奏朕知。有大功宜有重赏，福音久传验今时。钦此。

（三）齐认爷爹天堂通诏

奉天爷天爹暨爹命，朕诏②西洋番镇人。真是忠心敬爷亲，得基督救世主。真是天差天将兵，果尔忠真天差来，雄心顶天扶太平。忠敬爷爹爹暨朕，真忠报国实忠真。朕嘉尔志诚敬上帝，齐认爷爹天堂通。坚耐雄心登天国，天赐高爵万万重。钦此。

（四）加封长伯、次伯诏

奉天爷、天爹暨爹命，朕诏和表、福表、玕叔、达叔、玉叔、秀叔、恩叔、贤叔、辅叔、璋叔、万弟、天将、掌率、统管、尽管、神策朝将、护京神将、六部、主佐将内外众臣知之：

天爷上帝是独尊，亲则帝父尊帝君。
神爷皇上帝独一，坦盘③惑蛇故沉沦。
爷降东王乃飨世，天爷独尊是天伦。
东王在天使风职，故伊肉身爵同论。
圣神是父风是子，爷降东王父子分。
爷外次尊是天爹，舍命征服死魔蛇。

① "诏"，原作"治"，误，校改。
② "诏"，原作"治"，误，校改。
③ "坦盘"系"亚坦"（今译"亚当"）、"盘古"的合称，指人类始祖。

> 天爹下凡降西王，基督独一无有他。
>
> 西王帝婿兼右弼，故伊肉父爵同加。
>
> 爹诏西下南上爵，长伯次伯同驸马。
>
> 今诏升爵同西王，世归爷爹共一家。

朕今诏明，爹前诏封长伯、次伯同驸马，爵居西下南上。朕今细思，天爷上帝是独尊，无有可匹。东王在天使风之职，故昨诏封伊肉父母爵同东王。而东王劝慰，乃总操万权之职，故前时次伯不盖东印，天爷降圣旨锁责，诏兵权归一。上帝独尊而外，基督次尊，亦无可匹。而西王帝婿兼右弼，故昨诏封伊肉父母爵同西王，以正孝敬父母孝敬爷之纲常。朕今体爷爹暨爹旨意，特诏加封长伯、次伯同驸马，爵同西王，并诏长伯、次伯、驸马、西王父谕升询谕，臣下奏升称申奏，均赐金牌、金颈圈、雉翎、金印、天府。长次伯、西王父恩免理事，以昭优宠，一体同沾天爷天爹永荣光。钦此。

太平天国庚申十年十一月初十日

（五）内外本章免盖玕叔印诏

奉天爷、天爹暨爹命，朕诏和表、福表、玕叔、达叔、玉叔、秀叔、恩叔、贤叔、辅叔、璋叔、万弟、天将、掌率、统管、尽管、神策朝将、护京神将、六部、主佐将内外众臣知之：

> 爷爹爹朕坐天堂，单准东印盖本章。
>
> 自今免盖玕叔印，恐人起议踵东王。
>
> 爷排东王乃贪世，免盖各印理事张。
>
> 昨诏表们举赍奏，事归划一法更良。
>
> 本盖公议不是印，齐交正掌总封箱。
>
> 赍奏莅任加图记，亦不是印总同行。
>
> 俟幼东王盖东印，辅佐江山耐久长。

朕今诏明，自今内外本章免盖玕叔金印及一概金印，单准盖幼东印，恪遵上帝乃贪世人圣旨。朕今细思，和表稍长，可当赍奏，兼其位最合。今特诏命和表兼赍奏，司本章传奏。内外本章，自长次伯以下，俱交正掌盖公议图记，正掌箱交赍奏，现赍奏箱封献，俟幼东王转献，永以为例。至玕叔总理，仍如前也。钦此。

朕再诏明，昨诏赍奏职同天将，今诏命和表兼赍奏，职同西也。

又，前诏正掌居天将之下，今璋叔兼正掌，其正掌职同章也。钦此。①

太平天国庚申十年十二月二十七日

（六）暂免保封文武属员诏

奉天爷、天爹暨爹命，朕诏和表、福表、玕叔、达叔、玉叔、秀叔、恩叔、贤叔、辅叔、璋叔、万弟、天将、掌率、统管、尽管、神策朝将、护京神将、六部、主佐将内外众臣知之：

爷爹爹朕坐天朝，宠赐荣光天恩高。

前大功者封更大，养尊处优免操劳。

屙员未封暂免保，已②封屙员要遵条。

宜听理事叔节制，永昭划一肃官僚。

朕思爷爹带爹朕作主，业体爷爹大功大封之圣心于前，功大者封自身及后裔，以彰封赏盛典。但养尊处优是酬功极顶，免再操劳闻问国事。其应封屙员，暂缓保封，以免偷安托庇；兼之人品良莠不齐，诚恐因逸生事，借差外出，倚势作威，欺压良善，有负爷爹爹朕救民本意，而理事府阁碍难节制，致累各廷府声名。朕今诏其应封文武属员，未足者暂止保封，俟朕令襄理事时，再行遵制封设。业经保封者，宜听现在理事众叔节制，以免假势妄行，希图庇护也。表们见诏，一体遵行，同顶起爷爹爹朕江山万万年也。钦此。

太平天国庚申十年十二月二十七日

---

① "钦此"二字后，接"赍奏图记列后　会同赍奏"字样，应是抄录者所加。

② "已"，原作"以"，误，校改。

爷哥朕幼同作主诏*

　　朕诏①普天番镇所有将兵，万邦归天父上帝父亲，万邦归救世主大兄基督。天地人前，今后三共太平。爷前下凡设天诚，为今日哥前赎罪，乃使刀斩妖精。哥预诏天国迩②来并必至，爷哥今下凡，创开天朝廷，带朕暨幼主共治理世界，父子公孙③同作天地新。救世幼主乃天父上帝子，又大兄基督子朕子作主。爷哥带朕三子，爷共合一。真命幼主为尔万邦元首，尔等齐认识尔东王西王，上帝基督由伊口授乃禽。世人同登天，转天堂，古今前后一大统。归天父，普天有福，同登天京天朝。爷哥圣灵成行，流传万古。爷劳六日，全敬皇上帝。坦盘惑蛇恶报，遗害于世。爷降洪雨，留出八口挪亚，赎罪赎病，洵④哉恩中有义。近在天西，爷差接朕上天，哥带朕亲逐蛇魔落地。戊申三九，爷哥恩降凡间，带朕暨幼主宰太平靡既，福音久传。今见真福荣光，爷哥恩爱，诚哉无所不至，普天下众臣民齐欢喜也。钦此。

---

　　* 该诏与上篇两件幼主诏旨，同于 1860 年 8 月上旬颁给花雅各牧师。花雅各将之翻译，一并刊发在《北华捷报》。吴煦派人据英文回译。本书据《吴煦档案中的太平天国史料选辑》之排印件辑录，对句读略有改动，并加标题。
　　① "诏"，原作"治"，误，校改。
　　② "迩"，原作"尔"，误，校改。
　　③ "父子公孙"，原作"父子公叔"，误，校改。
　　④ "洵"，原作"询"，误，校改。

庚申十年梦兆诏 [*]

（一）收得城池地土梦兆诏

朕诏和甥、福甥、玕胞、达胞、玉胞、秀胞、恩胞、贤胞、辅胞、璋胞、天将、掌率、统管、尽管、神策朝将、护京国将、六部、义、主佐将暨内外各省众官将兵知之：

爷哥朕幼坐天朝，天下太平天兆昭。
老幼男妇见天兆，太兄预诏验今叨。
二月初七朕妈见，东西南王去诛妖，
金龙殿前呼万岁，去打苏州实勤劳。
于今苏福既收复，陈三妹亦蒙天教。
九月初六早五更，蒙爷降梦兆以成。
朕见无数天兵将，进贡圣物宝纵横，
在朕面前虔摆列。朕时含笑欢无声。
今天十三早五更，蒙爷降兆收得城，
朕喊天下无弃土，亲降诏旨天将听。

天酉朕上天，爷哥带朕诛逐蛇魔，两边天使、天将护朕战逐。朕战困倦时，重重天将天兵护卫服事，睡醒又战，回回如是。爷哥带朕战逐

---

　　* 计两件，据王庆成编注《影印太平天国文献十二种》辑录，大小标题由编者所加。原抄件现藏伦敦英国图书馆东方部。抄录者为图省事，未能尽遵原诏格式，如将一长串受诏人名单用"同前"二字代替，将发诏时间简写为"十三日"、"十五日"。据"去打苏州实勤劳"、"九月初六早五更"等句分析，两诏应分别颁发于太平天国庚申十年九月十三日、十五日。兹酌情校改。

蛇魔，无数天将天兵扶住朕身，万样有人。故朕那时唱曰："朕睡紧都做得王，坐得江山。"因上有爷哥出头作主带紧，下有子暨胞弟、妹夫及众天使扶紧，故当前预诏如是也。

本年二月初七晚三更，朕妈梦见东王、西王、南王三人在金龙殿①呼万岁，奏去打苏州，又安朕妈曰："伯妈宽心，带紧媳及女，安福莫慌。我们去打苏州，有哥作主。伯妈宽心。"梦兆如此。

九月初六早五更，朕见无数天将进贡爷哥朕，虏将一概进贡宝物摆列朕面前。朕含笑欢喜。梦兆如此。

今天十三早五更，朕见天将、天使奏朕收得城池地土。朕命他作多营盘，又大喊这天将曰："天下无弃土！普天大下，通是爷哥朕土，通要收复取回。"天将奏曰："遵②旨。"梦兆如此。

甥、胞们欢喜顶江山，命史官记诏也。钦此。

太平天国庚申十年九月十三日

（二）打死六兽梦兆诏

朕诏和甥、福甥、玕胞、达胞、玉胞、秀胞、恩胞、贤胞、辅胞、璋胞、天将、掌率、统管、尽管、神策朝将、护京国将、六部、义、主佐将暨内外各省众官将兵知之：

> 今早五更得梦兆，蒙爷差朕诛虎妖；
> 该死四虎二乌狗，普天欢喜扶天朝。
> 爷哥显圣蛇兽绝，普天臣民谢天劳。
> 天地安息太平日，爷哥下凡神迹昭。
> 爷哥朕幼安息主，朕今诚实诏臣僚。

今早五更，蒙爷恩降梦兆，朕偕二妇人同行一路，见前路有四只黄色虎甚大，企身向住。朕那时见二妇人惊惧，朕心以为若向这路去，恐虎或伤二妇人，于是带二妇人回头。讵知妖虎该灭，四虎赶来，朕用手打，虎忽变人形。未甚分明之时，猝然遽醒。朕思此梦兆关系非小，又欠分明，故求天父上帝、太兄基督再降梦指明。朕时心念二首诗。其一诗云：今有四虎尽杀开，普天臣民奏凯回；天堂路通妖虎灭，一统乾坤

---

① "金龙殿"，原抄件作"龙金"，误，校改。
② "遵"，原抄件作"尊"，误，校改。

天排来。其二诗云：一句圣旨杀四虎，普天臣民脱永苦；有爷有哥住头上，凭据权能天作主。念毕复睡。蒙爷恩降梦兆指明，朕寻方才打虎之处，逐一寻看。寻到一处，见有四黄虎、二乌狗同瘫①在这处，见四虎俱死，单二乌狗一条已死，有一条番生。朕用手擒住，复打。狗作人声喊曰："我恐！"朕曰："朕要诛死尔。"又被朕打死。朕用手指算明，共打死四虎、二乌狗，共六兽。梦兆如此。

甥、胞们欢喜打江山，放胆灭残妖，命史官记诏，以记爷哥下凡带朕幼作主坐天国，天朝江山万万年也。钦此。

太平天国庚申十年九月十五日

---

① "瘫"，原抄件作"摊"，误，校改。

谕苏省及所属郡县四民诏[*]

天王诏旨

朕诏苏省及所属郡县四民知之：

爷哥朕幼坐天京，救民涂炭拯民生；

民有饥溺朕饥溺，痌瘝在抱秉至情。

何况尔民新归附，前遭妖毒陷害深；

复经天兵申天讨，遗家弃产朕悯怜。

上帝基督带朕幼，照见民困发政仁；

酌减征收舒民力，期无失所安众心。

共体爷哥朕幼意，咸遵真道乐太平。

朕览秀胞本奏，历述苏省所属郡县新附四民，前经胡妖抽捐抽税，竭尽尔等脂膏，厚敛重征，同天打斗；兹经天朝统率大众奉行天讨，救民水炎之中，同申万郭归爷天义。勖哉四民，既列版图，各宜遵守条命，信寔认真，克守天教。朕又念前时天兵征剿，尔等四民畏惧天威，抛弃家产；今虽欣然就抚，各安农业，际此新天新地之期，未有余一余三之积。朕格外体恤民艰，于尔民应征钱漕正款，令^①该地佐将酌减若干。尔庶民得薄一分赋税，即宽出无限生机。其各体谅朕心，益坚信认，安居乐业，同顶爷哥朕幼纲常，同享真福于万万年也。钦此。

太平天国庚申十年九月二十四日诏

---

* 原件现藏北京故宫博物院，系刻版印制，宣纸，黄底红字。本书据《太平天国文书汇编》所收排印件辑录，标题为编者所加。

① "令"，原作"今"，误，校改。

《钦定旧遗诏圣书》、《钦定前遗诏圣书》批注*

《钦定旧遗诏圣书·创世传》批注

元始上帝原造天地。夫地混沌，渊面昏冥，而上帝之神感动在水之面也。上帝曰："光必发。"而光即发也。（第1章第1～3节）

批注：爷是光，哥是光，主是光。钦此。

且上主皇上帝所造之各野兽莫狡于蛇也，乃对女曰："上帝岂有禁云，勿食园中树果否？"女对蛇曰："我等可食园之树果。论及园中树果，上帝云，勿食，毋摸之，恐尔死也。"蛇对女曰："汝未必死矣。原来上帝自知，于食之日尔眼必开，能辨知善恶者，自成似神焉。"于是女人视其树又乃好食，又为眼所取，又系树可贪慕以成巧捷者，即采果食之，亦递与夫，彼亦食之也。（第3章第1～6节）

批注：夏娃初信鬼话，致后来子孙受洪雨浸。未见死之前，蛇惑递圣旨未必死，还做得神；既见死之后，蛇惑有第①二世还会变生。代代

---

* 约在庚申十年九月，太平天国开始陆续刊刻由洪秀全亲自修订的《圣经》，计《前约》27卷、《旧约》前6卷。现存钦定版《圣经》（缺《前约》卷四《约翰传福音书》）共有洪秀全批注82条。这些砵批篇幅不一，大多写在书眉处，个别写在文末或行间。刊刻时照此辑录，字体均小于正文。

钦定版《圣经》原刻本，现藏伦敦英国图书馆东方部。其排印本见罗尔纲、王庆成主编《中国近代史资料丛刊续编·太平天国》第1、2册。本书以王庆成研究员提供的影印本为底本、以排印本为校本辑录。标题及"批注"、"批注一"、"批注二"等，均为编者所加，并摘录与批注相对应的段落。又，与批注相对应的《圣经》文字，不少已被洪秀全修改过。限于篇幅，恕不逐一注明。

① "第"，原作"弟"，误，校改。

妇人多信鬼话，致害命也。

　　上帝曰："我与尔等兼诸活物永世立约，却有此号，即在云内我置天虹，为我与地所立约之号也。将来我带云浮地上，即云内必有虹现焉。我则记念前与尔等兼诸生物各类所立之约，又嗣后其水不洪，并不沉没众生物也。天虹必在云中，且我观之，则垂念上帝之与地上众凡肉生所立永约。"（第9章第12～16节）

　　批注：爷立永约现天虹，天虹弯弯似把弓。弯弯一点是洪日，朕是日头故姓洪。爷先立此记号，预诏差洪日作主也。

　　夫天朝王即是至上帝之祭主麦居洗德，带馒与饼而出。①（第14章第18节）

　　批注：此麦基②洗德就是朕。朕前在天上，下凡显此实迹，以作今日下凡作主③之凭据也。盖天作事必有引。爷前下凡救以色列出麦西郭，作今日爷下凡作主开天国引子；哥前降生犹大郭代世赎罪，作今日哥下凡作主大担当引子；朕前下凡犒劳祝福亚伯拉罕，作今日朕下凡作主救人善引子。故爷圣旨云"有凭有据正为多"。钦此。

　　此情后，遇上帝试亚伯剌罕，召之曰："亚伯剌罕也。"亚伯剌罕曰："顾予在此。"曰："今携尔子，即尔独爱之子以撒克，且往摩哩亚地，在我所示之山，祀子为焚祭也。"亚伯剌罕遂早起备驴，带同二仆及子以撒克，制劈柴以焚祭矣，则起而诣上帝所示之处。（第22章第1～3节）

　　批注：信实上帝故有福，独子敬爷如焚犊。世人有如此真心，得上天堂脱地狱。

《钦定前遗诏圣书·马太传福音书》批注

　　贤人去后，忽然上主托梦现，诏约色弗曰："起也，带婴与母奔麦西地，居彼，待朕示尔。盖希罗得欲寻婴以诛之。"约色弗遂起，带婴

---

①　经校勘得知，此段经文已被洪秀全更改："撒冷王"改作"天朝王"，"祭司"改作"祭主"，"基"改作"居"，"酒"改作"馒"（太平天国禁酒）。
②　洪秀全将"基督"列为避讳字，"基"以"居"字代。但在批注时，仍有疏忽。
③　"主"，原作"王"，误，校改。

与母夜走麦西地。寓彼，待希罗得崩。致得效验上主以圣人所言云：曾召朕子出麦西地矣。（第 2 章第 13～15 节）

批注：以赛亚证太兄是上帝之子。

约翰见法利西同撒笃之徒多来领浸，则谓之曰："噫！毒蛇之类，谁示尔逃避将来之怒乎？是以结悔罪所宜之善果。勿暗想到，亚伯拉罕乃我宗祖。盖我告尔，上帝有能由此石为亚伯拉罕发子也。今且斧直树根，凡树不结善果者，必砍下投炎矣。然吾也以水行浸致尔悔罪，惟后于我而来者，其能太过于我，连其鞋我亦不堪提也。其将以圣神上帝并偕炎加尔此礼也。其手执簸箕，将洁其谷场，收麦入仓，而烧糠以无灭之炎矣。"（第 3 章第 7～12 节）

批注一：圣神是上帝。盖太兄，上帝太子。太兄来，上帝亦来也。今上帝暨基督下凡是也。钦此。

批注二：上帝是炎，太阳亦是炎，故上帝并太阳俱来也。钦此。

救世主曰："今且浸之，盖尽诸义乃朕所当然。"约翰遂容之。且救世主领浸礼后，即便由水上去，却天与之开。又见上帝之圣神似鸽降临救世主，却自天有声云："其乃吾爱之子，吾所悦意者也。"（第 3 章第 15～17 节）

批注：约翰证太兄是上帝之子。

上帝之圣神引基督到野，致魔鬼试之。戒食四十日连四十夜，后觉饥饿也。（第 4 章第 1～2 节）

批注：上帝是圣神，连圣灵俱来，故五十日节期圣神降临，见炎与风。炎与风俱由上帝而出，总合一也。钦此。

基督闻知约翰已解究，即往加利利地，后离拿撒勒来迎百拿翁，寓在湖滨，西布伦及纳大利之境内。如是先知之师以赛亚之语得验，云："西布伦地暨纳大利地沿海之路，及约耳但河外并异族之加利利地。其民住在黑暗者观大光，坐于死阴境地者自有烧发照之。"（第 4 章第 12～16 节）

批注：上帝是炎，故有神光；太兄是炎，故是大光；朕是太阳，故亦是光。钦此。

基督见众，则登山。坐时，门生就之。遂开口教之曰："虚心者有

福矣，因天国为其所得也。……"（第 5 章第 1～3 节）

批注：天①国是总天上、地下而言。天上有天国，地下有天国，天上、地下同是神父天国，勿误认单指天上天国。故太兄预诏云"天国迩来"。盖天国来在凡间，今日天父天兄下凡创开天国是也。钦此。

基督下山，大众多人随之。忽有染麻风②之人伏拜之，曰："主若肯为之，则能净洁我矣。"基督就伸手抚之，曰："朕愿尔得净也。"又麻风随即净矣。（第 8 章第 1～3 节）

批注：上帝住临太兄头上，太兄一言即是上帝之言，故麻能净也。钦此。

基督既入彼得罗之家，见其岳母卧染疟病，即抚其手，疟病就止。其妇遂起，服事之也。（第 8 章第 14～15 节）

批注：上帝住临太兄，故出一言、抚下手即愈也。钦此。

维时基督登船，门人随之。忽然在湖狂风大作，致浪波覆船，惟基督睡也。门生来醒之，曰："主也，救我亡矣。"基督曰："噫！少信者乎，因何惧怕哉？"遂起责风海，就尽安静。其人吃惊曰："斯何人哉，连风兼海亦遵之也。"（第 8 章第 23～27 节）

批注：天上使风是东王，故遵之也。钦此。

既过湖，到革迦撒地，正遇二人犯邪鬼，由冢地出来，甚为凶猛，并无人由该路能过也。忽呼曰："上帝之子耶稣，吾与尔何干，未届期之前，岂来磨难我乎？"（第 8 章第 28～29 节）

批注：鬼识③太兄是上帝之子。钦此。

惟基督见其心念，曰："心中思恶怎何？言罪见赦，抑谕起而行，何易乎？但尔可知人之子在世有能赦罪。"就语瘫疯者曰："起来，挑起铺盖归家也。"遂起归家矣。众见则奇，颂赞上帝，为赐人是权矣。（第 9 章第 4～8 节）

---

① "天"，原作"一大"，误，校改。
② "麻风"，原作"麻疯"，误，校改。下同。
③ "识"，原作"讥"，误，校改。

批注：是颂赞上帝，非颂赞太兄是上帝，盖当时人不信也。

基督听之，曰："康健之人不需医生，乃有病者需之焉。汝往而学何义，'朕愿哀矜，并无祭祀'。盖朕来非招义人，乃邀罪人悔罪焉。"（第9章第12～13节）

批注：太兄诏愿哀矜、无祭祀，是说人要好心方可祭祀，盖好心即是祭祀上帝，非诏人不用祭祀上帝也。钦此。

且基督离彼，二瞽人随之，呼曰："大辟之子，矜怜我矣。"既入屋内，瞽者就之。基督曰："朕能行此，尔等信乎？"曰："吾主，我信。"基督遂摸其目，曰："照尔有信，可得成也。"其目遂开。惟基督戒之曰："勿报人知。"但其人出去，遍扬其名于该地方也。正出之间，却有哑口犯邪鬼者为人带来。既逐鬼出，哑口遂言。众俱惊骇曰："以色列地，总未之见此。"（第9章第27～33节）

批注：上帝住临太兄，故摸目即见也，令①哑即言也。钦此。

"但凡世人之前认朕，即在天朕父之前，朕亦认之。但凡世人之前不认朕，即在天朕父之前，朕亦不认之也。"（第10章第32～33节）

批注：太兄自证是上帝之子。

"莫想朕临在地使太平也。朕来非立太平，乃使刀也。……"（第10章第34节）

批注：今爷哥下凡斩邪留正，验矣。钦此。

当时基督诏②曰："赞誉神父，天地大主，因是情隐于自贤机巧之人，反显明之与赤子矣。是也尊父，因父之圣旨正如是也。吾父以万物交我，然神父之外无人识神子，又除神子及神子所欲启示者之外，无人识神父也。……"（第11章第25～27节）

批注：太兄明明自证是上帝之子。

---

① "令"，原作"今"，误，校改。
② "诏"，原脱，校补。

基督撤众进家时，门生就之曰："田稗之比喻请解我。"基督诏曰："播好种者，人之子也；田者，世间也；好种者，天国之民也；稗者，恶魁之人也；敌撒稗者，魔鬼也；穑时者，世界之穷也；刈禾者，天使也。正像敛稗捆束化炎，此世界穷时亦然①。人子必差其天使撮出国中各犯诫并行恶者，投入炎炉，彼有哀哭切齿焉。当时义人将耀煜如太阳，在天父之国也。凡有耳闻者必听也。"（第 13 章第 37～43 节）

批注：今天地安息期至，爷哥下凡斩邪留正，收麦焚稗，验矣。义人享福在天父之国，验矣。钦此。

"又天国之比，如罟网抛入诸海，捕各项鱼。既满，拖上岸来。人遂坐下，择其美者入笼，其歹者掷去也。夫世末一般，天使将出，分恶出义中，投恶诸炎炉，彼有哀哭切齿矣。"（第 13 章第 47～50 节）

批注：择美掷歹②，验矣。钦此。

基督曰："尔等说朕谁乎？"西门彼得罗曰："尔乃基督，永生上帝之子也。"基督答曰："约拿之子西门有福也，盖非由人类也，以此事诏汝，乃朕父在天者诏之也。朕又诏汝，尔即乃磐，又朕建公会在此磐上，而地狱门之权不得胜之也。朕亦赐尔天国之钥，凡地上所锁者，在天亦锁焉；又尔地上所开者，在天亦开焉。"（第 16 章第 15～19 节）

批注：基督为上帝之子，太兄及门生齐证皆然。钦此。

"夫人子必来，带其天使，乘天父之荣，而报与各人依其本行也。朕诚诏尔，有人伫在此必不见死，待看人子来于其国也。"（第 16 章第 27～28 节）

批注：今太兄来矣。钦此。

正说之间，却有辉云掩蔽之，由云中出声云："此朕爱子，朕所悦意者，宜听之也。"（第 17 章第 5 节）

批注：云中出声，基督为上帝太子显然。钦此。

"却朕先诏尔矣。是故有人告尔，却基督在野，则勿出；却基督在

---

① "亦然"，原作"一然"，误，校改。
② "歹"，原作"夕"，误，校改。

密房，则勿信之。盖比之电光，由东出闪至西，人子之临正如是矣。夫身尸所在，神鹰聚集焉。""当难之日后，率然太阳变暗，太阴不发光，星宿自天坠地，天势震动。方人子之兆必现于天，诸郭万民必哭于地。遂仰人子，以大势煌荣升天云而来。差诸天使太吹响号筒，四方聚集选民，四方由天边及其涯而来。"（第24章第25～31节）

批注：太兄恐泄，故降隐诏。朕是太阳，降世为人则变暗矣。朕妻太阴，降世为人则不发光矣。天兵天将是星宿，降世为人则自天坠地矣。今爷哥升天云而来，选民聚集，四方由天边及其涯而来。样样应验矣。钦此。

"倘若恶仆暗想道，东家将迟至，始打同家人等，遂陪诸酒徒饮食，则不料之日不知之时，该仆之主偶至，又必碎剐其仆，置之同奸诈，彼有哀哭切齿矣。"（第24章第48～51节）

批注：今太兄猝然至，不料不知。验矣。钦此。

"人子盛荣，偕诸圣天使自天降临、坐其荣位之时，万郭必集其殿前，区分相离，犹牧者别绵羊离其山羊矣，右列绵羊、左排山羊也。……"（第25章第31～33节）

批注：今太兄降临，坐其荣位，万郭集其殿前。验焉。钦此。

"方主将语右列者曰：'朕父所祝者，可来接嗣天国，即自世基为尔所备之国。'……"（第25章第34节）

批注：今天国是也。

夫经过之人詈骂基督，摇首曰："尔毁上帝之殿、三日复建之者，今且自救也。倘乃上帝之子，由十字架下来矣。"（第27章第40节）

批注：三点是洪，三日是洪日。太兄隐诏洪日作主，复建上帝已毁之殿。钦此。

《钦定前遗诏圣书·马可传福音书》批注

当日遇基督自加利利地拿撒勒邑来，受约翰之洗礼在约耳但河矣。即由水上岸，见天忽开，又圣神如鸽降临其上也。又由天声响云："汝乃朕爱之子，朕所喜悦者也。"圣神即引基督往野。（第1章第9～12节）

批注一：天有声响，上帝太子显然。钦此。

批注二：圣神，上帝也，既住临太兄其上，又引太兄，何得另有圣神成太兄的身，又另外有一圣神凑成三位？其中有一圣灵，东王也。须知。钦此。

基督心内即觉其如此想思，诏之曰："心内曷有是议论乎？诏瘫病者可免尔罪，抑命起来取褥而行，何一为易哉？然尔可知人之子在世有能赦罪？"就诏瘫病者云："朕命尔起，取褥归家矣。"其人即起，当众人前取褥而出，致金惊讶，无不称赞上帝云："从来未见如是矣。"（第2章第8～12节）

批注：上帝住临太兄其上，故诏瘫即起也。当时称赞上帝，非赞太兄为上帝，盖当时人不信太兄也。钦此。

适安息日基督游禾田，正行路间，门人始摘禾穗。法利西徒曰："却于安息日行者不宜，何哉？"基督曰："大辟兼从人乏食而饥时所行之事，尔岂未读乎？当亚庇亚达为祭司之际，大辟却入上帝之堂，自食桌上之饼，亦与从人给食。但此饼除非祭司，无人可食也。"且基督谓之曰："安息日为人而设，人非为安息日而造。则人之子亦主安息日也。"（第2章第23～28节）

批注：今天地安息，太兄降凡作主。验矣。钦此。

基督诏曰："诫命诸条，最重者云：'以色列民乎谨听也，上主尔之上帝，止一大主，故当竭心全灵专意尽力敬爱上主尔之上帝。'是乃最重诫也。其次像似'当爱他人如己焉'。重于斯二条者，未有法也。"（第12章第29～31节）

批注：太兄明诏止一大主[①]，后徒因何误解基督即上帝？信如尔解，则是有二上帝矣。钦此。

基督殿里教训，诏曰："书士皆言基督乃大辟之裔，如何？夫大辟感于圣神，曰：'上帝已告吾主云，坐朕右手，待服诸敌为尔脚踏也。'且大辟自称基督为主，基督如何为大辟之子乎？"众多喜听其教。（第

---

① "大主"，原作"太主"，误，校改。

12 章第 35～37 节）

批注：尔偏误解基督即上帝，上天合为一。缘何大辟之前，太兄未①生，得见上主语太兄乎？又缘何朕上天时，将见天上有天父上帝、天母老妈，又有太兄基督、天上大嫂，今下凡又有天父天母、天兄天嫂乎？钦此。

《钦定前遗诏圣书·路加传福音书》批注

马利亚遂谓天使曰："吾未认夫，则此事如何？"天使答曰："圣神必降临汝，又至上者之德将庇荫尔，故所生之圣者，可称上帝之子矣。……"（第 1 章第 34～35 节）

批注：是说圣神上帝降临他，非是说圣神上帝入他腹成孕为人也。须知。钦此。

卒②然大众天军偕天使颂赞上帝云："天上荣归上帝，在地太平，人间恩和矣。"（第 2 章第 13～14 节）

批注：今日应验矣。钦此。

魔鬼遂引基督上也路撒冷，置之殿顶，曰："尔若上帝之子，自投下来。盖经有云：'其必嘱其天使看顾汝，以手扶尔，恐足撞石也。'"基督诏曰："经亦有云：'勿试上主尔上帝也。'"魔鬼悉诱惑毕，暂时离之也。（第 4 章第 9～13 节）

批注：太兄是说勿试上帝，非是说己③是上帝也。须知。钦此。

次日遇基督进邑名曰拿隐，门生之人多并大众陪行焉。方近城门，却有扛出死人，其母寡妇单生此子，且邑群④众陪行也。主见寡妇，怜之，即曰："勿哭。"就来近前抚棺，扛者止步。遂言曰："小子，朕谕汝起来。"死者即起而始言，遂以子交母也。众憧惶，颂赞上帝云："大圣人兴起我中，又上帝照临其民也。"且基督之名声扬犹太全地及遍四方也。（第 7 章第 11～17 节）

---

① "未"，原作"来"，误，校改。
② "卒"，原作"率"，误，校改。
③ "己"，原作"已"，误，校改。
④ "群"，原作"郡"，误，校改。

批注：是说上帝照临其民，故差大圣人①，非是说太兄即上帝也。须知。钦此。

"且朕诏尔，凡在人前认朕，则人子在神父之前将认之。但凡在人前不认朕，朕亦在神父之前不认之。凡说言渎人子者，可免其罪；但有亵渎圣神者，不得免罪也。……"（第12章第8～10节）

批注：太兄明诏亵渎圣神不得免罪，分明圣神是上帝也。若误解基督上天同上帝合一，缘何太兄又诏凡在人前认朕，在神父之前将认之乎？钦此。

《钦定前遗诏圣书·圣差言行传》批注

门生觐毕，问基督曰："主复兴上帝天国，岂在此时乎？"（第1章第6节）

批注："会"字被凡情用坏，今改"觐"字。盖爷哥未下凡作主以前，齐当会集；今爷哥既下凡作主，以后齐当朝觐也。钦此。

夫基督升去，门生注目仰天，却有二人身穿白衣旁②立，曰："加利利人乎，因何立此仰天乎？基督去尔升天者，必将复来，如适间所看升天之状也。"（第1章第10～11节）

批注：今基督下凡来，验矣。钦此。

上帝曰：在诸末日，朕将以一神临万人，且尔子女将诵预言，少年者将见天启，老迈者将看梦兆。当日，以圣神赐临仆婢，而将预言焉。上天下地将著奇表、神迹、血、炎、烟气。太阳变暗，太阴化血，方上主大可畏之日临至矣。（第2章第17～20节）

批注：变暗、化血，隐诏降世为人。钦此。上帝住临太兄其上，太兄此行上帝此行也。钦此。

且门生被放，来见诸友，报祭司、长老之言。听毕，齐声吁上帝

---

① "大圣人"，原作"太圣人"，误，校改。
② "旁"，原作"傍"，误，校改。

曰："神父上帝也，造天地、山海、宇内万物者，昔以主仆大辟口言云：'异族因何震怒，诸民因何虚谋哉？地侯兴起，并其官宪聚集，逆上主及抗其基督矣。'……"（第 4 章第 23～26 节）

批注：上帝是上主，是说天父上主乃上帝，非是说基督是上帝。须知。钦此。

惟士提反满于上帝圣神，仰天瞻上帝之荣仪，又基督立上帝之右也。曰："吾看天开，而人子竖立上帝之右矣。"（第 7 章第 55～56 节）

批注：士①提反明证基督立上帝之右，则上帝是神父，基督是神子，一而二矣，况太兄亦曾自证乎？今何误认基督即上帝乎？钦此。

按云造万物之主曰：此后，朕必回顾大辟之毁堂而再建之，且朕必复兴其颓瓦再起之，令余剩之民并诸异族类称朕名者，一均求上主矣。（第 15 章第 16～17 节）

批注：今上帝、基督下凡，再建上帝殿堂在天京天朝矣。普天下合一，一均求上主矣。钦此。

《钦定前遗诏圣书·圣差保罗寄罗马人书》批注

耶稣基督之仆，奉召为圣差，特立宣上帝福音之理，保罗寄此书也。此理昔传圣人圣经，论上帝之子，至于肉体，其由大辟后裔而生；惟依上帝圣神，死后复生，以能声明为上帝之子，即吾主耶稣基督矣。（第 1 章第 1～4 节）

批注：保罗亦证基督是上帝之子，非是上帝。钦此。

夫吾兄弟乃以色列人，本为义子，有荣亦有盟约，设立律例、礼仪、应许。又列祖属之，并由以色列族基督身生，乃万有之上，最福之圣主，至世世焉。诚哉是言。然上帝之道不能废，由以色列所生者非皆以色列人。并亚伯拉罕后裔非众正子，乃以撒可称其嫡子是也。（第 9 章第 4～7 节）

批注：上帝独一，基督是上帝太子，不是上帝。钦此。

---

① "士"，原作"右"，误，校改。

吾曰，以色列人岂不知道，因摩西素云："朕以非国将激尔嫉妒，又以愚民必惹尔恨忌也。"但以赛亚敢胆云："其所未寻朕者，已遇朕也；又未求朕者，蒙朕著显也。"（第10章第19～20节）

批注：天国起似芥种之微。前未寻上帝，今遇上帝；前未求上帝，今蒙上帝暨基督下凡作主。验焉。钦此。

《钦定前遗诏圣书·圣差保罗寄哥林多人上书》批注

因上帝为真实，召尔通扶其子吾主耶稣基督也。（第1章第9节）

批注：保罗明证基督为上帝之子。钦此。

夫人之情，独人内之灵心识之。如是上帝之情，独上帝之圣神识之也。吾等所领者非此世之神，乃上帝之神，则吾知上帝所赐我者也。亦言此情，非以人所传之巧言，乃用上帝圣神所教之词，较灵与灵也。（第2章第11～13节）

批注：圣神即上帝，非圣神自圣神、上帝自上帝也。钦此。

尔中与他有案，因何敢求不义人审之，而不求圣徒乎？尔岂不知圣徒将审批世界？故若尔可审世界，岂弗堪审小件乎？岂不知吾等将审选民，何况此生之事乎？（第6章第1～3节）

批注：连圣徒亦是天使。

夫天地内虽有多邪神名，亦依人见有邪神、妖狂，但吾所崇独一天父上帝，造万物者，而我归之也；又独一主耶稣基督，万物于是乎造，又我于是乎生也。（第8章第5～6节）

批注：保罗明证上帝是上帝，基督是基督。钦此。

各女人祈祷、传道时不戴首帕，则辱其首。因女人有此，犹剃头一般。若女人去帕，则当剪发。但若女人以剪剃为羞，则当盖首也。（第11章第5～6节）

批注：存心不在帕①，去不去无拘。钦此。

---

① "帕"，原作"怕"，误，校改。

所葬者乃血气之身，所活者乃灵魂之体。盖有血气之身，亦有灵魂之体。如经云："其初亚坍成活灵，其末亚坍苏活之灵也。"但其灵魂者是首也，乃未有血气，先有灵魂也。（第 15 章第 44～46 节）

批注：一人之生，先有灵魂，后有肉身。盖魂爷先生其魂，后其魂入母腹成肉体，而肉身乃见。钦此。

其肉之身由地，亦属地矣，其魂之身乃上主由天者也。（第 15 章第 47 节）

批注：肉是肉父生，魂是魂爷生。钦此。

列位兄弟，吾言魂肉俱能接嗣神国，两者俱可获真福之业也。（第 15 章第 50 节）

批注：神国在天是上帝大天堂，天上三十三天是也；神国在地是上帝小天堂，天朝是也。天上大天堂是灵魂归荣上帝享福之天堂，凡间小天堂是肉身归荣上帝荣光之天堂。须知。钦此。

《钦定前遗诏圣书·圣差保罗寄哥林多人下书》批注

感谢上帝，吾主耶稣基督之父、慈悲之天父、悉施抚慰之上帝者。（第 1 章第 3 节）

批注：分明上帝是上帝，基督是基督。钦此。

《钦定前遗诏圣书·保罗寄以弗所人书》批注

但今在基督耶稣之内，尔素远人，赖基督流血得近矣。盖基督为我平和，连二合一体，毁中间隔壁。亦在其肉身解诸仇意，即废凡律，削俗仪，致合两者成一新人而结和矣。（第 2 章第 13～15 节）

批注：上帝十诫律法，太兄圣旨：非想朕来以废律法，律法一点一画不废。钦此。

《钦定前遗诏圣书·保罗达帖撒罗尼迦人之首书》批注

盖若信耶稣基督已死复活，则从耶稣基督而死亡者，上帝将同之携来也。吾以主命言此，届期主临吾尚存活者，不得先诸死亡者也。因主将凯呼由天降临，共天使魁首之声及上帝之号筒。当时信基督而死者将先复活也。（第4章第14～16节）

批注：保罗证上帝暨基督必临。今验矣。钦此。

《钦定前遗诏圣书·保罗达提阁之书》批注

据我所命，即有无责之人，只娶一妻，子女兼信，而无放荡横逆之名，则可立之也。（第1章第6节）

批注：今上帝圣旨，大员妻不止。钦此。

《钦定前遗诏圣书·圣差保罗寄希伯来人之书》批注

昔亚伯拉罕胜列侯而凯旋，遇撒冷之王，即至上帝之祭主麦居洗德，蒙其祝福。亚伯拉罕将诸物抽十分之一贡之。夫麦居洗德，译名本乃天王，又撒冷之王即太平王。其无父无母，亦无族谱，无始日、无终生，诚如上帝之子，永为祭主也。①（第7章第1～3节）

批注：此麦基洗德就是朕。前在天上，老妈生太兄暨朕辈。朕时知爷将差太兄由亚伯拉罕后裔而生，故朕劳将兵，犒劳、祝福亚伯拉罕。盖亚伯拉罕善人也。爷爷圣旨云"禾王作主救人善"，一以作今日下凡作主之凭据焉。钦此。

但凡祭司，日立服事，屡次设同祭，总不得除罪也。惟基督独设一祭缘罪后，永坐于上帝之右，尚待服诸敌为其脚凳也。故奉一祭，基督永成所为圣之主矣。夫上帝圣神诏证此理，依前所言。主云："当日之后，朕所立之约乃如是。朕将以朕诫刻其意、铭其心。不复记其罪恶矣。"夫罪恶既赦，不用复设祭缘罪也。（第10章第11～18节）

批注：太兄舍身赎罪之祭，方得罪赦。至依律缘罪之祭，原不得罪赦。但太兄非禁人废祭，在子职本当报本酬恩祭神父也。须知。钦此。

---

① 经校勘得知，此段经文已被洪秀全更改："列王"改作"列侯"，"祭司"改作"祭主"，"仁义王"改作"天王"，"平安王"改作"太平王"，"乃是与上帝之子相似"改作"诚如上帝之子"。又，"诚如"原作"成如"，误，校改。

《钦定前遗诏圣书·约翰上书》批注

凡由上帝生者，胜俗世也；且所胜俗世之理，乃我信德也。谁能胜俗世哉？只信耶稣基督乃上帝之子者所能之也矣。此耶稣基督乃以水血而来者，不但以水而已，乃亦以血也，又上帝圣神诏证，因上帝圣神乃真也。在天上帝圣神真神独一，即天父上主皇上帝是其独一也。在地供证者则有三，即神、水、血，此三者归一也。若世人供证我承之，况上帝诏证岂非越大乎？且上帝所证论及其子者，即此乃其诏证也。有信服上帝之子，自内有证也；不信上帝者，则以上帝为谎也，因不信上帝所证及其子之证也。此其证也，即上帝赐我永生，而此生在于其子矣。（第5章第4～11节）

批注：上帝独一至尊。基督是上帝太子，子由父生，原本一体合一，但父自父、子自子，一而二、二而一也。至于①圣灵，东王也。上帝圣旨："边大知瘟脱归灵。"东王是上帝爱子，与太兄暨朕同一老妈所生，在未有天地之先者，三位是父子一脉亲。盖天父上帝是独一真神、独一圣神。上帝曰："除朕外，不可有别神别帝也。"圣神即是上帝也，若另有圣神，则是有别神矣。即圣神风亦是圣神上帝之风，非风是圣神也。风是东王，天上使风者也。圣神自圣神，风自风，一而二，二而一。子由父生，原本一体合一，但父自父、子自子，又合一又分开也。如今上帝下凡降东王，降托东王是圣神。东王本职则是风，劝慰师也。爷知《新约》有错记，故降东王，诏证圣神是上帝，风是东王。又知凡人误认基督即上帝，故上帝降东王，以明神父在是；基督降西王，以明太子在是。父自父，子自子，兄自兄，弟自弟，一而二，二而一，一下凡间而名分定矣。若泥解基督即上帝，则是有别帝矣，使太兄心何安？今太兄下凡，降圣旨教导朕曰："秀全胞弟，尔后来不好称帝，爷方是帝也。"太兄周时说子爷，况朕亲上高天，见过天父多少，见过天妈多少，见过太兄多少，见过太嫂多少，有凭有据正为多，上天下凡总是一样，耳闻不若目见也。钦②此。

《钦定前遗诏圣书·圣人约翰天启之传》批注

故当记念所承听，且守且悔。然若不醒，朕必临汝如贼，但尔不知

---

① "于"字，原脱，校补。
② "钦"字，原脱，校补。

朕临汝之时矣。……朕却必速至，惟尔恒执所有者，免人夺尔冕旒也。然有人获胜，朕将立之为柱于朕父上帝之殿，尚不出外。并在此柱上，朕必刻铭朕父上帝之名与朕父上帝国名，即由朕父上帝自天降下之新也路撒冷即天京，并①朕新名也。（第 3 章第 3、11～12 节）

批注：今太兄至矣。天朝有天父上帝真神殿，又有太兄基督殿，既刻上帝之名与基督之名也。由天父上帝自天降下之新也路②撒冷，今天京是也。验矣。钦此。

然有人获胜，朕必赐之陪坐朕位。如朕获胜，共父坐其位也。（第 3 章第 21 节）

批注：太兄在天，亦诏证有神父上帝在也。钦此。

我看既开第六封印，却地有大震，太阳变黑如毛袋，太阴如血，天星坠地，如无花果树飘飏于风，卸其未熟之果矣。其天去如卷卷，且各山岛移本处，遂世上君长、官宪、富贵、将军、英能、自主、奴仆各等，自匿窝穴山岩，自呼山岩倒压遮己，在殿上之位前，又避神羔之怒。（第 6 章第 12～16 节）

批注：朕是太阳，朕妻太阴，变黑如血，是隐诏降世为人。天将天兵是天星，坠地者，是③隐诏降世诛妖。天去如卷卷，且各山岛移本处，是隐诏天地除旧换新，太平一统，舆图换新。世上长宪自匿窝穴山岩，是隐诏今时蛇兽伏诛，残妖绝灭。今验矣。钦此。

有头管之，即深渊之神使。依希百来话，其名亚巴顿。惟依希腊话音，其名曰亚破利云也。（第 9 章第 11 节）

批注：番音亚巴顿④，即中音阎罗妖也。钦此。

第七位天使吹其号筒，遂天上有大声云："此世万郭已归吾主，亦归基督，其将管理至世世靡既⑤矣。"（第 11 章第 15 节）

---

① "并"字，原脱，校补。
② "路"，原作"露"，误，校改。
③ "是"字，原脱，校补。
④ "亚巴顿"，原作"亚把顿"，误，校改。
⑤ "既"，原作"暨"，误，校改。

批注：今天父上帝、太兄基督下凡，带朕暨幼主作主，万郭已归上帝、基督带朕暨幼主管理，世世靡既①矣。今验矣。钦此。

天上见大兆，有一亚妈身穿太阳，脚下太阴，首戴十二星冕②。既怀孕，则劬劳、号泣，痛以分娩矣。天上亦显别兆，即大红龙，有七首十角，首戴七冕。其尾拖天星三分之一，掷之于地。且其龙立将产妇前，待子生产，就可吞食之。且妈生男儿，将来可以铁杖牧诸异族者，子遂升及上帝殿焉矣。（第12章第1～5节）

批注：太兄暨朕及东王辈，未有天地之先，既蒙天父上帝元配即是天妈肚肠生出。后爷差太兄赎罪，入马利亚③胎成人身。故太兄诏：未有亚伯拉罕，先有太兄。至朕在天上，当拉罕时，朕还颇记得，知爷将差太兄由拉罕后裔而生。故朕下救拉罕，祝福拉罕。那时朕知爷将差朕作主凡间，故朕欲乘势现身下凡作主。后蒙爷命，要入母腹下去凡间。朕那时知蛇魔阎罗妖须作怪，求爷看顾，免被他害。后爷命朕由天上另一位亚妈肚肠而生，以便入世。朕还记得，朕入这位亚妈之胎，爷做有记号，即是穿太阳，以示身内胎生是太阳也。谁知蛇魔阎罗妖亦知得这妈身胎是朕，上帝特差生入世诛灭这蛇者，故蛇欲吞食之，冀占上帝之业。岂知上帝无所不能，生出之儿，蛇不能害。朕今诚实自证，前时麦基洗德是朕，太兄升天后身穿太阳这妈生出之儿亦是朕，故今爷哥下凡带朕作主，专诛灭此蛇也。今蛇兽伏诛，天下太平矣。验矣。钦此。

遂逐出大龙，即其老蛇，亦称魔鬼，即阎罗妖，诱惑全世者，与彼本使被逐落地也。（第12章第9节）

批注：此大红龙即是亚巴顿④、阎罗妖也。钦此。

且我看别位天使飞在天空，而有永存之福音传之地上居民，即诸郭族民音矣。厉声呼曰："敬畏上帝，归之荣光，因主临审之时已至，故当崇拜造天地洋海水源之主矣。"（第14章第6～7节）

批注：今审时既至，故当崇拜上帝。验矣。钦此。

---

① "既"，原作"暨"，误，校改。
② "冕"，原作"冤"，误，校改。
③ "马利亚"，原作"马和亚"，误，校改。
④ "亚巴顿"，原作"亚把顿"，误，校改。

　　另有一位天使由殿堂出，厉声对乘天云者呼曰："可将钩镰而刈禾，因地上之稿已熟，而刈禾之时至矣。"（第 14 章第 15 节）

　　批注：今当禾熟之时，即得救之候。朕是禾王，东王禾乃，禾是比天国良民，禾王、禾乃俱是天国良民之主也。验矣。钦此。

　　又迷惑之魔鬼已投烧炎交硫磺之湖，其兽、伪士所在之处，永受酷刑，昼夜靡既①矣。（第 20 章第 10 节）

　　批注：今蛇兽被天烧烧灭，验矣。钦此。

　　当时我看见②新天新地，因初之天与初之地过去，后未有海，太平矣。我约翰看见圣城新也路撒冷，自上帝来，由天而降，齐备如新娘修饰为丈夫也。我闻天上大声云："上帝之堂今在人间。且上帝偕之住，其将为其民；然上帝偕之在，而为其上帝也。"（第 21 章第 1~3 节）

　　批注：在地如在天，约翰所见是天上大天堂，天上地下一样。新也路撒冷，今天京是也③。上帝、基督下凡，带朕暨幼主作主，创开天朝天堂。上帝天堂今在人间。验矣。钦此。

　　当时其执七瓶，满七末灾。有七天使之一来语我曰："来此也，我将给尔看新娘，即神羔之妻矣。"（第 21 章第 9 节）

　　批注：神羔之妻就是天嫂，朕上天时见过多少。今天嫂亦下凡，呼朕为叔也。钦此。

　　"盖主必速至。今上帝、基督下凡，但凡守此书之预言者福矣。"（第 22 章第 7 节）

　　批注：今上帝暨基督至，何圣徒不知欢喜？亦既征验尔所传之福音，缘何不信此正太兄预诏"朕将来也，如贼不知不觉之时至"？验矣。钦此。

---

　　①　"既"，原作"暨"，误，校改。
　　②　"见"字，原脱，校补。
　　③　"也"字，原脱，校补。

辛酉十一年诏旨 *

（一）万象皆新诏

朕诏和甥、福甥、玕胞、达胞、玉胞、秀胞、恩胞、贤胞、辅胞、璋胞、万侄、天将、掌率、统管、尽管、神策朝将、护京神将、六部、主佐将内外众臣知之：

上帝基督住人间，天地新；
爷哥带朕幼作主，朝廷新；
父子公孙同作主，天国新；
爷妈哥嫂同下凡，天堂新；
太平天日照万方，世界新；
天将天兵齐辅佐，爵职新；
在地如天圣旨行，山海新；
蛇兽伏诛人安妥，臣民新；
一统万年万万年，景瑞新；
风调雨顺天恩广，万象新。钦此。

太平天国辛酉十一年正月初一日

---

* 计16件（含批注、御照），均颁发于太平天国辛酉十一年。第四、第五、第十一、第十二件诏旨的情况，单独加注说明，这里不论。第七、第八、第九件诏旨原抄件，现藏英国公共档案局；天王"御照"原件及其余诏旨原抄件，现藏伦敦英国图书馆东方部。本书据其影印件或排印件辑录，大小标题及序号由编者所加。原抄件为图省便，在抄录下诏时间、受诏人名单时多有省略，格式也有变动。兹酌情加以校改。

（二）爷哥朕幼永作主诏

朕诏和甥、福甥、玕胞、达胞、玉胞、秀胞、恩胞、贤胞、辅胞、璋胞、万侄、天将、掌率、统管、尽管、神策朝将、护京神将、六部、主佐将内外众臣知之：

天父上帝广大恩，太平天日照普天。
爷怒惑蛇降洪雨，恩留仍差哥赎捐。
土木石金妄僭神，无天无父罪该渊；
家船田店妄称主，无哥无日实多愆。
天上真神一上帝，全敬上帝福无边。
神爷太子基督苦，十字架钉十全补。
哥活三日兆洪日，洪日出天来救主。
爷哥下凡天国来，普天爷哥朕幼土。
逾越十四升十三，登极同日排由父。
父子公孙坐天朝，太平一统烧蛇虎。
天霑永约今成行，有天有日照人生。
哥偕圣神并偕火，洪日洪火爷排成。
神爷皇上帝独尊，基督次尊不待声。
爷哥朕幼永作主，齐感禾乃上天城。
东王赎病苦同哥，齐认禾救饥他名。钦此。

万权总是爷哥权，万能总是爷哥能。
前蒙爷恩住朕头，又蒙哥恩出一言，
故能烧灭死蛇兽，双蛇四虎二狗连。
爷哥在朕灭蛇虎，普天铭感爷哥恩。
爷哥出头妖即亡，爷哥山河万万年。
信实爷哥胆自壮，尊敬爷哥天威扬，
倚靠爷哥万兽胜，遵循爷哥灭猖狂，
孝敬爷哥获敌门，报答爷哥天担当，
铭感爷哥建殊功，善体爷哥识东王，
永戴爷哥享永活，长谢爷哥福久长。钦此。
太平天国辛酉十一年正月十三日

（三）改"太平天国"为"上帝天国"诏

朕诏和甥、福甥、玕胞、达胞、玉胞、秀胞、恩胞、贤胞、辅胞、璋胞、万侄、天将、掌率、统管、尽管、神策朝将、护京神将、六部、主佐将内外众臣知之：

> 爷哥朕幼坐天堂，天国太平空中扬。
> 天国万样爷为头，太平一统天山江。
> 今改为上帝天国，普天一体共父皇。
> 自今玺印通改刻，上帝天国更荣光；
> 玉玺改上帝天国，各印仿刻顶爷纲。

朕今诏明：天上地下人间，天父上帝独尊。此开辟以[①]来最大之纲常。朕今细思，上帝、基督下凡带朕幼作主，天朝号为太平天国，虽爷乃太平天帝父，哥乃太平天主兄，到底爷为独尊，全敬上帝，改"太平天国"为"上帝天国"，更合真理。断自今，玉玺内"太平天国"四字，改刻"上帝天国"；凡天朝所封列顶中承爵衔，前刻"太平天国天朝九门御林"十字冠首，通改刻"上帝天国天朝九门御林"；凡诏书各件有"太平天国"四字，通改换"上帝天国"，以正万古孝敬爷之纲常。普天一家，尽归爷哥，世世靡既，永远人间恩和于无尽也。钦哉。

太平天国辛酉十一年正月二十六日

（四）颁布新订涉外规章诏[②]

朕诏诸王、通军大小兵将等暨天国内外众番邦兄弟知之：

真神无所不在，既在天又在地。真神于六日之内，以其万能之手创造天地万物。上帝与基督现已降世。真神为天地万物之首，并已使朕与幼主成为天国之主。

上帝之天国广大无边，完美无疵。

凡敬拜上帝者，俱将进入天堂，形成一统江山，合为天下一家。

---

① "以"字，原脱，校补。
② 原件佚，英国翻译官富礼赐英译件收入《英国议会文书·中国》。罗尔纲、王庆成主编《中国近代史资料丛刊续编·太平天国》第10册为《英国议会文书·中国》选译本，章克生译，夏春涛校。本书据此辑录，译文略有改动。

我等前曾订立三条规章，现再增加三条。真神当初为造成天地山海人物而劳作六日，因此我等亦相应订立六条：

一、彼此一体崇敬天父之恩典与慈爱。

二、完纳关税，以示对天父奉献贡品。

三、敬拜上帝，决不臂助鞑妖。

四、尔等若暂时下碇，不可肆意侵占，造成损害。

五、不可在夜间私自坐船四处游走。

六、不可破坏有关违禁品之各项规定。

如是，除原有各条外，我等又增立六条，合计九条。① 尔等不得我行我素，置爷哥朕幼之旨意于不顾。须知爷哥朕幼以慈祥之荣光普照天下万国，使其彼此协和亲睦万万年。

本诏旨多加刻印，于西方番邦兄弟所在之处广为张贴，俾众知晓。

太平天国辛酉十一年正月二十七日

（五）对艾约瑟牧师一文的批注②

上帝最恼是偶像，爷像不准世人望。

基督暨朕爷亲生，因在父怀故见上。

爷依本像造坦盘，尔们认实亦可谅。

前朕亲见爷圣颜，父子兄弟无惝恍。

爷哥带朕坐天朝，信实可享福万样。钦此。

（六）信实爷哥圣旨诏

朕诏和甥、福甥、玕胞、达胞、玉胞、秀胞、恩胞、雍侄、贤胞、辅胞、璋胞、万侄、天将、掌率、统管、尽管、神策朝将、护京神将、六部、主佐将暨西洋众弟妹、众使徒内外众臣民知之：

---

① 同年二月二十四日诏旨（见本篇第十号诏旨）有"前定六约即二三，三三九约总包括"句，即指此事。

② 洪秀全对艾约瑟《上帝有形为喻无形乃实论》一文的硃批，约写于太平天国辛酉十一年二月中旬。原件现藏伦敦英国图书馆东方部，是罕有的洪秀全存世亲笔原件，弥足珍贵。［美］史景迁（Spence, Jonathan D.）《上帝的中国儿子：洪秀全的太平天国》（*God's Chinese Son：The Taiping Heavenly Kingdom of Hong Xiuquan*. New York and London：W. W. Norton & Company, 1996），收录其影印件。本书据此辑录。

归荣天父方真义，归荣始人焉得义？

归荣上主方真义，归荣己①长焉得义？

归荣上帝方真义，归荣己侯焉得义？

归荣天兄方真义，归荣同僚焉得义？

归荣天国方真义，归荣己邦焉得义？

苦诏普天进窄门，爷哥下凡今处分。

自古人无见上帝，虑人作像陷沉沦。

神父惟神子能识，哥朕识父有耳闻。

二十余人证有父，人少说是合天伦；

二百余人只知兄，人多说是忘父尊。

有父有兄在高天，有天有日照凡缘。

爷哥在天朕真日，同创太平万万年。

太平天日今日是，福音征验久传先。

窄门在爷哥圣旨，信者得救福无边。

不比爷哥未降日，现经火升万万千。钦哉。

天父天兄天王太平天国辛酉十一年二月十七日

（七）爷哥圣旨乃真约诏

朕诏和甥、福甥、玕胞、达胞、玉胞、秀胞、恩胞、雍佺、贤胞、辅胞、璋胞、万佺、天将、掌率、统管、尽管、神策朝将、护京神将、六部、主佐将暨西洋同家众弟妹、众使徒、众臣民知之：

爷哥朕幼坐天国，同世一家同福乐。

同天同日同荣光，同京同朝同锡爵。

开辟爷哥朕山河，坦盘惑蛇遗根恶。

爷降洪雨永约霁，洪日出天早排着。

人必有天有日生，齐遵天教习天学。

坦盘以下天日照，谁知惑蛇有变妖。

天上真神一上帝，僭神僭帝罪难饶。

无天无父该洪雨，无兄无日罪难消。

爷浸留出仍遗赎，太兄替出大功劳。

---

① "己"，原作"巳"，误，校改。下同。

爷差冢子即太子，天兄成太理昭昭。
人无上帝谁生养？坦盘惑蛇故浸亡。
人无基督谁赎罪？视哥如父理本当。
人无东王谁赎病？瘟脱归灵爷旨彰。
灵就是风风劝慰，使风之职是东王。
五旬上帝圣神降，风是东王火太阳。
风火由爷一体出，太兄暨朕真道光。
伪道光兴冒哥朕，普天爷哥朕照临。
哥朕由爷一体出，合一作主久福音。
哥活三日即洪日，隐诏乘荣在于今。
哥钉十架兆十全，登极四旬迹可寻。
爷生哥朕同登极，万样皆排见天心。
爷劳六日圣七日，三子爷共在合一。
三上加七是十全，今时太平即安息。
爷生哥朕实同胞，故今哥朕同登极。
三七二十一真主，爷约天霓今显迹。
天霓即是日弯弯，爷初结约今无失。

朕嘉西洋圣徒功，善体爷心敬太兄。
视子如父理最是，爷哥带朕今乘荣。
爷哥未降依人口，今惟天口圣旨从。
人少说是确真是，有父有兄福无穷。
人多说是欠些别，圣神父子古今同。
今蒙爷哥恩下凡，旧前约外真约添。
爷哥圣旨乃真约，齐遵圣旨莫二三。
同世真主共一家，三人同日苦成甜。
天王有真爷生定，父了公孙同当担。
福音久传为今日，圣徒欢喜莫猜嫌。
爷哥今来无爽约，万方齐认作爷男。
诏颁天下东西洋，咸使闻知。钦哉。
此诏刻多普颁。钦此。
天父天兄天王太平天国辛酉十一年二月十八日

（八）爷哥下凡立真约诏

朕诏和甥、福甥、玕胞、达胞、玉胞、秀胞、恩胞、雍侄、贤胞、辅胞、璋胞、万侄、天将、掌率、统管、尽管、神策朝将、护京神将、六部、主佐将暨西洋同家众弟妹、众使徒、中西一体众臣庶选民知之：

爷曾召子出麦西，明有上帝亲生儿。
空中声云爷爱子，显有上帝可想知。
前驱证圣神临哥，圣神是父复奚疑。
圣神引哥到旷野，圣神是爷更明矣。
哥诏逆圣神无赦，圣神上帝不可欺。
哥云神父识神子，亦惟神子识神父。
可知有父方有兄，况哥坐爷之右手。
若是同一将谁坐？爷乃上主哥救主。
哥明诏父大于子，大辟见主传自古。
爷命哥今日生尔，哥升复命诏清楚。
上帝圣讳爷火华，哥名耶稣命自爷。
士提反证哥立右，父大过子总无差。
若非由上不能害，可知上帝无有他。
哥明说上帝独一，哥不敢僭复何讶。
哥亦明说神独一，圣神上帝即亚爸。
爷诏无别神别帝，神帝独一造天地。
现有创世篇可凭，爷差太兄来救世。
因坦盘①惑想僭神，无天无父罪难赏。
洪雨留出靠哥捐，上帝恩中兼有义。
哥前一人顶起爷，挽爷义怒哥身祭。
若是同一祭谁人？以己②祭己无此情。
哥明认爷遣入世，以己遣己怎分身？
齐知世人忘上帝，故哥作羔敬爷亲。
爷命哥永为祭主，依洗德班祭真神。

---

① "盘"字，原脱，校补。
② "己"，原作"巳"，误，校改。下同。

哥亦祭神祭上帝，有兄无父踵恶根。

将诏①作证胜百家，天酉上天亲见爷。
人无天父从何出，生哥暨朕共老妈。
爷亲教朕读神诗，凭诗认爷今无差。
爷又命哥教朕读，天嫂劝哥悠然些。
哥生三子并二女，朕有一子爷带他。
天上有三十三天，爷哥带朕战层层。
驱逐蛇魔阎罗鬼，即是撒但把人缠。
层层逐他层层落，天将天兵护两边。
朕时战倦中安睡，周围神使护后前。
老妈摘赐生命果，食饱大战嘱叮咛。
那时砍妖三分②二，严将撒但打落地。
爷欢封朕为天王，纸写七字作号记。
爷复遣朕主人间，半天嘱朕放胆去。
凡有烦难爷出头，爷哥戊申既临世。
爷哥降托东西王，循爷哥口罪见赀。
爷哥下凡立真约，上天窄门齐寻着。
爷哥下来尔不认，哥诏临尔在不觉。
哥在爷前不认尔，无信背逆实大错。
何论浸水不浸水，不信定罪哥诏落。
敬哥如爷理本当，但先有父脱根恶。
欲求永福进窄门，循天口生习天学。钦此。
此诏刻多普颁。钦此。
天父天兄天王太平天国辛酉十一年二月十九日

（九）永定印衔诏

朕诏和甥、福甥、玕胞、达胞、玉胞、秀胞、恩胞、雍侄、贤胞、
辅胞、璋胞、万侄、天将、掌率、统管、尽管、神策朝将、护京神将、

---

① "诏"，原作"绍"，误，校改。
② "分"，原作"份"，误，校改。

六部、主佐将内外众臣知之：

> 爷哥朕幼坐天堂，永定印衔永荣光。
> 前诏自东至豫印，俱刻某军属某王。
> 朕今深褒甥胞功，顶天扶朝慰父皇。
> 但统某军似卑小，今诏交权管万邦。
> 自今东西至豫印，通刻顶天扶朝纲。
> 某军等字俱除去，换刻五字世袭长。

朕今降诏，永定印衔。自今，东印刻云：天父天兄天王太平天国传天父上主皇上帝真神真圣旨圣神上帝之风雷劝慰师后师左辅正军师顶天扶朝纲东王杨秀清

西印刻云：天父天兄天王太平天国传救世主天兄基督太子圣旨圣神上帝之雨电右弼又正军师顶天扶朝纲西王萧朝贵

长兄印刻云：天父天兄天王太平天国顶天扶朝纲王长兄洪仁发

巨王印刻云：天父天兄天王太平天国顶天扶朝纲巨王洪和元

长王印刻云：天父天兄天王太平天国顶天扶朝纲长王洪瑞元

次兄印刻云：天父天兄天王太平天国顶天扶朝纲王次兄洪仁达

次王印刻云：天父天兄天王太平天国顶天扶朝纲次王洪锦元

天四驸马印刻云：天父天兄天王太平天国顶天扶朝纲天四驸马黄栋梁

天西驸马印刻云：天父天兄天王太平天国顶天扶朝纲天西驸马黄文胜[1]

西王父印刻云：天父天兄天王太平天国顶天扶朝纲西王父蒋万兴

南王印刻云：天父天兄天王太平天国前导副军师顶天扶朝纲南王冯云山

玕胞印刻云：天父天兄天王太平天国精忠军师顶天扶朝纲干王洪仁玕

达胞印刻云：天父天兄天王太平天国公忠军师顶天扶朝纲翼王石达开

玉胞印刻云：天父天兄天王太平天国顶天扶朝纲英王陈玉成

秀胞印刻云：天父天兄天王太平天国顶天扶朝纲忠王李秀成

恩胞印刻云：天父天兄天王太平天国顶天扶朝纲赞王蒙得恩

---

[1] "文胜"二字模糊不可辨识，据同年四月二十七日天王诏旨校补。

贤胞印刻云：天父天兄天王太平天国顶天扶朝纲侍王李世贤
辅胞印刻云：天父天兄天王太平天国顶天扶朝纲辅王杨辅清
璋胞印刻云：天父天兄天王太平天国顶天扶朝纲章王林绍璋
豫王印刻云：天父天兄天王太平天国顶天扶朝纲豫王胡以晃

　　交权甥胞管万邦，见军听令听朕样；
　　灭妖凯回襄朝政，子孙世袭报父皇。
　　替朕调拨交玉胞，业颁诏旗印八方；
　　疆土广开胞回福，另令节钺征边疆。
　　执六合印率征剿，各军听令扶山江。
　　掌率六部统众将，同听甥胞实力襄。
　　天将居胞下官上，协同掌部辅朝纲。
　　随队事毕归原任，万权合一听东王。
　　官印十字仿甥胞，中西一体福天堂。
　　同世朕幼共一家，有天有日福久长。钦哉。

　　此诏刻多普颁。钦此。
　　再诏：传出东印、南印各一颗，传典金官、典印官遵今诏换刻缴
回。钦此。
　　金颈钏二。一金牌内换刻云"顶天扶朝纲东王"，一金牌内换刻云
"顶天扶朝纲南王"。钦此。
　　天父天兄天王太平天国辛酉十一年二月二十一日

（十）同世一家诏

　　朕诏和甥、福甥、玕胞、达胞、玉胞、秀胞、恩胞、雍侄、贤胞、
辅胞、璋胞、万侄、天将、掌率、统管、尽管、神策朝将、护京神将、
六部、主佐将暨西洋同家众弟妹、众使徒、中西一体众臣庶选民知之：

　　爷排天国在中华，中国原来天国家，
　　故此中华名爷讳，爷未降前既属爷。
　　胡妖入窃爷天国，爷故命朕来诛他。
　　物非他有怎界人？无天无日罪同蛇。
　　上帝基督带作主，既斩蛇虎狗妖邪。
　　爷哥降带坐江山，同世一家奏凯还。
　　朕乃真三中一直，一直不出在中间。

朕名乃羊人不出，全人安妥诏早颁。
朕乃天王羊不出，朕乃人王主尘寰。

今蒙爷哥除人害，得见天日鉴坦盘。
齐遵九约六不杀，奸掠妄杀被永罚。
前定六约即二三，三三九约总包括。
三三二三莫二三，三人同日诛狗鞑。
同世皆三子爷人，同天同日享永活。
中西永远和约章，太平一统疆土阔。

诏颁普天，咸使闻知。钦哉。
天父天兄天王太平天国辛酉十一年二月二十四日

（十一）高官实行多妻制诏①

朕以往曾就婚配制度颁发诏旨。顷于西王、南王遵循天父圣旨之后，朕特谕令西王可娶王娘 11 名，南王可娶 6 名。至于低品级官员，对此绝无置喙强辩之余地。天国连同域外诸国某等居民，则享有娶妻二三名之荣幸。

朕原先遵循天父之圣旨。目下，朕特恩准东王、西王各娶王娘 11 名；自南王以下至沃王，可娶王娘 6 名；高官得娶贞人 3 名；中级官员得娶贞人 2 名；而低级官员则与四民等同，只能遵从一夫一妻之通例。

切勿为此心怀嫉妒。天父当初创造亚当，并使其与夏娃结为夫妻。自有生灵以来，此种一夫一妻成家立业之婚姻制度，诚属理所当然。如今天父降旨，对上述诸王与高官应准许其婚娶多名。天父天兄降临世间，朕蒙恩获准颁布此诏，宣布增加各王暨高官娶妻之数额。

朕奉天父圣旨，被授予种种权利，增加或减少恩准诸王暨高官婚娶之人数。

凡敬拜上帝之信徒，同属一家。从今以后，所有信徒务须遵守朕之谕令。

娶妻之数额，务须按爵职之高下定其多寡。此乃朕就夫妻关系所颁

---

① 原件佚，富礼赐英译件收入《英国议会文书·中国》。本书据《中国近代史资料丛刊续编·太平天国》第 10 册之回译件辑录，译文略有改动。富礼赐谈在天京观感的报告写于 1861 年 5 月 2 日（天历辛酉十一年三月二十二日），故洪秀全该诏应是在此前不久颁布。

诏旨也。

　　朕之长次兄，连同干王、翼王、英王、忠王、赞王、侍王、辅王、章王、沃王，无论何人，凡所娶王娘之数未满 6 人者，着即于朕寿诞之前自行择偶，并着各级官员于朕寿诞之日迎娶未满数额之配偶。

　　凡在本诏未颁之前，其妻室已超过钦定数额或娶妻一名以上者，朕姑且不予追究。钦此。

（十二）赐罗孝全诏①

　　朕诏通事官领袖、接天义罗孝全暨西洋同家同一父母哥嫂众弟妹、众使徒、众臣民等知之：

　　　　人论无定天论定，上帝基督圣旨明。
　　　　饭养不生循天生②，爷哥下凡主断真。
　　　　约书不好些当去，僭皇称帝逆爷亲，
　　　　父女妹嫂不可训，弟夺兄嘏悖天情；
　　　　基督乃主言乃诏，不是尔我这等称。

　　　　朕来乃是成约书，征验福者在斯乎。
　　　　天国迩来今真来，哥至如贼确不诬。
　　　　在地如天圣旨行，三即是洪认得无？
　　　　父子公孙非两主，统归上帝转天都。
　　　　接幼如接爷哥朕③，哥今更劳召使行。

　　　　浸水虽义火更义，人火以火必经试。
　　　　哥偕圣神火俱临，爷哥朕幼同御世。
　　　　信爷及朕更信哥，坚耐加信终须记。
　　　　天国由小起非国，认哥芥种这等喻。
　　　　天国捉一又释一，哥来使刀今日是。

---

　　①　洪秀全赐罗孝全牧师诏，原件藏罗孝全后人处，系黄绢书写，时间不详。罗尔纲、王庆成主编《中国近代史资料丛刊续编·太平天国》第 3 册收有该诏排印件，放在辛酉年三月二十二日天王御照之前。本书据此辑录。

　　②　"生"字，排印件原缺，校补。

　　③　"哥朕"二字，排印件原缺，校补。

孝全认得尔主、尔神、尔爷、尔哥来否？西洋同家人暨众圣徒认得尔主、尔神、尔爷、尔妈、尔哥、尔基督、尔先师、尔太嫂来否？天上地下，有天国、天京、天朝、天堂。上帝天国、天堂降临人间，举世尽归爷哥，其国靡既。醒否？信否？心静有福，福至心灵，醒信福祉矣！朕愿天父上帝暨太兄基督时常眷庇，祝福尔们永平安焉。好醒矣！好信矣！基督圣旨云："在人前不认朕者，朕在天父之前亦不认他也。"天父上帝海底量，今认得爷哥仍未迟也。

孝全、西洋同家人，认得朕心否？朕今钦赐各项诏书，尔等细认，朕诚上天否？上帝圣旨："尔们认得禾救饥，乃念日头好上天。"醒否？信否？醒信福祉矣！忠上加忠，义上加义，将再见尤大之情矣。福祉靡既矣！钦哉。

（十三）关于英人雅龄求见之御照①

赞嗣君暨二天将、五天将奏为洋官雅龄欲请朝觐圣颜，虔肃本章代为请旨遵行事。

天王御照：

雅龄欲觐果有心，普天爷哥朕照临。

传朕旨意安慰他，同世一家久福音。

爷哥下凡太平日，万方信实福弥深。

一体恩和万万载，齐脱恶根继自今。

爷哥朕幼永作主，同天同日贵如金。钦此。

天父天兄天王太平天国辛酉十一年三月二十二日

（十四）爷哥朕幼坐朝廷诏

朕诏天佑子侄、和甥、福甥、和元侄、利元侄、科元侄、瑞元侄、锦元侄、栋梁婿、文胜婿、万兴亲、玕胞、葵元侄、达胞、玉胞、秀胞、雍侄、贤胞、辅胞、璋胞、万侄、天将、掌率、统管、尽管、神策

---

① 御照正文系黄缎硃书；以"赞嗣君"起头的一行字系小字墨书。《钦定敬避字样》就"御照"诠释道："本章尾御批，圣诏为真圣主太阳所照见者也。"据王庆成研究员考释，"御照"是太平天国独创的一种文书体裁，是天王亲撰对臣下奏章的批答，但又不是亲笔，有别于通常的诏旨和硃批。

朝将、护京神将、神使、六部、主佐将暨普天大下同世一家所有众臣民
知之：

　　爷哥朕幼坐朝廷，开辟官兵天官兵。
　　开辟爷哥朕天国，天日总号是太平。
　　坦盘惑蛇想自尊，爷故雨洪沉自称。
　　爷复约霽露天意，哥活以三洪日真。
　　三子爷共同作主，上帝基督下凡尘。
　　天酉朕蒙接上天，上帝亲子迹显然。
　　基督亲胞齐可悟，老妈太嫂降凡缘。
　　朕妻朕子爷妈带，麦基洗德实朕全。
　　三月三十爷圣旨，开辟见人扶莫偏。
　　扶朕幼乃扶爷哥，父子公孙同显权。
　　戊申爷哥同下凡，带朕暨幼大当担。
　　上帝亲子迹越见，父兄君王共为三。
　　基督亲胞哥故降，三人同日苦成甜。
　　开辟尽三子爷人，同世一家莫猜嫌。
　　同父同兄同日照，遵天遵主到处裁。
　　一条心对天对主，何愁残妖不易歼。
　　遵圣旨自获敌门，开辟爷哥朕幼君。
　　遵父兄君万战胜，公草忠草易成勋。
　　开辟爷哥朕天国，眼见天日主乾坤。
　　齐鉴恶根莫为私，同天同日脱沉沦。
　　得上高天甜永远，普天万方有耳闻。

诏颁天下，咸体朕意。钦哉。
此诏刻多普颁。钦此。
天父天兄天王太平天国辛酉十一年四月二十七日

（十五）爷哥朕幼同坐天国诏

　　朕诏天佑子侄、和甥、福甥、和元侄、利元侄、科元侄、瑞元侄、
锦元侄、栋梁婿、文胜婿、万兴亲、玕胞、葵元侄、达胞、玉胞、秀
胞、雍侄、贤胞、辅胞、璋胞、万侄、天将、掌率、统管、尽管、神策
朝将、护京神将、神使、六部、主佐将暨普天大下同世一家所有众臣民

知之：

爷哥朕幼，父子公孙，同坐天国，开辟既定。太平天日，照世行作。坦盘惑蛇，叛天叛日。雨洪约霅，爷哥下凡，带朕暨幼，诛灭凶恶。前未正号大称，畜生犹可支吾；天父天兄天王天国，畜生该落。从前畜生扰害人间，天量如海；今时太平天日普照万方万郭，爷哥层叠显圣。一齐信天顶天，畜生绝灭是定，齐当坚耐踊跃。

正十五，三十一，爷爷出头显神迹。二月间，二十四，爷哥同显真天日。三月二，哥出头，一言要遵哥诏悉。三三十，爷大恩，无人不扶自开辟。五月一，西王劳，凯回贡钏朕欢极。五月五，爷出头，朕觐爷颜欢依膝。熊万泉，进鹦鹉，能言圣旨瑞祥吉：亚父山河，永永崽坐，永永阔阔扶崽坐。鹦鹉所讲，上帝圣旨，诏称瑞鸟爷恩赐。哥诏排定，显迹宫中，于今应验露秘密。天父上帝，太兄基督，同下凡间征验福。爷降东王，哥降西王，乃贪世人食天禄。东、西既升，时常带兵，任妖飞变总落狱。爷降圣旨"太平江山万万年"，全敬上帝爷前嘱。前时哥诏"妖想威风任飞先"，难走手下诏可读。爷前明诏"真神能造山河海"，信实天父自得赎。哥前恩诏"诛灭畜生来救人"，普天万方信基督。天父天国，天兄天国，遵天遵日将妖逐；任妖万飞，任妖万变，天要诛他一锅熟。齐齐坚耐，齐齐踊跃，同顶纲常同手足。

诏颁普天，咸使闻知。钦哉。

天父天兄天王太平天国辛酉十一年五月初九日

（十六）万国来朝及敬避字样诏

朕诏天佑子侄、和甥、福甥、和元侄、利元侄、科元侄、瑞元侄、现元侄、瑭元侄、锦元侄、钰元侄、钊元侄、栋梁婿、文胜婿、万兴亲、玕胞、葵元侄、达胞、玉胞、秀胞、雍侄、贤胞、辅胞、璋胞、万侄、天将、掌率、统管、尽管、神策朝将、护京神将、神使、六部、主佐将暨普天大下同世一家所有众臣民知之：

爷哥朕幼坐天堂，永普照万方万洋。
本月十一五更候，朕时亲身觐父皇。
十五四更朕亲征，朕同幼主暨东王。
朕嘱幼主大放胆，万有爷爹不用慌。
东王奏兵交妹夫，杀妖灭鬼有伊当。

五更朕又正月宫，闻天有声在梦中。
天上有声如此云，"尔请天王宽心胸，
天下太平漫漫来"，就见太平天堂通，
有日南片天门开，合紧大战永光荣。
又见朕幼坐殿回，朕顶欢喜乐融融，
诏言天下永太平，普天万方朝父兄。
长兄奏万郭来朝，住满天京盈亲宗。

上帝圣讳爷火华，中华等字一直加，
避称炎燒夥伙字，全敬上帝灭妖邪。
天兄基督讳耶稣，基督尊号僭称差；
耶避称也乎哉字，酥避称苏甦亦嘉。
幼主名洪天贵福，见福加点锦添花，
桂福省改桂福省，普天一体共爷妈。
古今前后爷独一，凡是父辈避称爹。
诏颁普天，咸使闻知。钦哉。
天父天兄天王太平天国辛酉十一年五月十六日

辛酉十一年幼主诏旨[*]

（一）添设御林兵护守京都诏

奉天爷、天爹暨爹命，朕诏和表、福表、玕叔、达叔、玉叔、秀叔、恩叔、贤叔、辅叔、璋叔、万弟、天将、掌率、统管、尽管、神策朝将、护京神将、六部、主佐将内外众臣知之：

爷爹爹朕坐天堂，根本重地固金汤。

万郭来朝归一统，添设御林兵应当。

有事同心勤戮力，驱除小丑天威扬。

三丁抽一五抽二，挑选能汉紧一方。

朕思京都为根本重地，蒙爷哥大显权能，残妖扫灭净尽，但思患预防，护守总要严密。现今朝内精壮官兵多众，固足为京都保障，惟城垣广大，延府阁楼第衙兵士，所居远近不一，一时调遣些少灵便。今特诏明，凡在京内官兵，无论延府阁楼第衙，悉听表们斟酌挑选，择其精壮者，三抽一，五抽二，拨为御林兵，照旧设立军、师、旅、卒、两，交护京正副主将统带，择出兵便宜之地安置团处，加粮优恤，以示鼓励。如有不遵抽拨，即以违诏议究。表们见诏，实力奉行，顶起爷爹爹朕江山万万年也。钦此。

太平天国辛酉十一年正月二十日

---

* 首件诏旨为原抄件（竹纸本），第二件诏旨为原件，现藏伦敦英国图书馆东方部。本书分别据王庆成编注《影印太平天国文献十二种》所收影印件、《太平天国文书汇编》所收排印件辑录，大小标题及序号均为编者所加。

（二）父子公孙永作主诏

奉天爷、天爹暨爹命，朕诏和表、福表、玕叔、达叔、玉叔、秀叔、恩叔、贤叔、辅叔、璋叔、万弟、天将、掌率、统管、尽管、神策朝将、护京神将、六部、主佐将内外众臣知之：

爷爹爹朕开辟君，信实认真脱沉沦。

爷浸洪雨结霳约，预诏洪日主乾坤。

霳现雨止是何故？爷生爹弯照臣勋。

遵天遵日何至浸？父兄君口是窄门。

齐遵天命享天福，归荣父兄君永存。

天国天朝天官兵，官多且高历诏明。

父兄君大体就大，古前今后尽是臣。

父兄君王众元首，齐戴天日扶朝廷。

爷今践约齐遵约，认禾救饥就太平。

父子公孙永作主，万方真草敬真神。钦此。

诏刻多普颁。钦此。

天父天兄天王太平天国辛酉十一年六月二十八日

切忌私藏财物、压迫人民诏 [*]

今兹天朝失去光荣，妖魔助其仇敌，必因各人奸邪行恶、不守正道之故。只有朕个人在宫内祈祷成功是没用的，因为吾人离开真理，不守天父之教，失败与灾难是其结果。尔等奉令献出一切私人财物于圣库，但尔等留为己有；尔等奉令赦免被征服者，对所占各城邑之人民勿事压迫，然尔等并不遵行。看看今之结果如何！

自今以后，各宜悔改，勿待更大的灾祸降临。人人当奋勇与敌人及其番鬼盟军作战。务须恪遵朕之诏命，勿惧妖魔奸谋，奋勇作战，以至得到天下太平，大业成功。

---

　*　原件佚，下诏时间不详，应在太平天国癸开十三年（清同治二年癸亥，1863年）上半年或稍前。其英译件刊载于《北华捷报》第676号（1863年7月11日）。简又文先生据英文回译。本书据简又文《太平天国全史》（全3册，香港简氏猛进书屋，1962）第2135页回译件辑录，对标点略有改动。标题由编者所加。

附录一　天条书*

　　天下凡间，谁人不犯天条？但从前不知，犹可解说。今皇上帝恩诏既颁，自今以后，凡晓得在皇上帝面前悔罪，不拜邪神、不行邪事、不犯天条者，准上天堂享福，千年万万载风流快活威风无了期。凡不晓得在皇上帝面前悔罪，仍拜邪神、仍行邪事、仍犯天条者，定罚落地狱受苦，千年万万载忧烦苦楚哀痛无了期。孰得孰失，请自思之。天下凡间我们兄弟姊妹，可不醒哉！若终不醒，则真生贱矣，真鬼迷矣，真有福不知享矣。千年万万载在天上风流快活威风，如此大福都不愿享，情愿受反天之罪，致惹皇上帝义怒，罚落十八重地狱永受苦矣。哀哉！

　　今有被魔鬼迷蒙心肠者，动说君狂方拜得皇上帝。皇上帝，天下凡间大共之父也，君狂是其能子，善正是其肖子，庶民是其愚子，强暴是其顽子。如谓君狂方拜得皇上帝，且问家中父母难道单是长子方孝顺得父母乎？曷不观三代时，商汤始为诸侯，皇上帝是祗；周文为西伯，昭事皇上帝。他二人非是既为君狂方拜皇上帝也。信如君狂方拜得皇上帝，难道商汤、周文都拜得不是乎？果商汤、周文拜得不是，缘何皇上帝看顾商汤，命商汤由侯而狂，作式法于九围？皇上帝又看顾周文，命周文当身为西伯，三分天下有其二，至其子周武遂得天下乎？

　　又有妄说拜皇上帝是从番。不知中国有鉴史可考，自盘古至三代，君民皆敬拜皇上帝。藉使三代时君民不是敬拜皇上帝，缘何《大学》有

---

　　* 太平天国壬子二年新刻，定都后又推出重刻本。两相比较，重刻本删除了原先称引儒家典籍和古圣前贤的文字，篇幅相应减少。本书仅收初刻本，以影印本《太平天国印书》为底本（原刻本现藏德国国家图书馆），以太平天国手写本（现存中国国家博物馆，《中国近代史资料丛刊续编·太平天国》据此辑入）为校本。

"《诗》云'殷之未丧师，克配皇上帝'"，《孟子》又有"《书》曰'天降下民，作之君，作之师，惟其克相，皇上帝宠绥四方。虽有恶人，斋戒沐浴，则可以祀皇上帝'"，《诗经》又有"惟此文狂，小心翼翼，昭事皇上帝，聿怀多福，皇矣上帝，临下有赫。帝谓文狂，予怀明德，皇上帝临尔，无贰尔心，汤降不迟，正敬日跻，昭格迟迟，皇上帝是祗，帝命式于九围"，《书经》又有"予畏皇上帝，不敢不正。皇上帝弗顺，祝降时丧，敢祗承皇上帝，以遏乱略。惟皇上帝不常，作善降之百祥，作不善降之百殃"，《易经》又有"先代以作乐崇德，殷荐之皇上帝乎"？今据说是从番，难道周武敢祗承皇上帝，周文昭事皇上帝，商汤皇上帝是祗，颛顼敬事皇上帝，尽是从番乎？盖拜皇上帝这条大路，考中国、番国鉴史，当初几千年，中国、番国俱是同行这条大路。但西洋各番国行这条大路到底；中国行这条大路到秦汉以下，则差入鬼路，致被阎罗妖所捉。故今皇上帝哀怜世人，大伸能手，救世人脱魔鬼之手，挽世人回头，复行转当初这条大路，生前不至受鬼气，死后不至被鬼捉，得上天堂享永福。此乃皇上帝格外恩怜，莫大之恩典也。不醒者反说是从番，何其被魔鬼迷蒙本心之甚也！孟轲云"夫道一而已矣"，世人有能知道一者乎？便能知中国、番国皆当同行当初这条大路矣。

解罪规矩

当天跪下求皇上帝赦罪，或用口祷，或用疏奏。祷告毕，或用面盆水周身洗净，在江河浸洗更妙。解罪后，朝晚要拜皇上帝，求皇上帝看顾，赐圣神风化心；食饭要谢皇上帝；七日礼拜颂赞皇上帝恩德。时时遵守十款天条，切不可拜世间一切邪神，尤不可行世间一切邪事。如是则成皇上帝子女，生前皇上帝看顾，死后灵魂升天堂，永远在天上享福。天下凡间，不论中国番国、男人妇人，总要如是，方升得天堂。

悔罪奏章

小子○○○小女○○○跪在地下，真心悔罪，祈祷天父皇上帝格外恩怜，赦从前无知屡犯天条，恳求天父皇上帝开恩，准赦前愆，准改过自新，魂得升天。自今真心悔改，不拜邪神，不行邪事，遵守天条，恳求天父皇上帝时赐圣神风化恶心，永不准妖魔迷蒙；时时看顾，永不准妖魔侵害。日日有衣有食，无灾无难，今世见平安，升天见永福。托救世主天兄耶稣赎罪功劳，转求天父皇上帝在天圣旨成行，在地如在天焉。俯准所求，心诚所愿。

朝晚拜上帝

小子〇〇〇小女〇〇〇跪在地下，祈祷天父皇上帝恩怜救护，时赐圣神风、化恶心，永不准妖魔迷蒙；时时看顾，永不准妖魔侵害。托救世主天兄耶稣赎罪功劳，转求天父皇上帝在天圣旨成行，在地如在天焉。俯准所求，心诚所愿。

食饭谢上帝

感谢天父皇上帝，祝福日日有衣有食，无灾无难，魂得升天。

灾病求上帝

小子〇〇〇小女〇〇〇跪在地下，祈祷天父皇上帝。今有小子〇〇〇小女〇〇〇现有灾病，恳求天父皇上帝恩怜救护，灾病速退，身体复安。倘有妖魔侵害，恳求天父皇上帝大发天威，严将妖魔诛灭。托救世主天兄耶稣赎罪功劳，转求天父皇上帝在天圣旨成行，在地如在天焉。俯准所求，心诚所愿。

凡生日、满月、迎亲嫁娶一切吉事，俱用牲醴茶饭祭告皇上帝。其奏章曰：

小子〇〇〇小女〇〇〇跪在地下，祷告天父皇上帝。今有小子〇〇〇小女〇〇〇生日、满月、迎亲嫁娶等事，虔具牲醴茶饭敬奉天父皇上帝，恳求天父皇上帝祝福小子〇〇〇小女〇〇〇家中吉庆，万事胜意。托救世主天兄耶稣赎罪功劳，转求天父皇上帝在天圣旨成行，在地如在天焉。俯准所求，心诚所愿。

凡作灶、做屋堆石动土等事，俱用牲醴茶饭祭告皇上帝。其奏章曰：

小子〇〇〇小女〇〇〇跪在地下，祷告天父皇上帝。今有小子〇〇〇小女〇〇〇作灶、做屋堆石动土等事，虔具牲醴茶饭祭告天父皇上帝，恳求天父皇上帝看顾扶持，小子○○○小女○○○家中大小个个安康，百无禁忌，怪魔遁藏，万事胜意，大吉大昌。托救世主天兄耶稣赎罪功劳，转求天父皇上帝在天圣旨成行，在地如在天焉。俯准所求，心诚所愿。

临兴工时，大声唱曰："奉上主皇上帝命，奉救世主耶稣命，奉天王大道君王全命，百无禁忌，怪魔遁藏，万事胜意，大吉大昌。"

丧事不可作南无，大殓、成服、还山俱用牲醴茶饭祭告皇上帝。其奏章曰：

小子○○○小女○○○跪在地下，祷告天父皇上帝。今有小灵魂○○○在某月某日某时去世，今当大殓、成服、还山，虔具牲醴茶饭敬奉天父皇上帝，恳求天父皇上帝开恩，准小灵魂○○○得上天堂，得享天父皇上帝大福。又恳求天父皇上帝看顾扶持小子○○○小女○○○家中大小个个安康，百无禁忌，怪魔遁藏，万事胜意，大吉大昌。托救世主天兄耶稣赎罪功劳，转求天父皇上帝在天圣旨成行，在地如在天焉。俯准所求，心诚所愿。

临盖棺、成服、还山、下柩时，大声唱曰："奉上主皇上帝命，奉救世主耶稣命，奉天王大道君王全命，百无禁忌，怪魔遁藏，万事胜意，大吉大昌。"

七日礼拜，颂赞皇上帝恩德
每逢虚、房、星、昴四宿日，是礼拜日

赞美上帝为天圣父，
赞美耶稣为救世圣主，
赞美圣神风为圣灵，
赞美三位为合一真神。
真道岂与世道相同，
能救人灵享福无穷。
智者踊跃接之为福，
愚者醒悟天堂路通。
天父鸿恩广大无边，
不惜太子遣降凡间，

捐命代赎吾侪罪孽，

人知悔改魂得升天。

时时遵守十款天条
十款天条是皇上帝所设

第一天条崇拜皇上帝　皇上帝为天下万国大共之父，人人是其所生所养，人人是其保佑，人人皆当朝晚敬拜，酬谢其恩。俗语云"天生天养天保佑"，又俗语云"得食莫瞒天"，故凡不拜皇上帝者，是犯天条。

诗曰：皇天上帝是真神，朝朝夕拜自超升。天条十款当深记，切勿痴呆昧性真。

第二天条不好拜邪神　皇上帝曰："除我外，不可有别神也。"故皇上帝以外皆是邪神，迷惑害累世人者，断不可拜。凡拜一切邪神者，是犯天条。

诗曰：邪魔最易惑人灵，错信终为地狱身。劝尔豪雄当醒悟，堂堂天父急相亲。

第三天条不好妄题皇上帝之名　皇上帝本名爷火华，世人不可妄题。凡妄题皇上帝之名及咒骂天者，是犯天条。

诗曰：巍巍天父极尊崇，犯分干名鲜克终。真道未知须醒悟，轻狂亵渎罪无穷。

第四天条七日礼拜颂赞皇上帝恩德　皇上帝当初六日造成天地山海人物，第七日完工，名安息日。故世人享皇上帝之福，每七日要分外虔敬礼拜，颂赞皇上帝恩德。

诗曰：世间享福尽由天，颂德歌功理固然。朝夕饔飧须感谢，还期七日拜尤虔。

第五天条孝顺父母　皇上帝曰："孝顺父母，则可遐龄。"凡忤逆父母者，是犯天条。

诗曰：大孝终身记有虞，双亲底豫笑欢娱。昊天罔极宜深报，不负生前七尺躯。

第六天条不好杀人害人　杀人即是杀自己，害人即是害自己。凡杀人害人者，是犯天条。

诗曰：天下一家尽兄弟，奚容残杀害群生。成形赋性皆天授，各自相安享太平。

第七天条不好奸邪淫乱　天下多男人，尽是兄弟之辈；天下多女子，尽皆姊妹之群。天堂子女，男有男行，女有女行，不得混杂。凡男人女人奸淫者，名为"变怪"，最大犯天条。即丢邪眼、起邪心向人，及吹洋烟、唱邪歌，皆是犯天条。

诗曰：邪淫最是恶之魁，变怪成妖甚可哀。欲享天堂真实福，须从克己苦修来。

第八天条不好偷窃劫抢　贫穷、富贵皆皇上帝排定。凡偷窃人物、劫抢人物者，是犯天条。

诗曰：安贫守分不宜偷，劫抢横行最下流。暴害人民还自害，英雄何不早回头。

第九天条不好讲谎话　凡讲谎诞、鬼怪、奸诈之话，及讲一切粗言烂话者，是犯天条。

诗曰：谎言怪语切宜捐，诡谲横生获罪天。口孽既多终自受，不如慎密正心田。

第十天条不好起贪心　凡见人妻女好便贪人妻女，见人物产好便贪人物产，及赌博、买票、围姓，皆是犯天条。

诗曰：为人切莫起贪心，欲海牵缠祸实深。西奈山前垂诰诫，天条款款烈于今。

回心信实天父皇上帝终有福，硬颈叛逆天父皇上帝总有哭。

遵天条，拜真神，分手时天堂易上；

泥地俗，信魔鬼，尽头处地狱难逃。

溺信邪神即为邪神卒奴，生时惹鬼所缠，死时被鬼所捉；

敬拜上帝便是上帝子女，来处从天而降，去处向天而升。

上帝有主张，尔们切莫慌。真心多凭据，方可上天堂。

真心敬上帝，莫信怪人诳。凡情丢却尽，方得上天堂。

天上真神一上帝，凡人行错总无知。泥团木石将头磕，问尔灵心失几时？

从天妄说是从番，真正凡人蠢且顽。试看汤文钦帝谓，英雄速破鬼门关。

顺天获福逆天亡，何故世人论短长。看尔原非菩萨子，缘何不愿转天堂？

附录二　幼学诗[*]

敬上帝

真神皇上帝，万国尽尊崇；
世上多男女，朝朝夕拜同。

其二

俯仰随观察，都沾上帝恩；
当初才六日，万样造齐全。

其三

有割与无割①，谁非上帝生；
天恩虔答谢，永远得光荣。

敬耶稣

耶稣为太子，上帝遣当年；
赎罪甘捐命，功劳认实先。

＊ 太平天国辛开元年刊刻，次年重刻，但内容没有改动。本书所收为重刻本，据影印本《太平天国印书》辑录。原刻本现藏上海图书馆。

① "割"，指犹太教割礼，即割去男性生殖器的包皮。据《旧约·创世记》第17章记载，凡是亚伯拉罕的后裔，男婴在降生后第八天必须行割礼，以此作为上帝与以色列人立约的证据。

其二

十字架难当，愁云暗太阳；
天堂尊贵子，代尔世人亡。

其三

苏后复升天，煌荣握万权；
吾侪知倚靠，得救上高天。

敬肉亲

积谷防饥日，养儿待老时；
孝亲生孝子，报答十分奇。

其二

且问己本身，何由得长成；
天条遵第五，爵禄降天廷①。

朝廷

天朝严肃地，咫尺凛天威；
生杀由天子，诸官莫得违。

君道

一人首出正，万国定咸宁；
王独操威柄，谗邪遁九渊。

臣道

主正臣乃直，君明臣自良；
伊周堪作式，秉正辅朝纲。

家道

家庭亲骨肉，欢乐且融融；

---

① "天廷"，原作"天庭"，误，校改。

和气成团一，祯祥降九重。

父道

栋正下无歪，端严道自裁；
子心休使怨，满室遍和谐。

母道

为母莫心偏，慈和教子贤；
母仪堪媳学，福气达高天。

子道

子道刑于妻，顺亲分本宜；
妇言终莫听，骨肉自无离。

媳道

嫁出为人媳，和柔道自图；
莫同妯娌辈，嘈闹激翁姑。

兄道

为兄教导弟，念切是同胞；
弟有些许①错，含容量且饶。

弟道

长幼天排定，从兄道在恭；
弟明天显则，福禄自来崇。

姊道

姊当教弟妹，炼好转天堂；
有故归宁日，团圆嘱短长。

妹道

细妹遵兄姊，和情莫逞高；

---

① "些许"，原作"些须"，误，校改。

小心勤炼正，遵守十天条。

夫道

夫道本于刚，爱妻要有方；
河东狮子吼，切莫胆惊慌。

妻道

妻道在三从，无违尔夫主；
牝鸡若司晨，自求家道苦。

嫂道

为嫂道何如，思量法最宜；
欢心和叔婶，谁至有差池。

婶道

婶敬嫂如何，谦卑重长哥；
万般都让嫂，胜比瑟琴和。

男道

人各有其偶，伦常在把持；
乾刚严位外，道在避嫌疑。

女道

女道总宜贞，男人近不应；
幽闲端位内，从此兆祥祯。

亲戚

亲戚宿姻缘，分排总在天；
情长江上水，来往且连绵。

心箴

一身谁管辖，上帝赋通灵；
心正能真宰，官骸自顺承。

目箴

群邪先诱目，目正自无牵；
人子端凝立，身光耀九天。

耳箴

任他喧万籁，我自静中听；
莫把邪声入，聪虚分外灵。

口箴

惟口起兵戎，多言自召恼；
谎邪休玷秽，谨慎理为从。

手箴

被牵将手断，节烈真堪诵；
两手道惟恭，非礼戒勿动。

足箴

两足行真道，遵循莫踏差；
千条分岔路，总是害人侪。

天堂

贵贱皆由己，为人当自强；
天条遵十款，享福在天堂。

附录三　天朝田亩制度[*]

　　凡一军典分田二,典刑法二,典钱谷二,典入二,典出二,俱一正一副,即以师帅、旅帅兼摄。当其任者掌其事,不当其事者亦赞其事。凡一军一切生死黜陟等事,军帅详监军,监军详钦命总制,钦命总制次详将军、侍卫、指挥、检点、丞相,丞相禀军师,军师奏天王。天王降旨,军师遵行。功勋等臣,世食天禄。其后来归从者,每军每家设一人为伍卒,有警则首领统之为兵,杀敌捕贼;无事则首领督之为农,耕田奉上。

　　凡田分九等:其田一亩,早晚二季可出一千二百斤者为上上田,可出一千一百斤者为上中田,可出一千斤者为上下田,可出九百斤者为中上田,可出八百斤者为中中田,可出七百斤者为中下田,可出六百斤者为下上田,可出五百斤者为下中田,可出四百斤者为下下田。上上田一亩,当上中田一亩一分,当上下田一亩二分,当中上田一亩三分五厘,当中中田一亩五分,当中下田一亩七分五厘,当下上田二亩,当下中田二亩四分,当下下田三亩。

　　凡分田照人口,不论男妇。算其家口多寡,人多则分多,人寡则分寡,杂以九等。如一家六人,分三人好田,分三人丑田,好丑各一半。凡天下田,天下人同耕,此处不足则迁彼处,彼处不足则迁此处。凡天下田,丰荒相通,此处荒,则移彼丰处以赈此荒处;彼处荒,则移此丰处以赈彼荒处。务使天下共享天父上主皇上帝大福,有田同耕,有饭同

---

　　* 太平天国癸好三年初刻,庚子十年八月后重刻。前后版本仅文字稍有改动,不涉及实质性内容。萧一山编《太平天国丛书第一辑》(全10册,南京国立编译馆,1936)所收《天朝田亩制度》影印本,系重刻本。本书以此为底本辑录。原刻本现藏伦敦英国图书馆东方部。

食，有衣同穿，有钱同使，无处不均匀，无人不饱暖也。

凡男妇每一人自十六岁以上，受田多逾十五岁以下一半。如十六岁以上分上上田一亩，则十五岁以下减其半，分上上田五分；又如十六岁以上分下下田三亩，则十五岁以下减其半，分下下田一亩五分。凡天下树墙下以桑，凡妇蚕绩缝衣裳，凡天下每家五母鸡、二母彘，无失其时。凡当收成时，两司马督伍长，除足其二十五家每人所食可接新谷外，余则归国库；凡麦、豆、苎麻、布帛、鸡犬各物及银钱亦然。盖天下皆是天父上主皇上帝一大家，天下人人不受私，物物归上主，则主有所运用，天下大家处处平匀、人人饱暖矣。此乃天父上主皇上帝特命太平真主救世旨意也。

但两司马存其钱谷数于簿，上其数于典钱谷及典出入。凡二十五家中，设国库一、礼拜堂一，两司马居之。凡二十五家中所有婚娶、弥月喜事俱用国库，但有限式，不得多用一钱。如一家有婚娶、弥月事，给钱一千、谷一百斤，通天下皆一式。总要用之有节，以备兵荒。

凡天下婚姻不论财。凡二十五家中陶冶木石等匠，俱用伍长及伍卒为之，农隙治事。凡两司马办其二十五家婚娶吉喜等事，总是祭告天父上主皇上帝。一切旧时歪例尽除。

其二十五家中童子俱日至礼拜堂，两司马教读《旧遗诏圣书》、《新遗诏圣书》及《真命诏旨书》焉。凡礼拜日，伍长各率男妇至礼拜堂，分别男行女行，讲听道理，颂赞祭奠天父上主皇上帝焉。

凡二十五家中力农者有赏，惰农者有罚。或各家有争讼，两造赴两司马，两司马听其曲直；不息，则两司马挈两造赴卒长，卒长听其曲直；不息，则卒长上其事于旅帅、师帅、典执法及军帅，军帅会同典执法判断之。既成狱辞，军帅又必上其事于监军，监军次详总制、将军、侍卫、指挥、检点及丞相，丞相禀军师，军师奏天王。天王降旨，命军师、丞相、检点及典执法等详核其事无出入。然后，军师、丞相、检点及典执法等直启天王主断。天王乃降旨主断，或生或死，或予或夺。军师遵旨处决。

凡天下官民，总遵守十款天条及遵命令尽忠报国者，则为忠，由卑升至高，世其官；官或违犯十款天条及逆命令受贿弄弊者，则为奸，由高贬至卑，黜为农。民能遵条命及力农者，则为贤为良，或举或赏；民或违条命及惰农者，则为恶为顽，或诛或罚。

凡天下每岁一举，以补诸官之缺。举得其人，保举者受赏；举非其人，保举者受罚。其伍卒民有能遵守条命及力农者，两司马则列其行迹，注其姓名，并自己保举姓名于卒长；卒长细核其人于本百家中，果实，则详其人，并保举姓名于旅帅；旅帅细核其人于本五百家中，果实，则上其人，并保举姓名于师帅；师帅实核其人于本二千五百家中，果实，则上其人，并保举姓名于军帅；军帅总核其人于本军中，果实，则上其人，并保举姓名于监军；监军详总制，总制次详将军、侍卫、指挥、检点、丞相，丞相禀军师，军师启天王。天王降旨，调选天下各军所举为某旗，或师帅，或旅帅，或卒长、两司马、伍长。凡滥保举人者，黜为农。

凡天下诸官三年一升贬，以示天朝之公。凡滥保举人及滥奏贬人者，黜为农。当升贬年，各首领各保升奏贬其统属。卒长细核其所统两司马及伍长：某人果有贤迹则列其贤迹，某人果有恶迹则列其恶迹，注其人，并自己保升奏贬姓名于旅帅。至若其人无可保升并无可奏贬者，则姑置其人不保不奏也。旅帅细核其所统属卒长及各两司马、伍长，某人果有贤迹则列其贤迹，某人果有恶迹则列其恶迹，注①其人，并自己保升奏贬姓名于师帅。师帅细核其所统属旅帅以下官，某人果有贤迹则列其贤迹，某人果有恶迹则列其恶迹，注其人，并自己保升奏贬姓名于军帅。军帅将师帅以下官所保升奏贬姓名，并自己所保升奏贬某官姓名，详于监军。监军并细核其所统军帅，某人果有贤迹则列其贤迹，某人果有恶迹则列其恶迹，注其人，并自己保升奏贬姓名，详钦命总制。钦命总制并细核其所统监军，某人果有贤迹则列其贤迹，某人果有恶迹则列其恶迹，注其人，并自己保升奏贬姓名，一同达于将帅、主将。将帅、主将达六部掌及军师，军师直启天王主断。天王乃降旨主断：超升各钦命总制所保升各监军，其或升为钦命总制，或升为侍卫；谴谪各钦命总制所奏贬各监军，或贬为军帅，或贬为师帅。超升各监军所保升各军帅，或升为监军，或升为侍卫；谴谪各监军所奏贬各军帅，或贬为师帅，或贬为旅帅、卒长。超升各军帅所保升各官，或升上一等，或升上二等，或升军帅；谴谪各军帅所奏贬各官，或贬下一等，或贬下二等，或贬为农。天王降旨，军师宣列王，列王宣掌率以下官一体遵行。监军以下官，俱是在上保升、奏贬在下；惟钦命总制一官，天王准其所统各监军保升奏贬钦命总制。天朝内丞相、检点、指挥、将军、侍卫诸官，

---

① "注"，原作"详"，误，校改。

天王亦准其上下互相保升奏贬，以剔上下相蒙之弊。至内外诸官，若有大功大勋及大奸不法等事，天王准其上下不时保升奏贬，不必拘升贬之年。但凡在上保升奏贬在下，诬则黜为农；至凡在下保升奏贬在上，诬则加罪。凡保升奏贬所列贤迹、恶迹，总要有凭据方为实也。

凡设军，每一万三千一百五十六家先设一军帅，次设军帅所统五师帅，次设师帅所统五旅帅，共二十五旅帅；次设二十五旅帅各所统五卒长，共一百二十五卒长；次设一百二十五卒长各所统四两司马，共五百两司马；次设五百两司马各所统五伍长，共二千五百伍长；次设二千五百伍长各所统四伍卒，共一万伍卒。通一军人数，共一万三千一百五十六人。凡设军以后人家添多，添多五家另设一伍长，添多二十六家另设一两司马，添多一百零五家另设一卒长，添多五百二十六家另设一旅帅，添多二千六百三十一家另设一师帅，共添多一万三千一百五十六家另设一军帅。未设军帅前，其师帅以下官仍归旧军帅统属；既设军帅，则割归本军帅统属。

凡内外诸官及民，每礼拜日，听讲圣书，虔诚祭奠，礼拜颂赞天父上主皇上帝焉。每七七四十九礼拜日，师帅、旅帅、卒长更番至其所统属两司马礼拜堂，讲圣书教化民，兼察其遵条命与违条命及勤惰。如第一七七四十九礼拜日，师帅至某两司马礼拜堂，第二七七四十九礼拜日，师帅又别至某两司马礼拜堂，以次第轮，周而复始。旅帅、卒长亦然。

凡天下每一夫有妻子女约三四口，或五六七八九口，则出一人为兵。其余鳏寡孤独废疾免役，皆颁国库以养。

凡天下诸官，每礼拜日依职份，虔诚设牲馔奠祭礼拜，颂赞天父上主皇上帝，讲圣书。有敢怠慢者，黜为农。钦此。

附录四　天父下凡诏书（第二部）[*]

　　十一月二十日是礼拜之辰，北王与顶天侯及丞相等官到东府请安，并议国政事务。议毕，北王同众官跪呼千岁，请东王宽心安福。东王命北王回府暨各官回衙。

　　东王回入内殿。不一时，天父下凡，诏杨水娇、胡九妹、谭晚妹、谢晚妹曰："尔小女等前来听我天父吩咐。"杨水娇同女承宣官齐到天父面前跪下，请问曰："天父劳心下凡，小女等齐到，敬听天父圣旨。求天父教导。"天父义怒，良久不语。女官又请曰："操劳我天父下凡，小子小女实有过错，罪有余辜，恳求天父赦宥，请天父息怒。"待求之又求，求得甚多，天父始曰："尔众小既知有罪，速传尔北王到来，听我天父吩咐。"女承宣官对曰："遵天父圣旨。"女承宣官即趋出二府门鸣鼓，将天父下凡命北王到来之旨传与男承宣官。男承宣官遵命即往北府，禀报北王到东府听天父下凡圣旨。

　　天父又诏女丞相杨水娇、胡九妹曰："尔北王现未到来，我吩咐尔，尔将我圣旨禀奏尔东王知道，命尔东王登朝，启奏尔主天王。我实因尔主天王性气太烈。性既似我，量亦要似我也。主宰天下，凡事皆要从宽。譬如，女官在天朝佐理天事者，多是不明天情，每有不合事宜之处，务要悠扬教导、海量宽容，使其心悦诚服，天事方可周理。若是严性过甚，未免其方寸多乱，不知如何样作法方能称旨。以此心无定见、身无安居，一事既错，万事皆非。不若从容指示训诲，使其习炼，自可

────────────

　　* 太平天国癸好三年刊刻。本书据王庆成编注《影印太平天国文献十二种》辑录。原刻本现藏澳大利亚国家图书馆。

圆成。即今尔幼主，我天父降生，虽性本善，然亦要及时教导，方不至其性相近而为习相远也。现今将其初生本性顺机教导，使其炼得正正，为天下万国楷模①，使天下万国皆为法则。观其所言所行，合乎天情者，则可任其所言所行；若有不合天情之处，便要节制，切不可任其率性所为。"女官对曰："小女遵天亚爷圣旨。"

天父又曰："杨长妹、石汀兰现在天朝佐理天事，亦已有日。况此两小女分属王姑，情同国宗；至于朱九妹两大小亦有前功。准其一体休息，免其理事，或在天朝，或居东府，安享天福也。"又旨诏："在天朝未免日近天颜。人臣侍君，固属分所当然，但无理事，又不若令其在东府享福更为妥便也。至若天朝事务，乃系天事，人人亦该理得，另派他人理事可耳。"女官对曰："荷蒙天父劳心下凡教导，小女遵旨，自当将天父圣旨禀奏东王。"天父曰："尔等遵旨便是，我回天矣。"

天父回天后，维时北王与顶天侯等才到东府头门，未知天父回天，旋率众官跪下祷曰："小子等屡多过错，致劳天父操心下凡，恳求天父赦罪，开恩教导小子。"祷求已毕，仍跪在地下，即命男承宣鸣鼓，传女官禀奏事。女承宣听闻鼓响，即自内殿出至头府门，视见北王，即禀报曰："适才天父劳心下凡，今已回天矣。请北王同顶天侯大人平身。"北王起身，问曰："天父劳心降凡，是何教导？"女承宣官对曰："天父圣旨，命东王与北王同朝官登朝，命东王将天父圣旨启奏天王——用性要宽，气要悠扬，又要教导幼主，并恩免天朝四女师理事等旨。东王遵天父旨命，今欲登朝矣。"北王曰："尔当禀奏东王说，本军师到来请候金安。"女承宣即领命禀奏东王。东王曰："北王既已来到，宣传进殿。"

北王与众官进殿，跪呼千岁，即谢东王恩典曰："今日我们一班弟妹，真真好得我四兄乃埋牵带，方得成人。今日天父开此大恩，下凡教导。小弟等实沾恩德靡涯，并天下弟妹重重更沾天父之大福矣。"东王曰："天父真是劳心。弟与众官总要知天恩可也。"北王与众官对曰："遵东王金谕。"东王又曰："天父有圣旨，命我们登朝。吾等当速登朝启奏也。"即令伺候。北王与众官跪呼千岁，请东王宽心乘舆。东王亦命北王与众朝官先往天朝。

北王将到天朝，忽谓北殿承宣官陈德松曰："尔当急往，迎着金舆，请东王金谕，或先到朝厅，或直入朝门。"承宣领命，飞迎金舆，传东

---

① "楷模"，原作"规模"，误，校改。

王仆射遵东王金意。仆射曰："东王在舆内安福，不敢惊驾。"北殿承宣闻得东王安福，遂不敢重请，即飞回禀告北王。北王听得东王安福，连忙下舆，徒步赶赴途中，即跪下问曰："天父劳心下凡?"天父诏曰："是也，尔速将金舆抬至金龙殿前。"北王对曰："遵天父圣旨。"即急传命天朝女官启奏天王。命毕，即偕丞相及众官将东王金舆抬进朝门。天王闻女官传北王所奏天父劳心下凡，亦忙步出二朝门内迎接天父。天父怒天王曰："秀全，尔有过错。尔知么?"天王跪下，同北王及朝官一齐对曰："小子知错，求天父开恩赦宥。"天父大声曰："尔知有错，即杖四十。"其时北王与众官俯伏地下，一齐哭求天父开恩赦宥我主应有之责，小子等愿代天王受杖。天王曰："诸弟不得逆天父之旨。天父开恩教导，尔哥子自当受责。"天父不准所求，仍令责杖天王。天王对曰："小子遵旨。"即俯伏受杖。天父诏曰："尔已遵旨，我便不杖尔。但现有石汀兰、杨长妹当使其各至王府，与国宗一体安享天福，无用协理天事。朱九妹两大小前亦有功，亦准居王府安享天福。余皆等尔清胞奏尔也。"言毕，天父回天。

北王及众官卫扶天王回殿。顶天侯负东王登殿。天王曰："天父劳心下凡教导，我们小子总要知得天恩。"众官跪下，山呼万岁，皆对曰："遵旨。"北王禀奏东王曰："四哥，天父又劳心下凡来。"东王喜曰："又劳天父下凡，天父真正是劳心多矣!"东王遂启奏天王曰："适才天父在弟府内下凡，命小弟等登朝启奏我主二兄。"天王问曰："清胞，天父有何圣旨?"东王对曰："天父圣旨，命二兄要将幼主时时教导，须要教得好好，使其一言一行、一举一动，总要合乎准则，不可任其心意所向。譬如天父降雨之时，幼主意欲出去游玩。若任其意游玩，是必雨淋身湿。即此一事，就要节制，使其天晴之时方可游玩。又言女官在天朝理事，多有不周之处。天父又命小弟启奏我主二兄，女官若有小过，暂且宽恕；即使教导，亦要悠然，使他无惊慌之心。譬如凿池挖塘而论，不比筑城作营。若遇天时雨雪霏霏，即令其暂且休息、以待来日，现下雨雪寒冻，毋用紧挖。如此安慰，彼必宽意乐心、知恩感德、勇于从事，事必易成。前七月间，天父下凡改前诫语，有曰'君使臣以礼，臣事君以忠'。二兄上过高天，天情道理自然无所不晓。但这为女官者本是女流，知识有限，天情道理何能十分晓得? 闲时见二兄在殿前，女官面觐天颜，未免理事不周，致触二兄义怒，故此时常惊恐。且为臣者，在君殿前作事，亦不甚方便。即如韦正胞弟而论，时在弟府殿前议事，尚有惊恐之心，不敢十分多言。何况女官在二兄面前乎？"

东王又启奏曰："譬如男官、女官，或犯死罪，固是定由我二兄奉天法诛戮，以正天法，以儆后犯。然在小弟细思，其犯人固属死有余辜，但恐其中有些不明不白之冤；若遽杀之，未免有误。小弟大胆，凡属男官、女官有犯死罪之人，恳求二兄格外开恩，交付弟等细心严审，究问其所以得罪之原由。若遇情有可恕者，即恳二兄开恩宽赦；若实犯死罪至极，无可宽赦者，启奏二兄御照处决。如此庶无不白之冤，而我二兄之恩威并行，赏罚更为周密矣。但不知是否，惟恳二兄开恩诏明。"

天王诏曰："胞所奏极是，真真天父爱善恶恶、慈祥审慎之仁心也。尔兄性本烈，未有胞奏，恐有误杀。今听胞奏，不但尔兄不致有误杀，后人观此亦不敢草率也。自今以后，尔兄每事，必与胞商酌而后行，使后之为君者，每事亦效法乎上，亦与贤臣商酌而后行，庶不致有误也。"东王又启奏曰："此非小弟能想能周到，皆蒙天父天兄化心及我二兄之鸿恩优容也。"天王诏曰："胞奏此理甚是，则必记诏以垂教万世，使万万世为主为臣，皆要遵此行为，庶使天父好生之心永远常昭，而恬熙之风永垂不朽。"东王对曰："此乃二兄明德立于永远，法式真为美也。"东王又谕众官曰："尔等为官者，凡遇下官有事到案敬禀，或是或非，且随他直禀明白，切不可半途之中见他有不合之处，即大声骂他，致他心无定见，常多惊恐。即有错处，亦须待他言毕，悠然教导。不然，恐他自后即有合理之处，其亦不敢来禀也。"天王降旨，诏众官曰："尔为官者，须知尔东王所言，即是天父所言也。尔等皆当钦遵。"众官对曰："遵旨。"

天王又诏北王曰："兄要遵天父圣旨杖责，方合道理。"北王对曰："天父开恩，不用杖责。二兄宽心，遵天父圣旨是也。"东王问北王曰："天父下凡，圣旨如何？"北王对曰："天父初时，即令杖责二兄。后因二兄遵旨，天父即开恩不杖。"东王启奏曰："求二兄宽心，天父已经开恩，二兄遵天父圣旨无用杖责便是也。"天王曰："我转高天之时，天亚爷之性，还过烈也。总是天亚爷有海底量。今日天父劳心下凡，命杖责尔二兄者，因尔二兄肚量狭隘之过。从前尔兄转天之时，妖魔侵上天廷①，天父还容得他过，命我暂且容他，他服便罢。何况今日女官，有些小过即令杖责，非量狭而何？"东王对曰："二兄性格乃是天父生成，

---

① "天廷"，原作"天庭"，误，校改。

子肖父性，非量小也。二兄宽怀，坐享天国万寿无疆者也。"奏毕，东王、北王偕众官跪下，山呼万岁，奏旨退朝。

退出朝门，北王与众官即送东王回府。回至府内，东王升殿。众官跪呼千岁毕，东王谕众官曰："本军师今日将天父圣旨启奏我主二兄，未知是否？"北王与众官对曰："东王所奏者，乃奉天父圣旨，皆合天心，无有不是者也。"东王又曰："尔等为官，凡尊者有不合，尔为卑者，要直禀不妨。即如本军师有错，尔等亦要直禀奏也。"众官对曰："遵令。"北王偕众官跪呼千岁，请东王回内殿安福，即偕众官出府，各令回府。北王亦回府矣。

二十二日，东王因天父下凡在天朝欲令杖责天王，自回府后，细思天父之所以教导天王者，正是教导天下万国臣民也，我们为弟者正当登朝请安，劝慰二兄宽心安福，方合天情道理。立意已定，即令承宣官飞马禀报北王及顶天侯，要去登朝；又令女官登楼，鸣伺候号令锣三阵，凡理东府事务之官员，及舆官、执事人等，一齐到东府门前伺候。

东王立时坐殿。各官进殿，跪呼千岁。东王即谕众官曰："我天王为天下万国之真主，前二十日，天父劳心下凡教导天王，即是教导我们及天下万国之弟妹也。我等固蒙天父教导，即天下万国亦皆同沾天恩。但前日天父教导天王，而天王之心虽未尝不欢怀，但我们为弟为臣者须要各尽其道。譬如凡情，为长兄者被父母责骂，为弟者还要去兄面前劝解，何况我们天王乃是万国真主，蒙天父劳心下凡欲令杖责，竟不到天王面前请宽心安福乎？本军师昨日，意欲登朝，请天王御安，因天父劳心下凡，故身体十分困倦，致未果行。今欲登朝，尔众官以为何如？"其时天官又副丞相曾钊扬、秋官又正丞相卢贤拔对曰："此种道理，非蒙东王教导，卑职等实想不到也。求东王赦卑职等不晓事主之罪。"东王曰："众官无罪。天情道理，不怪尔不晓得。据尔等以为登朝劝慰天王为是，即便登朝可也。"遂登舆而去。

及至朝门时，朝仪等官跪迎金驾。东王乃谕朝仪官黄期升曰："尔为朝仪，谅熟天情道理。前日天父下凡教导天王，即是教导我们。不过天父圣意，将天王一人教导，以为我们天下臣民法则也。尔等要知本军师今特来登朝，恭请御安，求天王宽心安福。尔要传令众朝官皆要具本章，来请天王御安，方合道理。譬如人情，兄被父责，弟不劝慰兄心，岂是为弟之道乎？尔可将此道理宣与众官知之。"黄期升对曰："遵东王教导，卑职遵令。"东王曰："非本军师教导尔等，实乃天父天兄化醒本军师之心使然也。尔可将此道理传谕各官，毋谓本军师教导可也。"黄期升对曰："遵令。"

不一时，天王坐金殿，擂鼓启朝门。东王、北王及顶天侯登殿山呼万岁。天王即诏曰："清胞登朝，有何政事启奏？"东王对曰："小弟特请二兄御安。"天王诏曰："兄体安康。"又诏东王坐。东王谢坐，启奏曰："小弟见前日①天父如此劳心，下凡教导。虽是教导二兄，实是教导天下万国我们一班弟妹也。皆由我们为弟妹有过，故天父欲教导二兄，以为天下弟妹法则也。"天王诏曰："尔二兄果然有错处，始操劳天父下凡教导也。"北王对曰："二兄无错，总是我们为弟之错。"

东王即求天王赦罪，乃直启奏曰："二兄亦有些错。何也？盖天父天兄开如此大恩差我二兄，为天下万国真主，实应化导天下万国人民，个个合得天父之心。至二兄行为有些未合，固是二兄之过，就是天下人民未能尽合天心，致累二兄有些小之过也。然不独天下人民累二兄有些小之过，即弟亦累二兄成此些小之过。以此推之，二兄本无过，其过仍在小弟也。何也？二兄有些想不到之事，我们为弟者即要想明议定，登朝启奏，方是我们为弟为臣之道。昔人云'忠焉能勿诲乎'？何况我们今日，荷蒙天父天兄开如此大恩，我二兄为君，我们小弟为臣，反不如成语之亲切乎？如遇我二兄有未经细想之事，弟即宜事事想明，议定启奏，方合我们为臣为弟、忠君敬兄之道。至若为君者有不明之处，君则诏臣登朝参议，议定诏准施行；臣有不明之处，臣则启奏，请训于君，君则降旨施行。如此方合为君为臣之道。今小弟未尽厥职，正是小弟为臣之过也。"

天王曰："清胞，尔所奏者，件件皆合天情，真真得天父天兄及尔二兄之心也。"东王对曰："小弟所见，实未合宜。此乃二兄过誉，并天父化心所致也。"于是又启奏曰："观前日天父下凡，开恩教导二兄，发令杖责，此更见天父是真神、二兄是真主，神爷教真子丝毫无隐，为万世法则。使我二兄教导幼主，由幼主以至万万世，皆知遵天父教我二兄之道，如此式法也。况我主二兄曾经上过高天，得蒙天父亲自一一教过，然后始差下凡，为天下万国真主。今日尚且有错，还要劳天父下凡教导，何况我幼主年轻，未知人性，尚属婴孩？今将天父所赐景物戏弄破坏则可；至若既知人性，将来天父赐来宝物甚多，若是任其心性，把

---

① "前日"，原作"昨日"，误，校改。

来故意戏弄破烂，则不可。务要其体念物力维艰，为天下法则。成语云'节用而爱民'，由此而推，可至万世万万世，为慈父教其子、忠臣谏其君之法则也。谚云：'木从绳而得直，君从谏而得正。'是故君有未明，良臣启奏，君则当从；臣理君事，亦必先启奏始行。如此，则君臣同德，上下一心，斟酌尽善，断无后悔，洵为万世良法也。"

天王曰："兄今日听清胞所奏，真是言言金玉、字字珠玑，诚为启朕心、沃朕心之良弟良臣也。"东王对曰："此非小弟之良，皆托赖天父之权能也。"

天王见东王如此启奏，极为欣慰欢喜，遂降诏旨，命设御宴，恩赐东王、北王及顶天侯，同沐天父鸿恩。天王诏曰："顶天侯，尔今日得在金龙殿内坐宴，是天父大开天恩与尔者也。朕同胞等皆是亲承帝命下凡，顶天父天兄纲常者。以理而论，惟朕及胞等，始可在此金龙殿设宴。若至幼主以后，皆不准人臣在金龙殿食宴。设若臣有功者，欲赐宴以奖其功，止准赐宴于朝厅，断不准在金龙殿内君臣同宴，以肃体统也。此一事极为关系，当记诏以垂永远也。"顶天侯即跪谢天恩，敬聆御旨。东王聆旨毕，对曰："二兄诏得极是。必如此，方可为万世永远仪则也。"

东王又启奏曰："语云：'君使臣以礼，臣事君以忠。'凡臣下食天之禄，忠君之事，固分所当然。然臣既有功，则君即当优养体恤，怜悯下忱，常加恩典，以奖其功。即如今天朝及弟等府之女官，理天事者甚苦，且不是功臣、忠臣之妻，即是功臣、忠臣之母，或则有稚子，或则有衰姑，或则有立功之丈夫。彼为臣者，既能舍其家而顾国，国尔而忘家，公尔而忘私，则为君者，自当体彼一念之忠忱，或准其一月而半归其家省视，或准其三十日或二十日归其家省视，或准其一二礼拜日排班轮流而归其家省视，以哺其稚子，以侍其衰姑，或以事其丈夫，使彼亦得尽其先顾国、后顾家之谊。且又如今娘娘甚多，其位尊，其权重，断非女官之有意所敢抗。然或有不得意于娘娘者，或多加谴谪之词，倘不准女官启奏，则冤抑无由而伸。此又宜准其女官启奏，二兄方行主断，则曲直自见也。此君使臣以礼之一道也。又如宫城内，有修整宫殿、挖地筑城或打扫禁苑，必需女官操作其事，但止可降旨如何布置，切不可御目常注，督其操作。盖天威咫尺、御驾巡行之地，每为人之所敬畏，故宁可任其布置，方克有成；若亲督其操作，反不能成功也。此又一君使臣以礼之道也。人主既以如此推恩之礼以待其臣，则为臣者宁不愈加

感激以忠其君乎？推之待女官如此，待男官亦然。设使出师者，必要怜
其在外辛苦，枕戈而眠，冒雪而征。君既体恤臣下，臣下必自效其忠，
答报主恩也。此君使臣以礼、臣事君以忠之明验也。至若闺门为王化之
始，宫中为出治之原，故明明德于天下者，必先治其国；而欲治其国
者，必先齐其家。今蒙天父开恩，娘娘甚众，天金亦多，固不可专听娘
娘之词而不容天金启奏，亦不可专听天金之言而不容娘娘启奏。凡有事
故，必准其两人启奏明白，然后二兄将其两人启奏之词从中推情度理，
方能得其或是或非，不至有一偏之情也。又娘娘服事我二兄固乃本分，
但其中未免有触怒我主二兄。二兄务必从宽教导，不可用靴头击踢。若
用靴击踢，恐娘娘身有喜事，致误天父好生。且娘娘或身有喜事者，须
开恩免其服事，另择一宫闱，准其休息，但使早晚朝见亦可。如此处
待，方为合体。倘此娘娘仍有小过，触怒我主，亦当免其杖责，严加教
导，使勿再犯使得。即或忤旨大罪，亦必待其分娩生后，乃可治罪也。"
天王赞曰："清胞所言，真齐家治国、平治天下之药石要论也。"

　东王又启奏曰："适才小弟所言，君有想不到之处，皆要从良臣启
奏。人君所以有想不到之处，皆由为弟为臣者不能因其心中当然之理，
想得明明、议得定定，来启奏之故也。即如龙一事，前时我二兄概贬为
妖。此必是二兄诛妖心急，而概贬之也。据小弟意见或是宝贝龙，方是
龙，故金龙殿用之，服饰器件用之；其余东海老蛇及一切蛇妖，迷蒙人
灵者，方是妖也。"天王曰："清胞所言是也。当前天兄耶稣下降平在
山，谕尔兄曰：'龙是妖。'尔兄又问天兄曰：'金龙殿之龙，是妖否？'
天兄曰：'金龙殿之龙，是大宝也，非妖也。'今奉天兄所言，宝贝龙实
是龙，实非妖；其余东海老蛇，即是红眼睛，凡间人所称阎罗妖，及一
概蛇妖，迷害人灵者，名为龙，实是妖也。当前尔兄升天时，曾见有大
金龙结成天上金龙殿也。又旧岁到汉阳，将铸金玺金龙头，尔兄曾梦见
有一金龙来朝。此可见宝贝龙是龙，而非妖也。今而后，天国、天朝所
刻之龙，尽是宝贝金龙，不用射眼也。"东王、北王对曰："遵旨。"

　天王诏曰："前日胞等具本启奏，言现下天父赐得绸帛不甚过多，
不知胞等袍服足用否？如不足用，尔二兄宫中袍服既足，发出些与胞等
共穿也。"东王对曰："小弟等既蒙天恩及二兄鸿恩，赐得亦有，不用发
出也。"天王诏曰："现今尔二兄之袍服既足，不用缝先。"北王启奏曰：
"二兄为天下万国真主，富有四海，袍服虽足，亦要时时缝来。"东王启
奏曰："求二兄赦小弟之罪，容小弟直言启奏。袍裳若是不足，方要多

缝。若云既足，缓些再缝，方见二兄节用爱人之德。正弟又何启奏要时时缝也？"天王赞曰："清胞真是古之所谓骨鲠之臣。正胞，尔虽是爱兄之心诚，终不若清胞直言无隐，更为可嘉也。自后在尔幼主之世，凡为臣者，皆当如清胞今日之直言，方尽为臣之道也。"东王对曰："小弟虽足为为臣者法，但后日幼主以后，亦要法我二兄海底之量，能受臣直谏，方尽为君之道也。自古以来，为君者常多恃其气性，不纳臣谏，往往以得力之忠臣，一旦怒而误杀之，致使国政多乖，悔之晚矣。"

天王赞曰："清胞所奏，件件皆是金玉药石之论，事事皆是至情至理之言，洵为万世之典章也。前天兄耶稣奉天父上帝命降生犹太国，曾谕门徒曰：'后日有劝慰师临世。'尔兄观今日清胞所奏及观胞所行为，前天兄所说劝慰师、圣神风，即是胞也。"东王对曰："非弟能以药石进二兄，实二兄能从谏如流也。历代迄今，岂无直谏之臣？要在其君之能纳不能纳耳！二兄欲以弟言为万世法，惟愿万世之主，自幼主始，皆如我二兄纳谏如流之英主，则于万斯年，受天之祐①矣。"言毕，北王、顶天侯山呼万岁，请天王宽心安福，谢宴出朝。

北王、顶天侯及东殿各官，拥护随侍东王回府升殿。众官跪呼千岁毕，东王谓北王及顶天侯曰："尔四兄今日启奏之事，似有冒渎之罪。幸得二兄海底之量，恩赦我们也。"北王对曰："四兄所奏，句句都是天情道理，正是立天国万万年之基业，为后世万代君臣式法也。请四兄宽心。"东王又谓众官曰："今蒙天父大开天恩，差天王为万国真主，又差我们一班弟妹为辅助，各各总要真心，秉正同辅朝纲，以邀天眷也。"众官对曰："遵东王教导。"谕毕，北王同众官跪呼千岁，请东王宽心安福。东王亦命北王回府暨各官回衙勤理天事也。

---

① "佑"的替代字，避洪秀全第五子洪天佑名讳。

附录五　王长次兄亲目亲耳共证福音书*

庚申十年七月三十一日

愚兄仁发、仁达立在我真圣主万岁万岁万万岁陛下，奏为遵旨抄成，恭献圣览，并恳圣恩教导事：缘蒙天父天兄大开天恩，真圣主圣恩，恩命愚兄记录我主上天预诏，以传万代。愚兄昨已敬谨记出，启奏陛下圣鉴。当蒙御照教导，茅塞顿开，并命愚兄抄成再缴，将我主自证亦抄入书内等照。钦遵之下，惟是愚兄识浅才疏，遵旨抄成，未知有合圣意否？一俟钦定，命史官①记诏，永垂万古，流传勿替。理合肃具本章，恭献圣览，并谢圣恩。

御照：兄等命史官记诏，镌刻官刻颁天下可也。钦此。

敬录天王上天预诏

忆自天酉年三月初一日子时，荷蒙天父天兄大开天恩，恩差天将天兵接真圣主天王转天。主今自证："此时见天上琴瑟鼓乐来接，雷亦到面前，似雄鸡样。天将天兵扶朕上舆，由东方这条大路抬上天。到天门两傍，无数美女迎接。"越有两日下凡，说与君王父暨愚兄等，得知"天下万郭人民归朕管，天下钱粮归朕食"，"朕乃天父上帝真命天②子"，"有时讲杂话，是上帝教朕桥水③，使世人同听而不闻也"等诏。

复于初三四，我主又转高天，大战妖魔，诛妖时连喊"亚哥帮手"。

---

* 约刊刻于太平天国庚子十年八月或稍后。本书据影印本《太平天国印书》辑录。原刻本现藏伦敦英国图书馆东方部。

① "官"字，原脱，校补。

② "天"字，原脱，校补。

③ "桥水"指心机，系广西贵县一带方言。

此时喊亚哥，是太兄也。有时喊杨家将，有时唱赵玄郎。唱赵玄郎，借前侯作比也。并蒙天父赐"天王大道君王全"七字。遂将闯上高天妖魔逐一诛落地狱矣。主今自证："那时战妖，爷在哥后，哥在朕后，三子爷亲统两傍天将天兵赶逐妖魔。爷赐玺与朕。朕战妖，手不得闲。哥手执玺照妖，妖即走。此玺是上帝造天造地之玺，有时爷执的，有时哥执的，有时朕执的，故今三子爷同玺。玺颁到之处，妖魔远遁。"

我主见有正大叔侄到来则喜之，见有邪人到来则恶之，即大声骂也。主今自证："此时朕骂：'朕乃真命天子，斩邪留正，尔识得么？快些走，尔敢来见朕！'又有时骂妖魔云：'朕一下天，天罗地网，网尽尔妖怪，哪①个妖怪走得朕手过？'"

有时所唱十全大吉诗章曰："三星共照日出天，禾王作主救人善；尔们认得禾救饥，乃念日头好上天。"有时唱曰："人字脚下一二三，一直不出在中间；玉清不好起歪心，全敬上帝不愁难。"有时唱曰："清朝灯草就日头，照明天下不用愁；贵人也要三星照，升天享福正修悠。"有时唱曰："且说金炉是名头，日月照明不用愁；灯草开来对日洪，信实天父自悠悠。"有时唱曰："功名顶头借金引，不拘大小再真心；戒净邪花酒多少，得福公子贵如金。"有时唱曰："琵琶鼓乐箫来和，金玉堂中快乐多；正人上天真享福，胜起高楼顶上坐。"有时唱曰："朝中公子胜公郎，出在深山金玉堂；富贵功名天分定，灯草对紧日头上。"有时唱曰："笛子出在玉堂中，扇子不拨②自有风；山头白云风吹散，真心敬天不愁穷。"有时唱曰："黄金财宝是名头，为人修善不用愁；正人自有升天日，天堂享福万千秋。"有时唱曰："题名头顶半金黄，为人真心总不妨；且看江水何处去，尽归一统转天堂。"主今自证："此等预诏，是天父上帝皇诏。朕上天时，天父上帝亲教朕读的。"

唱毕，天王有时继唱："皇天上帝朕亲爷，哪个麻妖冒得他？天父定然天子识，各人跑路莫跑差。"有时③继唱："堂堂天母朕亲妈，天子定然识得他；劝谕尔们信我讲，云中雪莫惹来加。"有时继唱："耶稣救主朕胞兄，万权在握实煌荣；当前三十三天上，几多磨过雪云中。"有时大骂阎妖："阎罗妖鬼变多端，到底难从手下钻；天父天兄亲指点，破残妖计鬼心寒。"有时继唱："任那妖魔一面飞，天罗地网几重围；云

---

① "哪"，原作"那"，校改。下同。

② "拨"，原作"拔"，误，校改。

③ "有时"，原作"又时"，误，校改。

中雪下无饶面，及早好寻地狱归。"有时继唱："弯弯一点出东边，照彻妖氛千万层；且看芯葵知拱向，各宜正草莫歪偏。"有时继唱："祸福无门实有门，逆天亡灭顺天存；凡情脱尽天情显，善恶到头定有分。"有时继唱："天上真神一上帝，地下凡人错无知；上帝量深都无怪，看见邪魔多害尔。"有时继唱："年载多长都丢空，何时今日要尔从？看尔众人尽行错，天劳万样妄无功。"有时继唱："必要三星共照上，日出天来色那样；人见太阳须照目，三字经诗习文王。高天排起两行儿，多嘱道凡言清理；理明尽言人说大，人言儿废曰无知。"有时继唱："有凭有据正为多，教导世人避邪魔；且看法门藏身去，几多变化奈无何。问尔世间万物件，因何那得用眼前？且看江水何处去，尽归一统转流天。"有时继唱圣旨云"东边一条大路透上天"，又唱圣旨云"将军打马转天堂"。于是，我真圣主唱过预诏诗章，令人不解其意，所以未谙天情。岂知天生真圣①主预显权能凭据，而应验今时乎？

又记天王预诏曰："不顺人情，不循鬼意，作事门门要正，公草莫为私。必毕直，最合理。人总要毕毕直②，方得生也。"

天王预诏，说与君父、愚兄等得知："太平真主是朕的，朕睡紧都坐得江山，左脚踏银，右脚踏金。"君父、愚兄等愕愕然，尚未晓其故，天王又预诏曰："朕是真命天子，尔知么？""凤姊到来见朕，朕用手比写，朕乃太平天子，左手拿日头，右手拿月亮。"君父同愚兄等亦愕愕焉，还不解其故。此时又预诏："爷今命朕名为'全'。"

天王有时预诏："主是朕做，军师亦是朕做。"今日应验东王升天这几年也。

天王又预诏："世人识得真有福矣，不识无救矣。"又诏云："高就反低，低就反高。"天王又预诏："不怕世人不识真，有日饿死尔，有日无路可走。"天王又预诏："亚爷肚腹箩咁大，不知几多得够食，尔众人有食拿来敬别人？"君父、愚兄暨众人等总不知得。

天王又预诏："逆者砍，顺者存，总走三子爷不过。"天王又预诏："头打三十三天，脚下十八重地狱，一打天边，二打地狱，三打人长生③，四打鬼灭亡。"天王又预诏："洪家天子杨家将，尔知么？"天王有时预诏："朕爷像顶高大，身穿乌龙袍，金须最长拖肚脐。"天王有时

---

① "圣"字，原脱，校补。
② "毕毕直"，原作"必必直"，误，校改。
③ "长生"，原作"常生"，误，校改。

预诏："朕三兄弟顶好。"天王有时预诏："君不君，臣不臣，父不父，子不子，夫不夫，妇不妇，总要君君、臣臣、父父、子子、夫夫、妇妇等诏，钦此。"

又记天王在凡转高天，天下弟妹闻得见，爷哥一一亲教导，复降下凡在半天。爷嘱生死妖概灭，天王承之无本事，双眼泪流爷哥前。爷哥袍袖来缴眼，尽指教导放胆去，万样有爷权能大，万样有哥担当全。爷哥再题诗一首，下到凡间记清清："一个牛蹄有百五，人眼看见酒中壶；看尔面上八十丈，有等处所实在孤。"此诗天王下凡诏，愚兄听旨尽记真。天下一家一本出，万郭总是天国真。

愚兄今将天酉年我真圣主天王转天所唱预诏，敬谨记出。但我王因唱天话，十句中愚兄不过知得三四句。而今愚兄屡推，总是唱十全大吉诗章。有时天王讲本话，方知所以遗漏者有之。虽不能一一志明，只得略书大概。

惟我天王奉天真命，为万郭之真主，主宰太平，创万年之鸿基，实非易也。必先显神迹于前，今时则应验于后，庶可以彰天父之权能，为万世之凭据，永远流传于勿替也。

主自证，主题洪世万手扇诗云："真主为王事事公，客家本地总相同；君王万岁谁人见，万岁君王只钓龙。"今日应验诛灭蛇魔、死阎罗妖鬼也。

附录六　太平天国版《圣经》与白话本《圣经》篇名对照表

太平天国版《圣经》	白话本《圣经》
《钦定旧遗诏圣书》	《旧约》
《创世传》	《创世记》
《出麦西郭传》	《出埃及记》
《利未书》	《利未记》
《户口册纪》	《民数记》
《复传律例书》	《申命记》
《约书亚书记》	《约书亚记》
《钦定前遗诏圣书》	《新约》
《马太传福音书》	《马太福音》
《马可传福音书》	《马可福音》
《路加传福音书》	《路加福音》
《约翰传福音书》	《约翰福音》
《圣差言行传》	《使徒行传》
《圣差保罗寄罗马人书》	《罗马人书》
《圣差保罗寄哥林多人上书》	《哥林多前书》
《圣差保罗寄哥林多人下书》	《哥林多后书》
《圣差保罗寄伽拉太人书》	《加拉太书》
《保罗寄以弗所人书》	《以弗所书》
《保罗达非利比人书》	《腓立比书》
《保罗达哥罗西人书》	《歌罗西书》

《保罗达帖撒罗尼迦人之首书》　《帖撒罗尼迦前书》

《保罗达帖撒罗尼迦人之后书》　《帖撒罗尼迦后书》

《保罗寄提摩太首书》　　　　　《提摩太前书》

《保罗寄提摩太后书》　　　　　《提摩太后书》

《保罗达提阖之书》　　　　　　《提多书》

《保罗寄非利门之书》　　　　　《腓利门书》

《圣差保罗寄希伯来人之书》　　《希伯来书》

《也哥伯之书》　　　　　　　　《雅各书》

《彼得罗上书》　　　　　　　　《彼得前书》

《彼得罗下书》　　　　　　　　《彼得后书》

《约翰上书》　　　　　　　　　《约翰一书》

《约翰中书》　　　　　　　　　《约翰二书》

《约翰下书》　　　　　　　　　《约翰三书》

《犹大士之书》　　　　　　　　《犹大书》

《圣人约翰天启之传》　　　　　《启示录》

洪秀全年谱简编

说明：太平天国采用天历纪时，清方记载则沿用时宪书（阴历），两者通常纪月而不纪日。将"上旬"、"下旬"之类转换成阳历，时间不甚确切在所难免。例如，根据罗尔纲先生考证，《天朝田亩制度》颁布于癸好三年十一月。若按 12 月标注并不准确，因为天历十一月二十八日已是 1854 年元旦。谨此说明。

1814 年 1 月 1 日（清嘉庆十八年癸酉十二月初十）
在广东省花县客家小村落官禄㘵①降生，小名火秀，族名仁坤。父洪镜扬，生母李四妹，两位同父异母兄长洪仁发、洪仁达，姊洪辛英。家境较拮据。

1819 年（清嘉庆二十四年己卯）
时年 7 岁②，入本村书塾"书房阁"接受启蒙教育。数年间熟诵四书五经等，并自行寻阅中国历史等书籍。颇受塾师和族人赞许，认为其日后定能光耀门楣。

1828 年（清道光八年戊子）
时年 16 岁，首次参加科举考试，顺利通过县试，但在广州参加府试时落榜。因家贫辍学，帮父兄干农活，或到山野放牛。

---

① 一说在福源水出生。
② 虚岁。下同。

1829 年（清道光九年己丑）

给邻乡某富家子伴读，以免荒废学业。后被聘为本村塾师。

1836 年（清道光十六年丙申）

再度参加科考，依旧名落孙山。盘桓广州期间，路遇外国传教士布道，在龙藏街获赠华人牧师梁发撰写的基督教布道手册《劝世良言》。

1837 年（清道光十七年丁酉）

是年春，第三次赴广州应试，仍落榜，当即病倒。返乡后病情加重，以为将不久人世，对已有身孕的妻子赖氏叮嘱后事。

连续卧病 40 余日，精神恍惚，产生奇异梦境：梦见自己升上高天，一位自称生育世间人类的老者授宝剑、印玺各一，嘱他斩除妖魔；另有一位他称作"长兄"的人助其杀妖。人皆以为洪秀全疯癫。

病愈后，在下寮村（其妻赖氏家乡）彭氏公厅书塾训蒙。

1843 年（清道光二十三年癸卯）

31 岁。是年春，第四次到广州应试，仍铩羽而归。

季夏，时在莲花塘表兄李敬芳家设馆，细读《劝世良言》，发觉书中细节与丁酉年升天梦境相吻合，由此产生心理暗示，认为那位老人即上帝，助他杀妖的中年人即救世主耶稣，妖魔即偶像，而自己便是上帝指派来挽救世道人心、使中国重归真道之人。遂弃绝科举仕进之念，转而信奉上帝。为避上帝"爷火华"（《劝世良言》音译）名讳，改名秀全①。

皈依上帝后，与李敬芳自行施洗，撤去书塾中孔子牌位，开始四下传道，从此走上用"良言"劝世、救世之路。洪仁玕、冯云山欣然信从；其父母兄嫂侄子和少数族人也相继接受洗礼。

1844 年（清道光二十四年甲辰）

3 月，农历元宵节，拒绝撰写祭神诗文，惹族中长辈不悦。未几，因撤去孔子牌位、毁除偶像，新年未被续聘为塾师。

4 月 2 日，与冯云山等四人离乡宣传上帝信仰。先在广州、顺德、

---

① 太平天国宣称系洪秀全天酉年升天后，由上帝替他改名。

南海、番禺活动，后经增城北上至连山。沿途信从者寥寥。

5月5日，行抵白虎圩。随后与冯云山继续赴八排山区布道，但与瑶族居民有语言障碍，难以沟通。行至蔡江，决计赴邻省广西。

5月21日，经长途跋涉，抵广西浔州府贵县赐谷村，落脚表兄王盛均家。随后数月间，相继写有《劝世真文》、《百正歌》、《改邪归正》等，一一劝人学好。四下传道，因诗斥六乌庙、帮助营救表侄王为正而产生影响，逐渐打开局面，信从者逾百人。

9月5日，念表兄家贫，打发冯云山先行返广东。11月末返回官禄 㘵，方知冯云山滞留浔州未归。

1845 年（清道光二十五年乙巳）

在家乡任塾师，继续发展信徒。撰《原道救世歌》、《原道醒世训》等。

1847 年（清道光二十七年丁未）

3月下旬，在洪仁玕陪同下到广州东石角"粤东施蘸圣会"，从美国传教士罗孝全学道。参加教堂《圣经》班，每天接受两小时辅导，包括默诵经文。后申请入教，在资格审查中获肯定。在最后面试时，洪秀全遭人算计，懵懂地提出入教后生活来源即薪金问题，被视为动机不纯。施洗一事搁置。

7月21日，离开广州，再赴广西寻冯云山。途中遇劫，行李银钱一空。

8月27日，辗转至桂平县紫荆山，晤冯云山。得悉后者深入当地传教，苦心经营，已创建"上帝会"，拥有信徒两千余人。洪本人此前被称为"洪先生"，他的到来使信徒们大受鼓舞。

9月间，以教主身份落脚紫荆山，每天与冯云山写书送人，拟定十款天条、入教仪式。这标志着洪秀全手创的宗教（今人称为"上帝教"）正式问世。信从者增多。约同期或稍后，洪写出《原道觉世训》。

10月上旬，选择险固之地栖身，自黄泥冲转寓高坑冲卢六家。

10月26日，率冯云山等抵象州，捣毁甘王庙。此事传闻甚远，信从愈众。后又打毁紫荆山区的雷庙、土地庙等。

12月中旬，别冯云山，转赴贵县赐谷村。

12月28日，紫荆山石人村生员王作新等率团练逮走冯云山，被卢六等人抢回。嗣后，王作新指控冯云山等结盟拜会、践踏社稷神明，吁请将其严办。桂平知县斥其捏控，下令提讯双方。冯、卢被差传到县；王作新离家避风。卢六在羁押中病亡。洪秀全因冯有难，吟诗抒发怅惘思念之情。

1848 年（清道光二十八年戊申）

3月下旬，为搭救冯云山赴广州，拟向主持弛禁天主教事宜的两广总督耆英和外国教会方面求助，未果。紫荆山上帝会因无人主持而出现纷乱，不少人借用当地盛行的降僮巫术，以神灵附体名义各自发号施令。约在 4 月上旬①，杨秀清宣称天父上帝附体，首次以天父名义发话。

仲夏，自广州返紫荆山。冯云山此前因官府草草结案而获释，返紫荆山后即赴广州，两人相左于路。冯未找到洪秀全，遂折回花县。

季秋，萧朝贵宣称天兄耶稣附体，首次以天兄名义发话。洪秀全先后承认杨、萧各代天父、天兄传言的资格，确立其特殊身份，并逐渐萌生反清意向。此时广西境内社会矛盾异常激化，天地会起事渐成燎原之势，局面失控。时人惊呼"民不聊生，官亦不聊生"。

11月19日，与天兄（萧朝贵）在鹏隘山②会话。天兄称洪秀全为"胞弟"，说他是"日头"（即天子），并说"太平时"（指起兵立国时）冯、杨、萧三人俱是军师。月余后，又确认了洪秀全"天王"的名衔。

同期，洪秀全为动员起义，对当年升天异梦情节加以敷衍，宣称自己是上帝次子、耶稣胞弟，在高天由上帝亲赐玺、剑，奉命下凡作主，斩邪留正。

1849 年（清道光二十九年己酉）

1月1日，接见王玉绣等表侄三人。天兄（萧）秘密进行打江山动员，事先叮嘱三人设祭，恳求天父准洪秀全早正大位。

2月中旬，自鹏隘山动身返广东。与冯云山、洪仁玕晤面。

---

① 太平天国宣称天父（杨秀清）首次下凡是在三月初三，天兄（萧朝贵）首次下凡是在九月初九，并把这两天各定为"爷降节"、"哥降节"。日月数字相重，取吉祥喜庆之意，显然是有意这么设定的，并非当初天父、天兄首次下凡的确切时间。

② 俗称"平在山"，亦称平隘山、平山，位于桂平县旧宣二里，属紫荆山区，系萧朝贵居所（下古棚村）之地，毗邻杨秀清居住的东旺冲。

7 月中旬，第四次入桂，与冯云山同返鹏隘山。不久去贵县，寄住那邦村石达开家。

9 月下旬，照天兄（萧）安排，洪、冯转移桂平县金田村韦正（即韦昌辉）家藏身，以策安全。四个月后，栖身紫荆山。

此时，各地会众与官府、团练的冲突日趋升级。而上帝会内部仍有人托称星宿发话，造成纷扰。洪秀全等严办此类僭越之人，确立由洪、冯、杨、萧、韦、石六人组成的核心层：萧为"帝婿"，其余五人被分别说成是上帝的第二、三、四、五和第七子。

11 月 23 日，洪秀全长子洪天贵（后被册立为"幼主"，改名洪天贵福）在花县出生，其生母为洪秀全续弦赖莲英（后被封为"又正月宫"）。

12 月 29 日，萧朝贵领胡以晃"朝王"。40 余日后，贵县会众大败六屈村团练，韦昌辉向天兄（萧）提议"班师回朝"，"朝见太平王"。这说明洪秀全已于是年冬秘密登极，时称"太平王"。

1850 年（清道光三十年庚戌）

2 月下旬，在鹏隘山接见数批备好财物前来朝觐的骨干信徒。天兄（萧）叮嘱众人要谨口、灵变。

4 月 5 日，暗中穿起黄袍。天兄（萧）为此提醒洪秀全暂行避吉，"根机不可被人识透也"。

孟夏或稍后，利用动荡时期人们的避祸求福心理，数次以上帝名义发布预言，宣称"人将瘟疫，宜信者则得救"，以及灾劫将至、届时"有田无人耕，有屋无人住"等。随后预言果然应验，广西数县发生瘟疫，贵县爆发惨烈的土客械斗。于是信从上帝者愈众。

7 月 28 日，经专人赴广东接应，洪秀全家眷抵桂平县旧合村，与洪本人团聚。天兄（萧）出面训话，宣称洪是"太平主"，勉励其次兄洪仁达"同打江山"。起义已呈箭在弦上之势。

夏秋之交，上帝会核心层由近及远，向各地会众发出到金田村集结即"团营"的指令。桂平县行动最早，白沙圩人梁立泰及家人 8 月便在金田入营；桂平境外会众则各按地域聚集，然后开赴金田。此时，广西官府被如火如荼的天地会暴动所牵制，分散了注意力。

8 月 28 日，至金田村。三天后，又转移到平南县鹏化山区花洲山人村胡以晃家密藏。稍后，各地会众扶老携幼成百累千，络绎涌向金田屯扎，呈"八面烧起，起不复熄"之势。

10 月 29 日，天兄（萧）为招齐远方队伍，派人嘱咐洪秀全"千祈秘密，不可出名先，现不可扯旗"。

11 月 4 日，杨秀清病愈，以天父下凡名义主持金田团营大局。

12 月 27 日，杨秀清派兵击溃驻扎思旺圩的清军，与花洲会众会合，迎洪、冯返金田。五天后，起义会众在金田村东南大败清军，斩副将一名。

1851 年（太平天国辛开元年，清咸丰元年辛亥）

1 月上旬，颁布五条军纪：遵条命；别男行女行；秋毫莫犯；公心和傩；同心合力，不得临阵退缩。

1 月 11 日（道光三十年十二月初十），起义群众约二万人①在金田庆贺洪秀全 38 岁生日。洪秀全公开称王建号，以明年为太平天国元年，起义达到高潮。今人通常以这一天作为金田起义纪念日。太平天国自称其军队为"天军"、"天兵"或"圣兵"，今人习称为"太平军"。

十天后，清钦差大臣李星沅奏称洪秀全等"私结尚弟会②"，"擅帖伪号伪示"，"实为群盗之尤"。清政府至此方才意识到，金田会众才是广西最具威胁、最难对付的力量。

1 月 13 日，太平军自金田移营大湟江口，洪秀全在圩北石头脚陈姓大宅设营。在随后半年多时间里，面对清军的围追堵截，太平军处境被动，借熟悉地理之便避实就虚，并在转战过程中继续招集上帝会兄弟。

8 月 15 日，因缺盐、多病号，且清军逐渐缩小包围圈，洪秀全在茶地诏令移营，命杨秀清等五军主将努力护持老幼男女病伤。

8 月 29 日，在莫村下诏，勉励各军将士放胆杀敌，同心同力；宣称"万事皆有天父主张、天兄担当，千祈莫慌"。

9 月 14 日，在大旺圩大同江舟中下诏，告诫众兵将遵天令，不贪生怕死，不贪安怕苦。

10 月 1 日，入太平军六天前攻克的首座城池永安州城（今蒙山），诏令凡杀"妖"取城所得一切财物不得私藏，俱缴归天朝圣库，逆者议

---

① 以妇孺老人居多，能战者仅三千人。

② "尚弟会"即"上帝会"，取其谐音而避改。

罪。半月后，主持围剿的清钦差大臣赛尚阿奏报，"至称为太平王，多有指为洪秀全者"。至此方才知晓洪的身份。

11月17日，诏令各军嗣后每次将交战时表现最好、最差的人记录在册，"俟到小天堂①，以定官职高低"。

12月4日，勉励众兵将真忠报国，宣布凡从前及今后战死者，一律职同总制世袭；俟到小天堂，凡同打江山者一概封赏，累代世袭。

12月17日，诏令嗣后众兵将"呼称朕为'主'则止"，不宜称"上"、称"圣"；另不得再称杨秀清等四位军师为"王爷"，致冒犯天父。诏封左辅正军师杨秀清为东王，右弼又正军师萧朝贵为西王，前导副军师冯云山为南王，后护又副军师韦昌辉为北王，石达开为翼王；宣布"以上所封各王，俱受东王节制"，正式排定核心层座次。另宣布后宫称娘娘，贵妃称王娘。

1852年（太平天国壬子二年，清咸丰二年壬子）

2月29日，通令全军时时严查有犯第七天条（"不好奸邪淫乱"）者，一经查出，立即严拿斩首示众。

4月3日，下诏宣布自永安突围，号令全军轻装行动，放胆诛"妖"。两日后雨夜，太平军从城东突破清军古苏冲防线。随后，在攻打省城桂林受挫后突入湖南，进攻长沙，在三个多月内连下12城。

9月13日，洪秀全为整肃军纪下诏，重申不得私藏私带金宝，尽缴归圣库，违者斩首示众。

11月29日，洪秀全玉玺在长沙南门外制成。次日，因攻打长沙81日不下，太平军撤围。

是年，将早期撰写的宗教诗文合辑为《太平诏书》刊刻。该书大量征引儒家典籍，宣扬"非礼四勿"等，并奉孔子为道德楷模，称"孔丘服教三千，乃以正化不正"云云，反映了洪秀全此时对儒学的公开态度。

1853年（太平天国癸好三年，清咸丰三年癸丑）

1月12日，太平军攻克湖北省会武昌。5天后，洪秀全进城，入驻

---

① 指洪秀全等试图建立的理想国。由于处于流动作战，尚未确定建都立国的具体地点，此时"小天堂"仅是象征性概念。定都后，天京一度被称为小天堂。洪秀全后期明确宣布，天堂有大小两种，分别在高天和凡间，小天堂即太平天国。

清湖北巡抚衙门。

2月10日，太平军撤离武昌。包括妇孺老弱在内的十余万众在汉口分水陆夹江东下，帆幔蔽江，衔尾数十里。

3月2日，洪秀全降诏严别男女、整肃后宫，宣布"外言永不准入，内言永不准出"，"后宫面永不准臣下见"云云，违者斩不赦。

3月19日，太平军攻破江宁府城（今南京），次日控制全城。洪秀全十日后入城，不久宣布在此建都，改称天京。

4月27日，英国驻华公使来天京进行试探性接触。同年12月、次年5月，法、美公使也相继来访。洪秀全视对方为同样敬奉上帝的"兄弟"，同时又视其为进贡番邦。由于外交礼仪上的争执，双方未有实质性接触。

5月中旬，派二万余精锐自浦口北伐，以攻取北京为目标。同期下诏，宣布贬直隶省为"罪隶省"。

5月间，江苏发生地震，天京震感强烈。为此降诏安抚人心，称"地转实为新地兆，天旋永立新天朝"。

春夏之交，明确宣布凡孔孟诸子百家"妖书邪说"者尽行焚除，皆不准买卖藏读；世间有书不奏旨、不盖玺而传读者，定然问罪。天京城随即开始大规模焚毁古书，"搜得藏书论担挑，行过厕溷随手抛，抛之不及以火烧，烧之不及以水浇"。

10月末，太平军推进到天津附近。约在此前后，洪秀全诏封北伐主将林凤祥为靖胡侯、李开芳为定胡侯，褒奖其灭"胡"之功。

11月间，天朝宫殿（俗称"天王府"）在清两江总督署的基础上改建而成，穷极壮丽。该工程历时半载，"木工瓦工千万人，营营扰扰晨至昏"。

12月24日，杨秀清以天父名义指斥洪秀全性情过烈、对宫中女官过于严苛，且教子无方；旋到天王府兴师问罪，下令"即杖四十"，在洪下跪认错和众人哭求下方才作罢。杨复以臣下身份登殿直谏。杨"威风张扬，不知自忌，一朝之大，是首一人"（李秀成语）。洪杨权力摩擦渐显端倪。

约12月间，旨准颁行《天朝田亩制度》。该文献以古代大同社会为蓝本，以土地问题为核心，对社会经济生活重新设计，憧憬建立一个"有田同耕，有饭同食，有衣同穿，有钱同使，无处不均匀，无人不饱暖"的理想社会。主要反映洪秀全的思想，但空想色彩甚浓，无从实施。

1854 年（太平天国甲寅四年，清咸丰四年甲寅）

1 月 14 日，洪秀全寿诞日，天京城大规模选美。经层层筛选，最终约选定 15 名少女，天王、东王各 6 人，北王 2 人，翼王 1 人，"谓天父怜各人劳心过甚，赐来美女也"。此举继男女分馆后，又在全城引起一片恐慌。

同月，举行"天试"，开科取士。大体取法旧制而有所更张。

仲春，在杨秀清再三干预下，洪秀全下令停止焚书，改设删书衙，宣布一切孔孟经书待删改刊印后始准诵习。但直至太平天国覆亡，该承诺并未兑现。

仲夏，诏封秦日纲为燕王，胡以晄为豫王，仍对北伐念念于心。秦奉命增援，北进不久便借口"兵单难往"折回。林、李孤军深入，节节败退，翌年孟春全军覆没。

约是年秋，迫于筹饷压力，准杨秀清等人所奏，确定"照旧交粮纳税"政策，即不改变旧的土地关系来征收田赋。

因天朝宫殿遭大火毁损，洪秀全是年 2 月允准在原址重修。年内竣工后，蔚为壮观，"宫禁焕灿，楼阁百层，延阙琼瑶，钟罄铿锵"（洪秀全语）。

1855 年（太平天国乙荣五年，清咸丰五年乙卯）

8 月 25 日夜三更时分，天父（杨）兴师动众至天王府。洪赶紧出迎，跪求恩赦迟延之罪。天父在金龙殿宣布有关人事处理决定；另宣召洪的正宫赖氏，嘱其打理好内殿之事。

10 月 2 日，出朝门跪接天父（杨）。天父训示洪，称"今朕差尔治天下，以孝道为先"。

1856 年（太平天国丙辰六年，清咸丰六年丙辰）

8 月 15 日，杨秀清以天父身份召洪秀全到东王府，逼封万岁。洪表面应允，随即暗中部署诛杨事宜。

9 月 2 日凌晨，韦昌辉率部血洗东王府。杨秀清及其 27 口亲丁、54 名王娘同时被杀。天明时分，杨的首级被悬挂示众。洪下诏，宣布杨"窃据神器，妄称万岁，已遭天殛"。

9月上中旬，韦昌辉不顾洪秀全反对，以清除东党以绝后患名义，在全城大肆捕杀。石达开随后从前线赶回，劝韦勿滥杀无辜，旋因身陷险境，连夜缒城逃逸。韦将石满门抄斩，并逼洪下诏诛石。石起兵讨韦。内讧进一步升级。

11月2日，洪秀全下令诛韦昌辉。韦被凌迟处死，家眷悉数被杀。其部属则获赦免。

11月中旬，石达开奉召回天京提理朝政。洪秀全宣布"主是朕做，军师也是朕做"，旋又加封其长次兄为王。石颇受掣肘，心甚怏怏，且恐变生不测，渐萌出走之念。

1857年（太平天国丁巳七年，清咸丰七年丁巳）

6月2日，石达开自天京渡江奔安庆，与洪秀全分道扬镳。咸丰帝闻讯大喜，认为"逆匪既生内讧，机会更不可失"，谕令加紧进攻。这场变乱前后持续九个月，使太平天国自乱阵脚、元气大伤，史称天京事变。

7月14日，清军攻陷溧水。两日后又克句容，旋以重兵围攻镇江。洪秀全被迫削去其兄长王爵，派人携"义王"金印及朝中百官求救禀文送至安庆，但石达开不为所动。嗣后洪下诏时仍将"达胞"列为受诏人、排在异姓大臣之首，并遥封石为"公忠军师"。石依旧尊奉太平天国国号，但无意冰释前嫌，孤军远征，直至兵败大渡河。

约9月间，任命宠臣、广西老兄弟蒙得恩为正掌率，主持朝政。但蒙氏缺乏才能和威信，难堪重任。

是年冬，旨准颁行《天父诗》，内收少量天父诗体圣旨，意味着替杨秀清恢复名誉。该诗集以洪本人历年所写的宫闱诗为主，主要训诫后妃恪守妇道、遵守礼仪，反映了其伦理思想。

年内撰《十救诗》，冠名《幼主诏书》刊刻，主要谈严别男女的清规戒律。

1858年（太平天国戊午八年，清咸丰八年戊午）

7月下旬，为扭转战局，着手重组因天京事变而瓦解的权力中枢，封蒙得恩为中军主将，陈玉成为前军主将，李秀成为后军主将，李世贤为左军主将，韦志俊为右军主将。

9月29日，为巩固天京北路门户，宣布在天浦（原名江浦）县新设天浦省，诏令薛之元领兵镇守，"兼顾浦口拓省疆"。

11 月间，英国特使额尔金勋爵率舰队擅闯长江，在天京江面遭炮击后予以还击。洪秀全随后派人送诏给额尔金，将其过境喻作"兄弟团圆"，劝其"替爷替哥杀妖魔"，欲与英人联手对付清政府。

为安抚人心，洪秀全一再增设高级官爵。截至是年末，王之下、丞相之上，扩为义、安、福、燕、豫、侯六爵。嗣后续有增设，名目繁多。在存世官印和册籍中，有五百五十八天安、一千四百六十七天福等名号，用数字排序取代文字作封号。封赏过滥，朝纲日趋紊乱。

1859 年（太平天国己未九年，清咸丰九年己未）

5 月 11 日，加封乍投天京的洪仁玕为干王。未几，封陈玉成为英王，蒙得恩为赞王。嗣后，又陆续封李秀成为忠王，李世贤为侍王，杨辅清为辅王，林绍璋为章王。太平天国第二代领导中枢正式确立。

5 月中下旬，审阅洪仁玕呈献的《资政新篇》手稿，对部分表述加以删改，并写 31 条批语，下令刻印颁行。

11 月 16 日，采纳洪仁玕建议，诏令改天历每 40 年一加为每 40 年一斡旋，斡之年每月 28 日，节气俱 14 日，以便民耕种兴作；另诏令每年刻颁新历时，须注明新设的天历六节，即正月十三日太兄升天节，二月初二日报爷节，二月二十一日太兄暨朕登极节，三月初三日爷降节，七月二十七日东王升天节，九月初九日哥降节。

11 月 23 日，下诏宣布永不改元；另阐释天历六节命意，内称"七月念七东升节，天国代代莫些忘"，给天京事变和杨秀清下了结论，以保持上帝信仰的延续性。

1860 年（太平天国庚申十年，清咸丰十年庚申）

5 月 11 日，群臣登朝，庆贺击溃清江南大营、大解京围。洪秀全经斟酌，允准发起东征战役。

7 月 29 日，以时年不满 11 周岁的幼主名义下诏，褒扬李秀成开辟以苏州为中心的苏福省版图，称"富庶之区首苏福，陪辅京都军用丰"。

9 月 9 日，洪仁发、洪仁达追记洪秀全天酉年升天预诏（即卧病时的呓语），连同后者新写的"自证"（即"按语"），编成一书呈献。洪秀全下令刻颁。该书即《王长次兄亲目亲耳共证福音书》，专门论证洪确乎受命于天。

10月13日，罗孝全牧师抵天京。翌月12日拜见洪秀全，成为第一位也是唯一一位被天王接见的西方人。洪希望罗改信自己的新宗教，罗一心想纠正太平天国宗教的"错误"，双方话不投机。

10月22日，下诏叙述有关收复城池的梦兆，声称"朕睡紧都做得王，坐得江山"，饬令群臣"欢喜顶江山"。时隔两日，梦见自己打死四只虎二条狗，诏令史官记录，"以记爷哥下凡带朕幼作主坐天国，天朝江山万万年也"。

约从10月起，《钦定旧遗诏圣书》前6卷、《钦定前遗诏圣书》全卷开始陆续刊印。钦定版《圣经》由洪秀全对经文作了批注和删改，重点是修订《新约》，主旨是否定基督教的三位一体说以及上帝、基督纯灵说，为自己下凡做主和太平天国立国确立凭据。洪将《新约》易名为《前约》，意在强调自己与上帝所订之约更新、更具权威性。

约在同期，洪秀全审订并旨准颁行《天父圣旨》、《天兄圣旨》，以证明"爷初结约今无失"、"爷哥朕幼永作主"。《天父圣旨》计3卷，完整记录了天父（杨）从1848年4月至1856年8月15日的历次下凡情况；《天兄圣旨》计2卷，完整记录了天兄（萧）从1848年10月至1852年4月18日的历次下凡情况。

11月2日，降诏谴责清政府"厚敛重征"，宣布"体恤民艰"，酌减苏福省新附四民本年度钱粮。

是年末，降诏谈婚娶之事，重申天父允准高官不受一夫一妻约束，规定（幼）东王、（幼）西王11妻，从（幼）南王到（幼）豫王6妻，高官3妻，中级官员2妻，低级官员与其余人等均为一妻。

本年内，再次刻颁《天朝田亩制度》。

约在是年，颁布一道"禁诏"，将土、木、石、金、纸、瓦六种材料制成的偶像斥为"死妖"，将邪教、堪舆、卜、筮、祝、命、相、聘、佛、尼、女巫以及娼、粉色、烟、酒、戏、优、奸、赌19类人划为"生妖"。在太平天国辖境，始终大规模拆毁庙宇、摧毁神像，严禁吸食鸦片、饮酒、赌博、娼妓等现象。

1861年（太平天国辛酉十一年，清咸丰十一年辛酉）

3月6日，诏令改国号为"上帝天国"，凡玺印、诏书均照此更改，以正独尊上帝之纲常。未几，又改国号为"天父天兄天王太平天国"，以示"三子爷共同作主"。

3月21日，英国传教士艾约瑟抵天京，将自己用中文撰写的几篇短文转送洪秀全，内有一文题为《上帝有形为喻无形乃实论》。不数日，洪用硃笔将标题改为《上帝圣颜形体不得见论》，并对正文加以删改、批注，退还给艾约瑟。

4月1日，降诏宣布"永定印衔永荣光"，自今从（幼）东王至（幼）豫王之印，一概换刻五字，由"某军属某王"改刻"顶天扶朝纲"。

4月2日，经谈判，太平天国与英方达成协议，同意在本年内不进入上海、吴淞周边百里以内区域。两天后，洪秀全降诏，宣称"中西永远和约章，太平一统疆土阔"，欲与英国保持永久和睦关系。

5月2日，就驻泊天京的英舰"深淘"号舰长雅龄请求觐见一事，专门降"御照"，嘱"传朕旨意安慰他"，无心接见。

6月7日，降诏阐释更改国号之奥旨，称"开辟爷哥朕天国，眼见天日主乾坤"。在受诏人排序上，洪氏宗室成员均赫然排在翼王、英王、忠王等异姓大臣之前，其亲疏厚薄十分昭然。

6月19日，就鹦鹉下诏。天王府有只养在银笼中的青鹦鹉，系苏福省某官训练后所送，能说"亚父山河，永永崽坐，永永阔阔扶崽坐"。"亚父"指上帝，"崽"指洪秀全及其子孙。洪秀全下诏说，鹦鹉是上帝恩赐"瑞鸟"，"能言圣旨瑞祥吉"，并借此鼓舞士气，称"任妖万飞，任妖万变，天要诛他一锅熟"。

6月26日，下诏讲近日梦兆，包括"亲身觐父皇"、率部"亲征"，以及其妻在睡梦中听见天上说"尔请天王宽心胸，天下太平漫漫来"等；另阐明敬避字样要义。

是年秋，降诏罗孝全牧师，强调自己修改《圣经》的合法性，劝对方相信爷哥朕幼体系，相信他本人确曾上天。

12月29日，李秀成部再克杭州。洪秀全嗣后下诏，从杭州获古书万余卷。洪看罢"总用火焚"，"总不准宫内人看古书，且叫古书为妖书"（幼主语）。

是年冬，以安庆失守为导火索，洪秀全将洪仁玕、陈玉成、林绍璋等人一并斥革。不久恢复洪仁玕王爵；旋又恢复林绍璋爵位，不准王长次兄及洪仁玕过问朝政。迨翌年春，又将林绍璋撵出京城，重新起用洪仁玕掌政。朝内党争激烈，中枢涣散无力。

继赐封洪仁玕等7人为王，洪秀全是年又新封一批王，包括同年冬诏封赴西北广招兵马的陈玉成部将，有姓名可考者达十余人。稍后，又陆续加封李秀成部将为王。为搞平衡，加之卖官鬻爵之风日甚，遂愈封愈滥，最终竟封出 2 700 多个王，导致内轻外重、事权不一现象越发严重。

1862 年（太平天国壬戌十二年，清同治元年壬戌）

1 月 1 日，太平天国回复英方，拒绝继续不进兵上海等无理要求，双方谈判破裂。英国对华政策遂从虚伪"中立"向粗暴武装干涉过渡。

约在同期，洪秀全断然拒绝某"鬼头"联手灭清、事后平分疆土的提议，表示"我争中国，欲相［想］全图，事成平定，天下失笑；不成之后，引鬼入邦"。

5 月 13 日，庐州（今合肥）失陷。陈玉成率众突围，旋被诱擒，6 月 4 日殉难。洪秀全失去一大主力，自此在军事上主要倚重李秀成。

10 月中旬，在洪秀全一再严旨催促下，李秀成集结重兵攻打雨花台湘军大营，激战至 11 月下旬，仍未能破敌。忠王随后奉旨"进北攻南"，转战皖北半年多，折损数万人无功而返。战局告危。

是年，洪秀全旨准颁行《太平天日》。洪宣称"今蒙爷哥恩下凡，旧前约外真约添"。《真约》泛指记载天父天兄圣旨、印证"爷哥朕幼"体系的书籍。按照太平天国的解释，"王乃天日也"，故"太平天日"意即"太平王"。这是记述洪秀全升天受命下凡作主最为详细的一部书，也是太平天国刻颁的最后一部书。编纂《真约》至此告竣。《旧约》、《前约》和《真约》的问世，标志着太平天国已拥有自己独立的宗教经典。

1863 年（太平天国癸开十三年，清同治二年癸亥）

是年春，因战事频频失利，下诏指斥将士"奸邪行恶，不守正道"，不遵守将财物缴归圣库、勿压迫人民的旨令；告诫各知悔改，勿待更大灾祸降临。

是年冬，因健康恶化，预立遗诏，嘱洪仁玕赞襄内外、辅佐幼主。

12 月 21 日，鉴于苏州等地沦陷，天京危如累卵，李秀成登朝提议"让城别走"。洪秀全怒斥说："朕铁桶江山，尔不扶，有人扶。尔说无兵，朕之天兵多过与［于］水，何具［惧］曾妖者乎！"

1864 年（太平天国甲子十四年，清同治三年甲子）

3 月初，湘军正式合围天京。在此前后，洪秀全为抵御粮荒，在宫中阔地自寻百草制成野草团，称为"甜露"，并率先食之，令全城军民仿效。

6 月 1 日夜四更时分，洪秀全病逝，时年 51 岁。按照其教义，未用棺椁入殓，仅以绣龙黄缎包裹，由女官葬在宫内御林苑东山岗上。

7 月 19 日，天京失陷。当夜，幼天王洪天贵福在忠王李秀成护卫下突围出城。洪秀全长兄信王洪仁发投水自尽；次兄洪仁达被俘，"如醉如痴，口称天父不绝"，旋被处死。湘军破城后大肆焚劫，天王府大火延烧七日不熄。

7 月 31 日，湘军掘出洪秀全尸身。据目击者称，"尚未腐坏，中衣皆绣龙，头秃，须已微白"。次日，湘军验毕戮尸，然后焚尸灭迹。

10 月 25 日，被乱军冲散的幼天王不知所措，是日在江西省石城县荒山中被俘。他一心求生，曾写诗表明心迹曰："如今我不做长毛，一心一德辅清朝。清朝皇帝万万岁，乱臣贼子总难跑。"

11 月 18 日，幼天王乞降不成，在江西南昌被凌迟处死，时年 16 岁。太平天国世系终结。

洪仁玕卷

导　言

一　洪仁玕的人生三部曲

　　严格地说，洪仁玕算不上思想家，其思想缺乏系统性、延续性。但他确实是中国近代思想史上的一个标志性人物。在 19 世纪 60 年代之前，对时势有客观、清醒认识，坦然承认中国落后、西方先进，明确提出向西方学习、尽快改变中国现状，洪仁玕是当之无愧的第一人。他撰写的《资政新篇》是近代中国学习西方、探索现代化道路的一个里程碑，代表了当时的最高水准。一部中国近代思想史，不能不谈到洪仁玕。

　　洪仁玕的名字与洪秀全、太平天国紧紧连在一起，其历史评价同样也有起伏：20 世纪 50 年代初，洪仁玕一度被斥为外国侵略者在华的代理人；在随后突出"气节"的特定岁月，他又因兵败被俘后宁死不屈而被誉为太平天国的大英雄；进入改革开放新时期后，又被视为改革家。总的来说，关于洪仁玕的评价以正面居多，争议相对较小。

　　从塾师、基督徒到太平天国总理大臣，是洪仁玕的人生三部曲。

　　洪仁玕比族兄洪秀全小 9 岁（彼此曾祖是同胞兄弟），同属洪氏宗族的仁字辈，同为广东花县官禄㙟人，均出身家境寒微的客家农户。两人早年身世如出一辙：自幼服膺儒家孔学，后来热衷功名，但科场失意、屡考不中，只好权充塾师，以维持生计。

　　洪仁玕与洪秀全"原是五服宗潢，巷里相接，长年交游起居"（洪仁玕语），且少时曾从后者读书一年。基于这层特殊关系，他深受洪秀全影响：在洪秀全劝说下最早皈依上帝，并撤去私塾中孔子的牌位；在家乡闹元宵时一同拒绝撰写祭神诗文，后又随洪秀全一同到广州罗孝全牧师处问道。不过，此时的洪仁玕仍有些彷徨，顶不住世俗压力和功名仕途的诱惑，并没有完全做到共进退：洪秀全离乡传道乃至远赴广西时，没有一同前往；洪秀全确立反清意向、在家乡逗留数月二次入桂时，仍未随行，依旧一面训蒙，一面应试。1850 年，29 岁的洪仁玕第五次参加科考，依旧落榜。同年金田团营前夕，洪秀全派人到花县接亲属来广西会合，洪仁玕仍踌躇不决。金田起义爆发后，清政府大肆搜捕洪秀全亲属。洪仁玕不再犹豫，赶奔广西，因追赶太平军不及而折回，从此开始长达八年的流亡生活。

1852 年谷岭起事失败，洪仁玕侥幸逃脱，被迫投奔亲友四处藏匿，以教书、行医为生。同年 4 月赴香港，在瑞典传教士韩山文处盘桓数日，提出入教请求，以寻求庇护。次年，在新安县（1914 年改名宝安县，今深圳市）布吉找到韩山文牧师，终被接纳，正式受洗入教，并被带回香港。经韩山文牵线，得到伦敦布道会香港差会理雅各（James Legge）牧师帮助，以教授西教士中文之职在香港落脚。

太平天国在定都后势头强劲，大有取代清政府之势，引起西方朝野的极大关注。韩山文牧师根据洪仁玕口述，用英文撰成《洪秀全之异梦和广西叛乱的起源》，披露了许多鲜为人知的内幕。该书于 1854 年在香港出版，成为畅销书。洪仁玕一心想投效洪秀全，同年 5 月转赴上海，落脚伦敦布道会上海差会。此时小刀会正在上海与清军对峙，战事不断，交通阻隔。洪仁玕在沪约半年，未能如愿前往天京，便又返回香港，继续依托教会栖身。理雅各牧师顶替业已病逝的韩山文，成为洪仁玕的主要庇护人。

这段流亡生活是洪仁玕人生的一大转折点。一是地点变了。以前主要生活在本村和邻县，如今生活在一个几乎完全陌生的环境：在上海租界生活半年，在英国殖民地香港前后居住四年多。二是接触人群变了。以前主要与亲友、熟人交往，生活在华人圈子，如今主要与西方传教士打交道，生活在洋人圈子。在日后撰写的《资政新篇》中，洪仁玕逐一罗列各邦与他"相善"之洋人的名字，共提到 22 人，除英国驻上海总领事馆翻译米士威（T. T. Meadows，一译"密迪乐"）外，其余 21 人均为西教士。三是身份变了。他正式受洗入教，并在教会供职，接受系统正规的基督教训练，成为一名较为纯正的基督徒。四是心智变了。通过栖身教会，洪仁玕接触到基督教之外的其他西学领域，耳濡目染了英国在香港移植和建立的近代文明，亲眼目睹了香港的变化和发展，并与香港的华人精英多有接触。这一切对洪仁玕触动很大，使他的内心世界在潜移默化中发生变化，成为一名热衷西学、讲求时务的早期新型知识分子。就连生活习惯也有所改变：他接受了西餐，喜饮葡萄酒。投奔天京后仍如此，尤其是在招待来访的外国人时。

洪仁玕在香港过着平静、安逸、体面的生活，远离内地的动荡与厮杀。

不过，他始终没有打消投效太平天国的念头，不甘寄人篱下。他后来表白说，自己到香港，"本为避祸隐身，并用意在夷人风土，并不为名利计"。1858年春，洪仁玕只身北上，历时 11 个月、辗转数省，历经千辛万苦，终于如愿来到天京。月余后，被封为开朝精忠军师干王，总理朝纲，时年 38 岁。

从一名流亡的基督徒骤然官居太平天国总理大臣，这是洪仁玕人生的又一大转折点。洪仁玕很想有一番作为，受封当月便向洪秀全条陈《资政新篇》，具体阐述了自己的新政思想。该文献仅 8 600 字左右（不计所附《兵要四则》），言简意赅，富有时代气息。其思想之先进，见解之深刻，言词之恳切，今日读来，仍不免令人感触不已。

首先，该文献摒弃陈腐不堪的天朝上国观念，对时下的中西格局有着清醒认识。意识不到落后，也就没有奋起直追的变革动力。鸦片战争后，清政府并没有从战败中警醒，积极求变，而是无视危机和挑战，继续用传统的夷夏观念来看待中外关系，以致在文恬武嬉的疲玩泄沓局面中白白丧失十余年光阴。西方列强急于扩大在华权益，在通过外交途径交涉未果后，悍然挑起第二次鸦片战争，直至侵占京师、火烧圆明园。清政府被迫接受城下之盟。主持议和的奕䜣在分析英法坚持公使驻京的原因时说，"其意必欲中国以邻邦相待，不愿以属国自居"。北京崇文门外有位民人见英法联军走过，拍手大笑曰"鬼子来也"，竟遭毒打，伤重垂毙。赘漫野叟《庚申夷氛纪略》特别提到和约中不许称洋人为"夷"一款，认为"不可不知"，并列举此例，表示"强梁至此，可不避其忌讳耶"。朝野至此方才意识到，不能沿用旧观念与洋人打交道。而《资政新篇》早就明确指出这一点。该文献特意介绍世界大势，强调旧的夷夏格局早已不复存在，欧美列强的国力远在中国之上，就连东邻日本"将来亦必出于巧焉"；提出了新的国际观念，主张国与国之间以信义相示，彼此平等往来，不可妄自尊大轻侮对方，以免引起无谓的争执和祸端。与清政府因为再次战败才被迫改变观念相比，洪仁玕的这种认识源于自己的理性思考，是主动产生的。这在当时实属难能可贵。

其次，该文献是当时国内最为完整和先进的现代化纲领，深刻揭示了向西方学习这一时代命题，倡言顺应时势、革故鼎新。早期启蒙著作如魏源《海国图志》、徐继畬《瀛环志略》等，主要从地理学角度来认识外部世界，且书中仍掺杂不少华夏中心论之类的陈腐观念。魏源提出了"师夷长技以制夷"的著名命题，但他所欲效法的西方"长技"仅指坚船利炮和养兵练兵之法，视野很受局限。曾国藩、李鸿章等人后来倡办

"洋务"，最初也是从军事角度着眼的。而《资政新篇》所涉及的内容极为丰富，主张效仿西方，兴办现代交通运输、采矿、银行、保险、专利、税收以及相关的邮政、新闻等业。洪仁玕还谈到政治制度，对美国的总统选举、议会制等有所介绍，认为西方"邦法宏深"，并列举俄国彼得一世改革为例，说明学习先进使国家振兴的道理，其赞许之情溢于言表。他还从人心风俗的角度进行分析，憧憬建立一个"兵强国富、俗厚风淳"的"新天新地新世界"，认为西方社会崇尚实学，推崇火车、轮船等技艺，而中国社会专事浮文，骄奢之习盛行。洪仁玕慨叹说，中国不能顺应时势，"毫无设法修葺补理，以致全体闭塞，血脉不通，病其深矣"。基于强烈而又深沉的忧患意识与自强意识，洪仁玕倡言"因时制宜，度势行法"，呼吁"与番人并雄"、"奋为中地倡"。放眼当时的中国，论思想高度及境界，无人能出其右。出于敌意和偏见，曾国藩机要幕僚赵烈文嗤笑太平天国编写的书籍"鄙俚不经"，惟独对《资政新篇》另眼相看，认为该书所言"颇有见识"，"于夷情最谙练"；"观此一书，则贼中不为无人"。

过去有种观点，认为《资政新篇》是洪仁玕在洪秀全支持和鼓励下撰写提出的，代表了洪秀全晚年的政治倾向。这种主观推断缺乏依据。洪秀全在审阅《资政新篇》时加了不少批语，对其中的新建议大多表示赞同，但这并不意味着他在认识上已达到洪仁玕的高度。《资政新篇》的产生与农民战争毫无关联。该书（文）开篇即云："缘小弟自粤来京，不避艰险，非图爵禄之荣，实欲备陈方策，以广圣闻，以报圣主知遇之恩也。……兹谨将所见闻者条陈于后，以广圣闻，以备圣裁，以资国政，庶有小补云尔。"其篇末亦云："小弟于此类凡涉时势二字，极深思索……故恭录己所窥见之治法，为前古罕有者，汇成小卷，以资圣治，以广圣闻。"洪仁玕讲得很清楚，他所条陈的内容源于其流亡期间的见闻与思考，"为前古罕有者"（这也正是篇名"新"字的寓意所在），意在"以资圣治，以广圣闻"。比较而论，洪秀全所钟情的是《天朝田亩制度》，试图按照古代大同模式来改造中国，所设计的是一个理想化的农业社会，主张"天下人人不受私"、"天下大家处处平均"；而《资政新篇》描绘的是一个效仿西方资本主义的工业社会，提倡发展私有经济，"准富者请人雇工"。前者是往后看，后者是向前看。此时在学习西方方面，是洪仁玕影响洪秀全，而不是洪秀全影响洪仁玕。

洪仁玕的投效，给太平天国后期较为沉闷的政局带来了生气，同时也给这场旧式农民运动注入了新观念新意识。在太平天国刊布的所有文献中,《资政新篇》无疑最有价值、最富有时代气息。

　　然而,这些闪光思想在洪仁玕后来的著述中已成明日黄花,难以寻觅。在战火纷飞、血战正酣的背景下,修铁路等方案根本无法实施,正如洪仁玕所言,"非目前所急务者"。理想不得不让位于现实。针对结盟联党、事权不一、卖官鬻爵等现象,洪仁玕在主政之初顶住压力,欲整饬吏治,认为这"尤为今兹万不容已之急务","再一隐忍姑息,我辈并无生理"。但洪仁玕在太平天国资历浅、根底浅,缺乏杨秀清那样的威望和铁腕,根本镇不住那些老臣宿将,颇受掣肘。而洪秀全对他的信任也有反复,一度将其晾在一边。这是洪仁玕不得不面对的另一种现实。基于感戴之心和血亲关系,洪仁玕对洪秀全近乎愚忠,每当思想或意见与洪秀全相左时,总是一味服从、迁就。他曾有将太平天国宗教向正统基督教靠拢的念头,但鉴于该领域是洪秀全的禁脔,便不再坚持。作为一名纯正的基督徒,他明知天王受命于天、是上帝次子之说是不经之谈,但为了维护洪秀全的权威与尊严,仍有意迎合,加以铺陈,乃至逐渐割弃原先接受的那套基督教正统教义。他这么做难免会感到纠结,但确实是自愿的。洪秀全后期有不小过失,李秀成在被俘后的笔供中埋怨他一味言天说地、信天不信人、用人不公,虽言语偏激,但大体是中肯的。而洪仁玕始终对洪秀全大加歌颂,乃至刻意美化懵懂怯弱的幼主,并在朝内党争中偏袒颟顸无能的王长次兄。从香港来到天京,环境的改变直接导致其新旧观念的此消彼长。在太平天国,洪仁玕高处不胜寒,推行新政力不从心,有孤独感,尤其是在思想的沟通交流上。他曾对来访洋人私下谈到这层意思。在《四十千秋自咏》一诗中,洪仁玕有"不惑之年惑转滋"之叹,流露出些许怅惘与困惑,隐约反映了其内心的苦闷。

　　另一方面,洪仁玕毕竟没有经历艰苦卓绝的起义立国阶段,缺乏这方面磨炼,其思想有迂阔的一面。渲染耶稣登山宝训的忍耐、仁恕等观念,大谈第六天条"勿杀"概念,便与当时血雨腥风般的政治决战形势很不协调。倒是洪秀全看得很分明:"爷令圣旨斩邪留正,杀妖杀有罪不能免也。"

　　在对待儒学的态度上,洪仁玕比洪秀全有弹性,较为开通。与后者的激进态度相比,洪仁玕自言"生长儒门"、"自幼习举子业",认为儒学与上帝之说有吻合之处,明确肯定其价值,号召儒生投效。他还对中西方的人心风俗进行对比,针砭专事浮文、徒事清谈的士林陋习,倡言讲求实学。这确是过人之见。

　　在对外关系上,洪仁玕认识到西方之先进,以及学习西方、与西方国家保持友好关系的必要。他原本以为，在太平天国主动调整对外政策、改变傲慢自大态度后，会顺理成章地获得列强的好感和外交承认。然而，西方列强惟利是图，外交讹诈与军事威胁并用，根本不讲实质性的平等，更不讲信义：先是悍然以武力阻止太平军进占上海，后又撕毁"中立"面纱，与清廷联手镇压太平天国。洪仁玕这才看清这些"文明"国家野蛮虚诈的另一面，得出"鞑妖买通洋鬼，交为中国患"的结论。这在认识上又进了一步，从一个侧面昭示了近代国人滞重而又曲折的认识西方过程。

在民族、国家层面上，洪仁玕有朦胧的新意识，但观念总体上是旧的。他的汉民族意识同样十分强烈，指斥元、清两代统治者为"元妖"、"鞑妖"；在中国历代帝王中，最为推崇光武帝刘秀、明太祖朱元璋，认为"光武能恢复汉室，洪武能用夏变夷"。

洪仁玕的节操是一流的，总理朝政之初便明确表示"宁捐躯以殉国，不隐忍以偷生"。随着局势危殆、山穷水尽，高级将领哗变事件迭有发生，而洪仁玕矢志不渝，欲挽狂澜于既倒。兵败被俘后，面对威胁利诱不为所动，决意杀身成仁。死神逼近之际，他在自述和绝命诗中无一字提及现代化方案，着重抒发了为"攘夷"大业失败而抱恨终天的心态。这一心境暗合了中国后来的历史发展轨迹：先革命，后建设。

二 洪仁玕著述简介

太平天国败亡后，洪仁玕著述同样未能摆脱被毁禁的厄运。他在主政期间颁发的文书不可胜数，以个人名义撰刊或领衔编写的书籍也不在少数，而存世者寥寥。信函方面，可确知者，他在赴天京途中共给香港教会写过 5 封信，到达后又给香港湛孖士（John Chalmers，一译"湛约翰"）牧师、友人黄胜去信，苏州外交斡旋期间分别给英法美三国驻沪领事去信，可惜均已不存或未发现。① 手稿本《天妈天嫂辨正》，洪仁玕在苏州赠给艾约瑟牧师，至今杳无踪迹。所幸的是，搜访史料的工作在不断向前推进。例如，洪仁玕被俘后的亲书自述等，原件藏台北

---

① 赴天京途中写给香港教会的 5 封信，有 3 封辗转送达。其中一封写于 1858 年 12 月初，理雅各牧师在稍后写给伦敦布道会总部的一份报告中，将该信英译件列为附件，后均被收入《伦敦布道会档案·华南部分》C 卷宗第 1 夹第 6 匣。[英] 施其乐《作为精英、中间人的华人基督徒与香港教会》（牛津大学出版社，1985）大段摘引。其回译件 200 余字，见夏春涛：《从塾师、基督徒到王爷：洪仁玕》，64 页，武汉，湖北教育出版社，1998。

"故宫博物院"文献馆，萧一山先生在《清代通史》中片段征引；20 世纪 90 年代，经王庆成研究员发掘整理，终于完整地公之于世。这本集子，实际上是洪仁玕存世著述（包括回译件）的汇编，但仍不足 10 万字，与洪仁玕的实际著述数量不成比例。但从抢救、整理史料的角度说，已足以令人欣慰，是几代学者共同努力的结果，弥足珍贵。

洪仁玕著述总体上遵循太平天国避讳制度，譬如，"上"以"尚"字代，"王上添人"作"王尚添人"，"上海"作"尚海"；"华"以"花"字代，"荣华"作"荣花"，"华人"、"华民"作"花人"、"花民"，等等。若照原文直录，不免费解；若逐一加注，又不免累赘。故本卷正文仍采用本字，并在必要处加注。原文抬头之格式，也不再沿用。据英译件回译的文书，凡人名、地名不能确定之处，均标注原文。谨此说明。

依照洪秀全卷体例，本卷对诗文不作分类，一并按时序编排。以下按目录顺序，对洪仁玕著述逐一作简要说明。

《洪秀全来历》，1852 年 4 月洪仁玕在香港首次与韩山文牧师见面时所写，讲述洪秀全和他本人的简历。《逸经》（半月刊）第 25 期由简又文先生加此标题刊出。

洪仁玕被教会接纳在香港立足后，韩山文牧师根据其口述，撰成《洪秀全之异梦和广西叛乱的起源》一书。韩山文在该书"导言"中说，他在写书时尽可能以守信、不加更改的方式来记述所得到的全部信息，且绝少评论。因此，此书可以视作洪仁玕的著述。本卷节选关于洪秀全患病期间的相关描述（回译）。将之与《太平天日》对校，有助于了解洪秀全当时的真实状态。

《资政新篇》，洪仁玕封王当月条陈，是对流亡期间睁眼看世界之感受的总结，极富时代气息。洪秀全加了 31 条批注，并删除原稿论及上帝无形的文字。

立法制喧谕，同为主政之初发布，指斥"动以升迁为荣，几若一岁九迁而犹缓，一月三迁而犹未足"之歪风，晓以利害，力主整饬吏治。洪仁玕初来乍到，寸功未立就位居群臣之首，以致众口沸腾；此时欲革除时弊，触犯权贵利益，势必会引火烧身。但洪仁玕不计个人荣辱进退，表示"惟是丈夫自命，宁捐躯以殉国，不隐忍以偷生"。这反映了他的节操与眼光。

《开朝精忠军师干王洪宝制》，系洪仁玕主政初期的文论汇编，首为颁新政喧谕，后接《克敌诱惑论》、《兵要四则》以及一些宗教短论，末为新撰的祈祷文。强调振作精神、同仇敌忾；宗教部分，委婉表述了一些正统基督教观点，反映了他与洪秀全在宗教思想上的区别。

《己未九年会试题》，即《天父天兄天王太平天国己未九年会试题》，系洪仁玕奉命总典秋闱时根据试题所写文章，主旨是神化洪秀全。洪氏兄弟当年都是落榜童生，如今开科取士，心境迥然不同。

致英国传教士艾约瑟书，邀其来苏州"面倾一切"，系洪仁玕为太平军进占上海进行外交斡旋所做的努力之一。干王想通过私交来促成与洋人和谈。但西方国家的对华政策由各国公使主导，非传教士所能左右。他显然对此缺乏认识。

《钦定英杰归真》，假托某张姓清政府官员倒戈故事，以对话形式，诠释了太平天国的相关思想及典章制度。凡太平天国书籍均须送审，洪秀全旨准后才能刊刻，故而书名冠有"钦定"二字。

凛遵敬避字样喧谕，重申凡奏章等一切文书须严格遵守避讳制度，并详细开列敬避字样并代替各字。这从一个侧面折射出太平天国的政治氛围。事实上，相关规定过于繁琐，疏漏在所难免。洪仁玕本人将"天酉年"、"丁酉年"混用便是一例。

致英国驻天京翻译官富礼赐（R. J. Forrest）书，计两封，谈及外交礼仪，婉拒赴英舰作客，表示"尔不轻跪，我不轻出，各守各礼，是为两得"；另谈及英方照会没有直称自己官衔这一细节，婉转表达了对英国不予太平天国外交承认的不满。

《钦定军次实录》，系洪仁玕奉旨外出催兵途中所写诗文的汇编，同时辑录他本人及洪秀全的一些旧作；末为洪仁玕返天京后领衔颁布的一件文书，申令戒浮文巧言。从各自作品看，洪仁玕的经史知识及写作水准似在洪秀全之上，内容也比后者有生气。栖身香港时，他曾作为理雅各牧师（后来成为享誉欧洲的汉学家，牛津大学首位中国语言和文学专业的教授）的学术助手，参与翻译中国典籍。理雅各对洪仁玕评价较高，认为"他的文学造诣令人敬重"。

献试士条例本章，由洪仁玕以文衡正总裁身份领衔奏陈，所附"条例"对科举考试制度规定甚详，有推陈出新之意，计划自太平天国甲子（1864年）科实行。不过，先前开科取士时，士子出于观望心理和文化隔阂，大多视之为畏途，应试者多为粗通文墨的医卜星相之流，以致太平军不得不捉考、逼考。随着战局急遽恶化，太平天国在甲子年已危在旦夕，新条例未及实施，成为一纸空文。

《诛妖檄文》，计两篇，谴责清朝腐朽统治，从满汉仇雠、华夷之辨的角度，号召为清廷效力的汉族官兵弃暗投明，共佐天朝事业，迎来太平一统。这反映了传统夷夏观念对洪仁玕的影响。还值得注意的是，檄文有"丁酉年之上天，玺剑赐由上帝；四十日之灵体，诗章教自父皇"一说（《钦定英杰归真》也有类似表述），与当年对韩山文牧师的叙述大异。由此可以看出他对太平天国话语的适应，以及他对洪秀全的绝对忠诚。

　　然而，因太平天国大势已去，洪仁玕无力回天。在江西被俘后，他先后写有两份亲笔自述，另有五份口述，结合亲身经历，从不同侧面讲述太平天国历史，对败亡原因多有检讨和反思。从中可以窥见其悲愤、自责、不甘等心态，再就是决意杀身成仁的信念。洪仁玕以文天祥自励，说："予每读其史传及《正气歌》，未尝不三叹流涕也。今予亦只法文丞相已。"表示"我鞠躬尽瘁，只求速死"。其气节于此可见一斑。

　　忠王李秀成先于洪仁玕被俘，同样写下亲笔自述，同样结合亲身经历谈太平天国历史，同样在临刑时毫无戚容，甚至两人享年也相差无几（干王年长一岁）。所不同的是，李秀成在自述中对洪秀全颇多指责，对曾国藩大加奉承，并流露出乞降求抚之意。曾国藩处死李秀成后，对其亲供加以删改，以"各处索阅逆供者多"为由，在安庆刊印《李秀成供》一册，分送军机处和地方大员。关于太平天国败亡原因，洪、李二人几乎各执一词，尤其是在对当事人的评价上。江西巡抚沈葆桢便将《李秀成供》交洪仁玕看，以试探其反应。洪仁玕大受刺激，就相关段落写下反驳文字，陈述事情的原委与真相。他一再提到忠王"变更不一"、"己多更张"、"变迁不常"、"变迁不一"，并谈及苏州叛将向李鸿章献城一事，认为"即忠王亦几几不免"。围绕李秀成是伪降还是变节，学界意见不一，1964年一度从学术问题上升为政治问题，至今仍存有争议，成为太平天国研究中最大的一桩公案。洪仁玕的文字，为我们进一步思考这个问题提供了重要参考资料。

　　在狱中，洪仁玕曾在一天内连写四首诗，抒发胸臆，为"志在攘夷愿未酬"而嘘唏不已。他在被俘之日就已抱必死之心，所以这些诗可以看作是他的绝命诗。

　　被俘44天后，洪仁玕在南昌被凌迟处死。当日，他写有一首真正意义上的绝命诗，坚信"我国虽消逝，他日必复生"。他以正值英年的生命，实践了自己"宁捐躯以殉国，不隐忍以偷生"的誓言。

　　本卷有一附录，即1860年8月2日洪仁玕与艾约瑟牧师在苏州的对话。当日艾约瑟提了30个问题，洪仁玕逐一解答。艾约瑟据此整理成文，刊发于《北华捷报》。双方的对话主要围绕宗教话题展开，包含一些重要信息，是一篇有价值的报道。

洪秀全来历[*]

其人自少读书，聪明无比，无书不读。十五六岁考试，常居十名内。祖父耕读传家。丙申年在广府考试，逢一异人，着大袖衣，梳髻。传书一部，名曰《劝世良言》。书中所言，教人信实上帝、耶稣，遵守十诚，不可拜魔鬼，以及其病时灵魂所见一一相同，故即照书中所言而行。作诗一首以悔罪曰：

> 吾侪罪恶实滔天，幸赖耶稣代赎全。
> 勿信邪魔遵圣诚，惟崇上帝力心田。
> 天堂荣显人宜慕，地狱幽沉我亦怜。
> 及早回头归正果，免将方寸俗情牵。①

又诗曰：

> 神天之外更无神，何故愚顽假作真。
> 只为本心浑失却，焉能超出在凡尘。

甲辰岁，游广西，作有《原□□经》、《劝世真文》、《百正歌》、《改邪归正》，共有五十余帙，一一劝人学好。

丁未年，将向日所得《劝世良言》同洪益谦到省城礼拜堂对验，更学道理数月，受洗礼功食。然后复往广西传道，无不信从，故得上帝、耶稣显有无数神迹，故哑者亦开口，狂者亦自愈。杨庆修得升天堂，空

---

* 洪仁玕 1852 年 4 月所写，讲述洪秀全和他本人的简历。原件现藏伦敦英国图书馆东方部。简又文先生主编《逸经》第 25 期以《洪秀全来历》为题刊出，中国史学会主编《中国近代史资料丛刊·太平天国》第 2 册据此收录。本书据《太平天国》排印件辑录。
① 该诗与《太平天日》所辑在文字上稍有差异，包括改"我"为"朕"。

中有鼓乐声。又降童子①言其名曰："三八二一，禾乃玉食，人坐一土，作尔民极。"每有诰诫，即降童言。

己酉年，上帝又降言云："人将瘟疫，宜信者则得救。"后果然，故信徒愈众。

庚戌年，又降云："有田无人耕，有屋无人住。"后土人、来人相杀，又验帝言。虽然如此，本不欲反，无奈官兵侵害，不得已而相抗也。

闲居作有对，贴于壁上：

信实耶稣终有福　叛逆上帝终有哭

道实难知何怪庸夫俗子　人非易取惟求豪杰英雄

遵圣诫拜真神撒手时天堂易上　泥世俗信魔鬼尽头处地狱难逃

养成正大一途即为豪杰　脱尽习气二字便是英雄

其所作之文，难以尽述，早有订好，留在家中。

要知心腹事，来历细详明。余自道光二十二年壬寅岁，蒙兄洪秀全在丙辰年所得《劝世良言》，将书内所言道理一一指示——上帝之权能、耶稣之神迹、妖魔之迷惑，从始至终，对余讲了一遍；以及自己病时魂游天堂所见之事，又对余讲了一遍。余乃如梦初觉，如醉初醒，一觉泫然出涕，遂将馆中所立孔子、文昌，家中所立灶君、牛猪门户来龙之妖魔，一概除去。次乃讲与父兄、宗族朋友亲戚得知。其中有闻而即信者，有闻而执拗者，有闻而知其为真不敢遵守者，有始而不信而后悟其真而始遵守信者。总之，信者即为圣神风所化，毁打无数偶像；不信者益为魔鬼加硬其心，反为殴辱我等。

后至甲辰岁，闻番兄弟讲福音、立礼拜堂，遂欣然而喜，辞书馆不教，同三人而游清远，往连州八排，亦如在家传教一样。遂悟《圣经》所云"圣人在本处不遵"之句。遂又向广西而行，始到贵县，后来浔州、桂平、平南、武宣、陆川②、博白、象州、化州，亦莫不闻风而来拜上帝者。东西两省往来几次，广东虽有信徒，究不如广西之盛行也。虽然卒至被人诬告，押毙王、卢二人；后又适逢土人、来人相杀，各无所依者，尽皆扶老携幼来归。以其向日专以爱人为

---

① 即"降僮"，僮子宣称神灵附体，系广西浔州一带流行的巫术。民间笃信僮子善预言、能治病。天父（杨）、天兄（萧）下凡便由此脱胎而成。

② "陆川"，原作"鹿川"，误，校改。

心，教人为善故也。初时官兵亦以其为善人，不与战斗，只顾逐他强盗。后率至数万，羽翼既成。此岂非天父天兄之力，而为真命之归乎？

今者日传日盛，所战必克，内而军法严正，外而德服人心，威声日振，故着人回乡教化，盖欲使我同道之人周知其事。殊料人心不一，泄漏其情，卒为贪官污吏拿获。幸得天父天兄照顾，得脱罗网。虽然深思可合吾心者，惟思此境此理，天各一方，沿途而至……

太平天国起义记（节选）*

　　翌年，即 1837 年，秀全再赴省城应考。起先名列前茅，但后来又告落榜。他极为悲伤失落，再次无奈地败兴而归。因自忖病得不轻，遂雇了一顶轿子，由两名精壮轿夫抬送回本村。阴历三月初一日回到家中，身体极度虚弱，一度卧病不起。

　　卧病期间，秀全接连入梦，产生许多幻象。起初见到一大群人，表示欢迎他加入其行列。他认为此梦意味着自己即将死去，将去见阎罗王，便把父母和其他亲属叫到床边说："我的日子不多了，我快死了。父母啊！可叹我未能报答大恩！我再也不能一举成名以显扬父母了。"由两位兄长扶坐在床上说完后，他即闭眼，气力全无，不能动弹。所有在场的人都以为他将死去，两位兄长轻轻地将他放下。秀全一时对身边正发生什么毫无知觉，没有反应，身子如死人一般躺在床上。但他的灵魂被一种特殊力量所支配，以至不但体验了极为奇异的事，嗣后还对所发生的一切有着清晰记忆。

　　闭目后，秀全起先见有一龙、一虎、一雄鸡进入其房间。接着，又见好多人奏着音乐，抬一顶华美轿子走近，请他乘坐，然后起轿而去。秀全受宠若惊，不知如何是好。众人很快来到一个美丽明亮之地。此处聚集着许多优雅男女，热情地夹道欢迎他。下轿后，一老妇将秀全领到河边，说："你真脏啊！为何结交那些人，以致弄脏自己呢？现在我必须把你洗干净。"洗毕，秀全在众多年高德劭者陪同下，走进一座大建

---

　　* 节选自洪仁玕述、［瑞典］韩山文撰、简又文译《太平天国起义记》，以 1935 年 7 月燕京大学图书馆重印本为底本。简又文译本为半文半白，且有不确之处。编者据英文本对译文逐句作了校改，近乎重译。又，有些诗作已收入《洪秀全卷》，为保持文义的完整性，此处仍予辑录。谨此说明。

筑；他发现这群人中有不少古圣先贤。他们用刀剖开秀全身体，取出心肝五脏，放入鲜红的新内脏。伤口随即愈合，看不到任何疤痕。秀全见此处四壁挂有不少木牌，上刻鼓励积善行德之言，便逐一读过。

接着，他们进入另一座大殿，其美丽豪华程度难以言喻。一位可敬的长者留金须、穿黑袍，威严地坐在最高处。乍见秀全，老人便潸然泪下，说道："世间之人皆我所生所养，食我食，衣我衣，但却无一人保持本心记挂我、尊敬我；尤可恨者，竟以我所赐之物敬拜魔鬼。世人存心背叛我，惹我发怒。你千万不要学他们。"于是，老人给秀全一把剑，命他歼灭妖魔，但不得妄杀兄弟姊妹；另给一块印，用以征服邪神；又递给一枚黄色水果给秀全吃，其味甜美。

接过这些皇族信物后，秀全随即劝说殿内众人回心转意，敬拜坐在高座上的老人。有些人回应说："我们确实对老人家未尽本分。"另有些人说："为什么要敬拜他呢？我们还是只管自己快活，与朋友们一同饮酒吧。"秀全见他们如此铁石心肠，便继续含泪劝说。老人对他说："放胆去干吧！若遇任何困难，我会帮助你。"随即面对那些年长有德者说："秀全的确堪当此任。"老人于是领秀全出殿，让他从高天俯视，说："你看看凡间人，竟然迷失本心，如此堕落荒谬！"秀全俯瞰凡间，看见种种恶行竟到这步田地，感到目不忍睹、口不忍言。

从昏睡状态醒来后，秀全仍受奇梦影响，头发自行竖立。他忽觉怒不可遏，不顾身体虚弱，穿衣下床走到其父处，略微作揖后说道："天上可敬的老人已经下令，天下百姓皆归我管，天下财物均归我所有。"其父见他走出来，又听他以这种语气说话，亦喜亦惧，不知如何是好。

秀全连续抱病和产生幻象大约 40 日。在异象中，他常遇见一位他称作"长兄"的中年人。此人教他如何战妖，陪他漫游到极远之地搜寻邪神，并助他斩杀剿灭之。秀全还听见穿黑袍的老人呵斥孔子，指责他在其书中未能清楚地阐述真道。孔子似深感羞愧，承认有罪。

在病中，秀全与精神漫游相似，经常在屋内肆意奔跑，如士兵一般呈跳跃战斗状，不停地疾呼："斩妖！斩妖！斩啊，斩啊。这里有个魔鬼，那里有个魔鬼，纵有再多的魔鬼也不能抵挡我宝剑一斫！"其父对他的精神状态深感忧虑，将全家目前的不幸归咎于风水先生所选祖坟之地点不吉利，遂延请巫师来家中作法驱鬼。但秀全说："这些鬼卒怎敢与我作对呢？我要杀死他们！我要杀死他们！再多的妖魔都不能抵抗我。"当陷入幻象时，他想象自己在追击妖魔。妖魔形状似乎千变万化，一会儿是飞鸟，倏忽之间又变为狮子。为确保制服妖魔，他手持老人所赐印章交战，妖魔一见此印便尽行逃遁。他又想象自己追至天涯海角，每到一地，必力战群妖并歼灭之。一旦获胜，便开怀大笑说："他们不是我的对手。"他还时常不停地唱一段老歌："勇敢的年轻人漂洋过海，搭救朋友杀死敌人。"在劝告别人时，他常泪流满面地说："你们没有心肝敬拜老父，却同妖魔交好。真的，真的，你们没有心肝，一点良心也没有。"秀全的两个兄长一直关闭其门，守在他身边，以防他跑到屋外。当因为战斗、跳跃、唱歌、劝说而搞得疲乏后，秀全便又在床上躺下。待他入睡时，许多人常来窥视他。他是个疯子的消息很快便在全县传开。

秀全常说自己已被敕封为中国皇帝。有人如此称呼他时，便十分高兴。但若有人叫他疯子，他就嘲笑对方，反驳道："你自己才真疯了，你还叫我疯子？"凡品行不好的人来看他，他常予以斥责，称其为魔鬼。整日不是唱歌、叹息，就是劝诫、指斥，态度诚恳之至。在病中，秀全写诗一首：

手握乾坤杀伐权，斩邪留正解民悬。
眼过西北江山外，声震东南日月边。
展爪似嫌云路小，腾身何怕汉程偏。
风雷鼓舞三千浪，易象飞龙定在天。

某日拂晓，秀全正准备起床，忽闻春鸟在村庄四周的树上鸣唱，当即吟诗一首：

鸟向晓兮必如我，我今为王事事可。
身照金乌灾尽消，龙虎将军都辅佐。

秀全亲属先后找了多名医生，后者开药方治其病，但均未奏效。一日，其父发现门柱缝隙塞有一张纸条，上有朱笔写的七个字"天王大道君王全"。持此遍示家人，均不解其义。此后，秀全逐渐恢复健康。许多亲友闻讯前来探望，想听他亲口讲述病中发生的事情。秀全毫无保留地讲述所记得的关于奇特梦境的所有细节。其亲友听罢，仅说这确实很新奇，当时并不认为这当中有任何真的成分。

（下略）

洪秀全品性坦率正直，少小便博得所有人的喜爱。他活泼、友善，但不放浪形骸。因才华出众，他常与私塾同伴开玩笑，使后者感觉到他的机敏。但他的朋友仍喜欢听他谈话，因为这些言词通常含有正确、高尚的思想，使人不得不承认其才智非凡。

1837年生病后，秀全整个人变了，变得清高、威严。他正襟危坐，身子不倚不斜，双手覆膝，双脚保持些微间距但从不翘腿，即便保持这种坐姿数小时仍无倦容。他目不斜视，也不回头观望；行走时步态庄重，不快不慢。如今已变得不苟言笑。许多注意他的人讥笑其举止，觉得他行为怪异。

自拜上帝之后，秀全对自己的操行极为严格。他时常言语过激，容易得罪人。他喜欢与正直诚实之人促膝谈心，即便对方十分贫贱。但他对堕落荒淫之人绝难容忍，无论对方多么富贵。在其本村，有二人通奸事泄，因害怕遭秀全严斥，竟藏匿数年之久。有位姓莫（Moo）的人品行不正，却被十个村庄推举为地产监管者。此人逐渐开始奉承富人、压迫穷人，且殴打村民。秀全自广西回来后，有多人前来控告莫姓，且证据相同，希望此人受到应有的惩处。次日，秀全命人鸣锣召集了八九十户人家。莫姓也到场，谦恭地认罪，请求得到宽恕。在场村民认为其悔恨态度真诚，打算答应他。但秀全说："昨日我顺从人愿，但今日我遵循天条。"于是他将莫姓免职，任命江亚四（Kiang-a-si）顶替。莫姓不敢抗议，也无意报复，相反还给秀全送去普通礼品，以示敬意。

在本族，秀全倡议用九签来惩治作恶之人，每个木签写明惩治五宗罪：

1. 通奸犯淫者打。
2. 诱奸妇女者打。
3. 忤逆父母者打。
4. 偷窃赌博者打。
5. 游荡为恶者打。

这些木签发给各户家长。但秀全赴广西后，一位族叔便收集各签投入河中，说："我们为什么要服他管呢？"当秀全留在花县时，全村所有男女都敬畏他，但不免因其严厉训诫而感到很不自在。

每与亲戚或邻人相遇，秀全常揭露并指责其邪恶行为，力劝他们信从真道。尽管他与旧友及亲戚没有断绝往来，但后者与他不再像从前那么亲密。每当拜访朋友而对方不听劝告、不信他的说教时，他回家后常说：

> 凡不信上帝及耶稣真道者，即便是我的旧交，也不再是我朋友，而是魔鬼。反之，凡信从上帝及耶稣真道者，都是天国真兄

弟，是真朋友。倘若不信我的话，那就各走各路；我不能带他们升天堂，他们也不能拉我下地狱。纵然是我的父母妻儿不相信，我也不能与其共进退，遑论其他朋友呢？惟有天上的友谊是真的，其余一切都是假的。短暂之福不是真福，惟有永恒之福才是真福。他人所获不会与我分享，我之所获也不会与他们共享。我为他们将下地狱而痛心，惟愿有更多的人升入天堂，故而不遗余力地向他们宣讲真道。

在讲道时，秀全引经据典地讲述中国哲学之真谬，劝人崇真去谬。他苦口婆心地劝人追求永恒之福，试图将其从懒散和对宗教的冷淡中唤醒。他写有不少中意的诗歌或对联，经常复诵，以加深听者的印象。例如：

> 信实上帝终有福，
> 不信上帝终有哭。

> 尔们切莫慌，上帝有主张。
> 真心多凭据，方可上天堂。

> 遵圣诫拜真神，撒手时天堂易上。
> 泥世俗信魔鬼，尽头处地狱难逃。

信实上帝便是上帝子女，来何处从天而降，去何处向天而升。
敬拜妖魔即为妖魔卒奴，生之时为鬼所迷，死之日被鬼所捉。

秀全常称赞基督教教义，但又补充说："过于忍耐或谦卑，殊不适用于今时，盖将无以管镇邪恶之世也。"若有人与他争辩，他常会情绪激动地说："此人已丧尽良心，他忘却上帝恩典，违犯圣诫，藐视基督功德。我本想用心尽力地教导你，而你却漫不经心。你真是个贱种，真被鬼迷了，明明可以由此享真福，却不愿珍惜。"

他还说：

现在的读书人不能分辨真假是非。对算命、看相、占卜及其他秘术信以为真，其实这些只不过是行此术者的不同谋生手段而已。博学多闻者尽管明晓真理，但不敢承认；学识浅陋者更不能分判真假。他们自身愚昧堕落，又以陈腐的道理教人，于是举世便陷于魔鬼之罗网。他们自己不能摆脱对名利的徒劳追逐。他们追求短暂之福，似乎它是永恒的；力求世间物质，却忘却天堂的东西。但在求福的同时，他们却把魔鬼招进屋内。他们想上天堂却坠入地狱，想要太平却不得太平，想得福祉却得不到福祉。这就是当今自满、自大、自傲之世，只知道贪求名利。他们以为偶像可以助其获得这些福祉，或以为上天在照看他们，岂知上天虽然即便连恶人也经常赐与荣华富贵，但纯真的人往往历经磨难而臻于完美。

巍巍天父万国所同，养育世人功德无穷。

六日造成天地山海，备物赐人享用相通。

天父至亲显斥邪神，设立天条诰诫愚民。

既遣耶稣捐命赎罪，又差全证此道确真。

资政新篇[*]

天国开朝精忠军师殿右军干王洪瑄谕

照得治国必先立政，而为政必有取资。本军师恭膺圣命，总理朝纲，爰综致治大略，编成《资政新篇》一则，恭献圣鉴。已蒙旨准，并蒙圣照"此篇傅镌刻官遵刻颁行"。今已遵旨将原奏刊刻颁行，咸使闻知。

小弟仁玕跪在我真圣主万岁万岁万万岁陛下，奏为条陈款列，善辅①国政，以新民德，并跪请圣安事。缘小弟自粤来京，不避艰险，非图爵禄之荣，实欲备陈方策，以广圣闻，以报圣主知遇之恩也。夫事有常变，理有穷通，故事有今不可行而可豫定者，为后之福；有今可行而不可永定者，为后之祸。其理在于审时度势与本末强弱耳。然本末之强弱适均，视乎时势之变通为律，则自今而至后，自小而至大，自省而至国，自国而至万国，亦无不可行矣。其要在于因时制宜、审时度势而已。兹谨将所见闻者条陈于后，以广圣闻，以备圣裁，以资国政，庶有小补云尔。

昔周武有弟名旦，作周礼以肇八百之畿，高宗梦帝赉弼，致殷商有中叶之盛，惟在乎设法用人之得其当耳。盖用人不当，适足以坏法；设法不当，适足以害人。可不慎哉！然于斯二者并行不悖，必于立法之中得

---

* 太平天国己未九年四月呈献。洪秀全对原稿加以删改，并写了31条批语，下令刻印颁行。本书据其影印本辑录。原刻本现藏英国剑桥大学图书馆。

① "辅"，原作"铺"，误，校改。

乎权济。试推其要，约有三焉：一以风风之，一以法法之，一以刑刑之。三者之外，又在奉行者亲身以倡之，真心以践之，则上风下草、上行下效矣。否则，法立弊生，人将效尤，不致作乱而不已。岂法不善欤？实奉行者毁之尔。

用人察失类

一禁朋党之弊

朝廷封官设将，乃以护国卫民、除奸保良者也。倘有结盟联党之事，是下有自固之术，私有倚恃之端，外为假公济私之举，内藏弱本强末之弊。为兵者行此，而为将之军法难行；为臣者行此，而为君之权谋下夺。良民虽欲深倚于君，无奈为所隔绝，是不可以不察也。倘欲真知其为朋奸者，每一人犯罪，必多人保护隐瞒，则宜潜消其党，勿露其形；或如唐太宗之责尉迟恭以汉高故事，或如汉文之责吴不会而赐杖以愧之，亦保全之一道也。若发泄而不能制，反遭其害，贻祸不浅矣。倘至兵强国富、俗厚风淳之日，又有朝发夕至之火船、火车，又有新闻篇以泄奸谋，纵有一切诡弊，难逃太阳之照矣。

甚矣习俗之迷人，贤者不免，况愚者乎？即至愚之辈，亦有好胜之心，必不服人所教。且观今世之江山，竟是谁家之天下！无如我中华之人，忘其身之为华，甘居鞑妖之下，不务实学，专事浮文，良可慨矣！请试言之：文士之短简长篇，无非空言假话；下僚之禀帖面陈，俱是谀诌赞誉；商贾指东说西，皆为奸贪诡谲；农民勤俭诚朴，目为愚妇愚夫；诸如杂教九流，将无作有。凡属妖头鬼卒，喉舌模糊。到处尽成荆棘，无往不是陷坑。倘得真心实力，众志成城，何难亲见太平景象而成为千古英雄，复见新天新地新世界也夫！

钦定此策是也

风风类

　　夫所谓"以风风之"者，谓革之而民不愿，兴之而民不从，其事多属人心蒙昧，习俗所蔽，难以急移者，不得已以风风之，自上化之也。如男子长指甲，女子喜缠脚，吉凶军宾琐屑仪文，养鸟斗蟋打鹌赛胜，戒箍手镯金玉粉饰之类，皆小人骄奢之习。诸如此类，难以枚举。禁之不成广大之体，民亦未必凛遵；不禁又为败风之渐。惟在在上者以为可耻之行，见则鄙之忽之，遇则怒之挞之，民自厌而去之，是不刑而自化、不禁而自弭矣。倘民有美举，如医院、礼拜堂、学馆、四民院、四疾院等，上则亲临以隆其事、以奖其成；若无此举，则诏谕宣行。是厚风俗之法也。如毁谤潜妒等弊，皆由风俗未厚，见识未广，制法未精，是以人心虞拟不平而鸣矣。又如演戏斗剧、庵寺和尼，凡此等弊，则立牧司① 教导官，亲身教化之、怜悯之、义怒之，务去其心之惑，以拯其迷也。中地素以骄奢之习为宝，或诗画美艳、金玉精奇，非一无可取，第是宝之下者也。夫所谓上宝者，以天父上帝、天兄基督、圣神爷之风三位一体为宝，一敬信间，声色不形，肃然有律，诚以此能格其邪心、宝其灵魂、化其愚蒙、宝其才德也。中宝者，以有用之物为宝，如火船、火车、钟镖、电火表、寒暑表、风雨表、日晷表、千里镜、量天尺、连环枪、天球、地球等物，皆有夺造化之巧，足以广闻见之精。此正正堂堂之技，非妇儿掩饰之文，永古可行者也。

　　且夫谈世事足以闷人心，论九流足以惑众志。释聘尚虚无，尤为诞妄之甚；儒教贵执中，罔知人力之难。皆不如福音真道有公义之罚，又有慈悲之赦，二者兼行，在于基督身上担当之也。此理足以开人之蒙蔽以慰其心，又足以广人之智慧以善其行。人能深受其中之

钦定此策是也

---

　　① "牧司"，同"牧师"。

益，则理明欲去而万事理矣，非基督之弟徒、天父之肖子乎？究亦非人力所能强，必得圣神感化而然也。

上帝之名永不必讳。天父之名，至大、至尊、至贵、至仁、至义、至能、至知、至诚、至足、至荣、至权，何碍一名字？若说正话、讲道理，虽千言万语亦是赞美，但不得妄称及发誓亵渎而已。若讳至数百年之久，则又无人识天父之名矣。况爷火华三字，乃犹太土音，译即"自有者"三字之意，包涵无所不知、无所不能、无所不在、自然而然、至公义、至慈悲之意也。上帝是实有，自天地万有而观及基督降生而论，是实有也。盖上帝为爷，以示包涵万象；基督为子，以示显身指点；圣神上帝之风亦为子，则合父子一脉之至亲。盖子亦是由父身中出也，岂不是一体一脉哉！总之，谓为上帝者，能形形，能象象，能天天，能地地，能始终万物而自无始终，造化庶类而自无造化，转运四时而不为时所转，变通万方而不为方所变，可以名指之曰"自有者"，即大主宰之天父上帝、救世主如一也。盖子由父出也，视子如父也。若讳此名，则此理不能彰矣。

法法类

所谓"以法法之"者，其事大关世道人心，如纲常伦纪、教养大典，则宜立法以为准焉。是下有所趋，庶不陷于僻矣。然其不陷于僻而登于道者，必又教法兼行。如设书信馆，以通各省郡县市镇公文；设新闻馆，以收民心公议及各省郡县货价低昂、事势常变，上览之得以资治术，士览之得以识变通，商农览之得以通有无。昭法律，别善恶，励廉耻，表忠孝，皆借此以行其教也。教行则法著，法著则知恩，于以民相劝戒，才德日生、风俗日厚矣。此立法善而施法广，积时久而持法严，代有贤智以相维持，民自固结而不可解，天下永垂而不朽矣。然立法之人必先经磨炼，洞悉天人性情，熟谙各国风教，大小上下、源委重轻，无不了然于胸中

钦定此策是也

者，然后推而出之，乃能稳惬人情也。若恐其久而有差，更当留一律，以便随时损益小纪、彰明大纲也。盖律法者，无定而有定，有定而无定，如水之软，如铁之硬，实如人心之有定而无定，世事之无定而有定。此立法所以难也，此生弊所以易也。然则如何而后可以立法？盖法之质在乎大纲，一定不易；法之文在乎小纪，每多变迁。故小人坏法，常窥小者无备而掠为己有，常借大者之公以护掩己私。然此又在奉法、执法、行法之人有以主之，有以认真耳。至立法一则，阅下自可心领神会，而法在其中矣。

又有柔远人之法。凡外国人技艺精巧，国法宏深，宜先许其通商，但不得擅入旱地，恐百姓罕见多奇，致生别事。惟许牧司等并教技艺之人，入内教导我民。但准其为国献策，不得毁谤国法也。

英吉利即俗称红毛邦，开邦一千年来未易他姓，于今称为最强之邦，由法善也。但其人多有智力，骄傲成性，不居人下。凡于往来言语文书，可称照会、交好、通和、亲爱等意，其余万方来朝、四夷宾服，及夷狄戎蛮鬼子一切轻污之字，皆不必说也。盖轻污字样是口角取胜之事，不是经纶实际，且招祸也。即施于枕近之暹罗、交趾、日本、琉球之小邦，亦必不服。实因人类虽下，而志不愿下；即或愿下，亦势迫之耳，非忠诚献曝也。如必欲他归诚献曝，非权力所能致之，必内修国政，外示信义，斯为得尔。此道实为高深广远也欤。现有理雅各、湛孖士、米士威太人、俾士、合信、觉士、滨先生、慕维廉、艾约瑟、韦律众先生，与小弟相善也。

花旗邦即米利坚，礼义富足，以其为最。其力虽强而不侵凌邻邦，有金银山而招别邦人来采，别邦人有能者册立为官，是其义也。邦长五年一任，限以俸禄，任满则养尊处优，各省再举。有事各省总目公议，呈明决断。取士、立官、补缺及议大事，则限时日，置一大柜在中廷，令凡官民有仁智者写票公举，置于柜内。以多人举者为贤能也，以多议是者为公也。其邦之跛盲聋哑鳏寡孤独，各有书院教习各技；更有鳏寡孤独之亲友甘心争为善事者，愿当众立约保养。国中无有乞丐之民，此是其礼仪、其富足也。现有罗孝①、卑治文、花兰芷、高先生、晏先生、赞臣先生、寡先生与小弟相善也。

总论二邦，其始出于英吉利邦，后因开埠花旗，日以日盛，而英邦欲有以制之，遂不服其苛，因而战胜英邦，故另立邦法，两不统属焉。数百年来各君其邦，各子其民，皆以天父上帝、耶稣基督立教，而花旗之信行较实，英邦之智强颇著。所以然者，因花旗富足，不待外求，可常守礼法也；英邦用繁，必须外助，故多逞才智也。

日耳曼邦内分十余邦，不相统属，亦无侵夺，信奉天父上帝、耶稣基督尤慎。其人有太古之风，故国不甚威，而德则独最也。亦有大船往各邦贸易，即各邦之君臣亦肯信任其人办事，因其人不苟于进退，最信皇上帝、救世主，而不喜战斗，愿守本分也。现有黎力居、韦牧司、叶纳清、韩士伯，又有一位忘其名，与弟相善也。风雨标、寒暑针，先出此邦之花兰溪；辨正教亦出此邦之路得也。

瑞邦、丁邦、罗邦②纯守耶稣基督之教，其发老少多白，中年多黄，相品幽雅，诚实宽广，有古人遗风焉。惟瑞国有一韩山明牧司，又名咸北者，与弟相善。其人并妻子皆升天，各邦多羡其为人焉。爱弟独厚。其徒皆客家，多住新安县地也。

佛兰西邦亦是信上帝、耶稣基督之邦，但其教多务异迹奇行而少有别，故其邦今似半强半美之邦。但各邦技艺多始于此，至今别邦虽精，而佛邦亦不在下。但其教尚奇异，品学逊焉，人不之重。惟与英为婚姻之邦，

① 即罗孝全，为避洪秀全名讳，略去"全"字。
② 分别指瑞典、丹麦、挪威。

相助相善，而邦势亦强。与弟无相识者，因道不同也。

土耳其邦，东南即古之犹太邦也，西北近俄罗斯。因此邦之人不信耶稣基督为救世主，仍执摩西律法，不知变通，故邦势不振，而于丙辰年为俄罗斯所侵，幸英、佛二邦相助，得免于祸。此邦为天兄降生圣地，将来必归基督。盖《新遗诏书》有云："俟万邦归信后，而以色列知愧耻焉。"今犹太人因耶稣基督升天四十年后遭上帝怒罚，驱逐出外；凡信基督耶稣者亦逃出外邦。至今各邦皆有犹太人，以为之证据，亦天父之意也。即中邦而论，河南开封郡祥符县内多有犹太人，及羊皮书写犹太字迹者不少。但其人自宋迄今多历年所，亦徒行其礼而不识其字，不知其实意焉。问其因何行此教，则答以望基督救世主降生，及凡各邦之犹太人亦如是，不信救世主之既生于一千八百五十九年之前也。

俄罗斯邦其地最广，二倍于中邦。其教名天主教，虽信耶稣基督，而类于佛兰西之行也。百余年前亦未信天兄，屡为英、佛、瑞、罗、日耳曼等国所迫，故遣其长子伪装凡民，到佛兰西邦学习邦法、火船技艺，数年回邦。无人知其为俄之长子也。及归邦之日，大兴政教，百余年来声威日著，今亦为北方冠冕之邦也。

波斯邦在犹太之东南，其人拜上帝所造之一物，即太阳也。不食犬猪，亦信妖佛焉。今虽名为波斯人，其地实归于别邦，亦恬不为耻。其人只求富贵，不争荣华，故流落他方，随人转移，毫无贞节。一如今之中邦从前受制满洲，恬不知怪。所以然者，各自为己而少联络之法也。

埃及邦即麦西邦，在犹太西南方，有红海为界。其地周岁无寒，而夏最炎热。有山名亚喇伯，为万国最高大者，昔挪亚方舟即搁于此山也。四时有云笼罩，少见山巅，而埃民未曾见过雨雪、闻过雷声。其地少泉而多沙漠，但到春夏交际，山头云密布，飞瀑四奔流。农民于水将退之先，在水面布种下田；待尽退时，则苗既淳然兴之矣。所以然者，因山高接热，云气升腾，冻结于巅，四时不散，故雨不施于旷野，雷不奋于地中，冰常凝于高峰，雪无飘于热地也。今其人尊约瑟、摩西为圣人，名回回教。盖天父上帝前现权能与二人，至今犹有遗风焉。

暹罗邦近与英邦通商，亦能仿造火船、大船往各邦采买，今亦变为富智之邦矣。

日本邦近与花旗邦通商，得有各项技艺以为法则，将来亦必出于巧焉。

马来邦、秘鲁邦、澳大利邦、新嘉波、天竺邦、前西藏、后西藏、蒙古、满洲，皆信佛教、拜偶像，故其邦多衰弱不振，而名不著焉。虽满洲前盗据中地、蒙古之地，亦不敢直认为满洲固有之物，故不见称于各邦也。不过中国从前不能为东洋之冠冕，暂为失色，良可慨已！

以上略述各邦大势，足见纲常大典、教养大法，必先得贤人创立大体，代有贤能继起而扩充其制、精巧其技，因时制宜度势行法，必永远不替也。倘中邦人不自爱惜，自暴自弃，则鹬蚌相持，转为渔人之利。那时始悟兄弟不和外人欺，国人不和外邦欺，悔之晚矣！曷不乘此有为之日，奋为中地倡，以顶天父天兄纲常，太平一统江山万万年也。

一、要自大至小、由上而下，权归于一，内外适均而敷于众也。又由众下而达于上位，则上下情通、中无壅塞弄弊者，莫善于准卖新闻篇或暗柜也。法式见下。　　钦定此策。杀绝妖魔行未迟。

一、兴车马之利。以利便轻捷为妙。倘有能造如外邦火轮车一日夜能行七八千里者，准自专其利，限满准他人仿做。若彼愿公于世，亦禀准遵行，免生别弊。先于二十一省通二十一条大路，以为全国之脉络。通则国家无病焉。通省者阔三丈，通郡者阔二丈五尺，通县及市镇者阔二丈，通大乡村者阔丈余。差役时领犯人修葺崩破之处。二十里立一书信馆，愿为者请饷而设，以为四方耳目之便，不致上下梗塞、君民不通也。信资计文书轻重，每二十里该钱若干而收。其书要在某处交递　　此策是也者，车上车下各先束成一捆，至即互相交讫，不能停车俄顷。因用火、用气、用风之力大猛也，虽三四千里之遥，亦可朝发夕至，纵有小寇窃发，岂能漏网乎？

一、兴舟楫之利。以坚固轻便捷巧为妙，或用火、用气、用力、用风，任乎智者自创。首创至巧者，赏以自专其利，限满准他人仿做。若愿公于世，亦禀明发行。兹有火船、气船一日夜能行二千余里者，大商则搭客运货，国家则战守缉捕，皆不数日而成功，甚有裨于国焉。若天国兴此技，黄河可疏通其沙而流入于海，江淮可通有无而缓急相济，要隘可以防患，凶旱、水溢可以救荒，国内可保无虞，外国可通和好，利莫大焉。　　此策是也

一、兴银行。倘有百万家财者，先将家资契式禀报入库，然后准颁一百五十万银纸，刻以精细花草，盖以国印图章。或银货相易，或纸银相易，皆准每两取息三厘。或三四富民共请立，或一人请立，均无不可也。此举大利于商贾士民，出入便于携带，身有万金而人不觉，沉于江河则损于一己而益于银行，财宝仍在也；即遇贼劫，亦难骤然拿去也。　　此策是也

一、兴器皿技艺。有能造精奇利便者，准其自售；他人仿造，罪而罚之。即有法人而生巧者，准前造者收为己有，或招为徒焉。器小者赏五年，大者赏十年，益民多者年数加多；无益之物，有责无赏。限满他人仿做。　　此策是也

一、兴宝藏。凡金、银、铜、铁、锡、煤、盐、琥珀、蠔壳、琉璃、美石等货，有民探出者，准其禀报，爵为总领，准其招民探取。总领获十之二，国库获十之二，采者获十之六焉。倘宝有丰歉，则采有多少，又当视所出如何随时增减，不得匿有为无也。此为天财地宝，虽公共之物，究亦枕近者之福，小则准乡，大则准县，尤大者准省及省外之人来采也。有争斗抢夺他人之所先者，准总领即地方官严办，务须设法妥善焉。　　此策是也

一、兴邮亭以通朝廷文书；书信馆以通各色家信；新闻馆以报时事常变、物价低昂，只须实写，勿着一字　　此策是也

浮文。倘有沉没书札银信及伪造新闻者，轻则罚，重则罪。邮亭由国而立；余准富民纳饷禀明而设，或本处刊卖，则每日一篇，远者一礼拜一篇，越省则一月一卷，注明某处某人某月日刊刻、该钱若干，以便远近采买。

一、朝廷考察。若探未实者，注明"有某人来说，未知是否，俟后报明"字样，则不得责之也。

一、兴各省新闻官。其官有职无权，性品诚实不阿者。官职不受众官节制，亦不节制众官；即赏罚亦不准众官褒贬。专收十八省及万方新闻篇有招牌图记者，以资圣鉴，则奸者股栗存诚，忠者清心可表，于是一念之善、一念之恶，难逃人心公议矣。人岂有不善、世岂有不平哉？ 此策现不可行，恐招妖魔乘机反间。俟杀绝残妖后行未迟也。

一、兴省郡县钱谷库，以司文武官员俸值公费。立官司理，每月报销。除俸值外，有妄取民贿一文者议法。 是

一、兴市镇公司。立官严正，以司工商水陆关税，每礼拜呈缴省郡县库存贮，或市镇公务支用。有为己私抽者议法。 是

一、兴士民公会。富贵善义、仰体天父天兄好生圣心者，听其甘心乐助，以拯困扶危并教育等件。至施舍一则，不得白白妄施，以沽名誉，恐无贞节者一味望恩，不自食其力，是滋弊也。宜令作工，以受所值。惟废疾无所归者，准白白受施。 是

一、兴医院，以济疾苦。系富贵好善、仰体天父天兄圣心者，题缘而成其举。立医师，必考取数场然后聘用，不受谢金。公义者司其事。 是

一、兴乡官。公义者司其任，以理一乡民情曲直、吉凶等事。乡兵听其铺调。 是

一、兴乡兵。大村多设，小村少设，日间管理各户洒扫街衢①，以免秽毒伤人，并拿打架、攘窃及在旁证见之人到乡官处处决，妄证者同罪。夜于该管之地有 是

---

① "街衢"，原作"街渠"，误，校改。

失，惟守者是问；若力不足而呼救不及，不干守者之
事。被伤者生则医、死则瘗，有妻子者议恤。

一、罪人不拿。若讯实同情者及之。无则善视抚慰　是
之，以开其自新之路。若连累及之，是迫之使反也。

一、禁溺子女。不得已难养者，准无子之人抱为己　是
子，不得作奴视之或交育婴堂。溺者罪之。

一①、外国有兴保人物之例。凡屋宇、人命、货物
船等有防于水火者，先与保人议定每年纳银若干，有失
则保人赔其所值，无失则赢其所奉。若失命则父母妻子
有赖，失物则己不致尽亏。

一、外国有禁卖子为奴之例。家贫卖子，只顾眼前
之便，不思子孙永为人奴，大辱祖考；后世或生贤智
者，不得为国之用，反为国之害矣。故准富者请人雇
工，不得买奴，贻笑外邦。生女难养，准为女伺，长则
出嫁从良也。

一、禁酒及一切生熟黄烟、鸦片。先要禁为官者，　是
渐次严禁在下。绝其栽植之源，遏其航来之路；或于外
洋入口之烟不准过关，走私者杀无赦。

一、禁庙宇寺观。既成者还其俗，焚其书，改其室　是
为礼拜堂，藉其资为医院等院。此为拯民出于迷昧之
途、入于光明之国也。

一、禁演戏、修斋建醮。先化其心之惑，使伊所签　是
助者转助医院、四民院、学馆等，乃有益于民生实事。

一、革阴阳八煞之谬。名山利薮，多有金、银、　是
铜、铁、锡、煤等宝，大有利于民生国用。今乃动言风
煞，致珍宝埋没不能现用。请各自思之，风水益人乎，
抑珍宝益人乎？数千年之疑团牢而莫破，可不惜哉！

一、除九流。惰民不务正业，专以异端诬民，伤风　此策是也
败俗莫逾于此。准其归于正业，焚去一切惑民之说。若
每日无三个时辰工夫者，即富贵亦是惰民，准父兄乡老
擒送，进诸绝域，以警颓风之渐也。诚以游手偷闲，所

---

① "一"字，原脱，校补。

以长其心之淫欲；劳心劳力，所以增其量之所不能。此天父之罚始祖使汗颜而食者，一则使自养身，一则免生罪念，亦为此故也。

一、屋宇之制，坚固高广任其财力自为，不得雕镂刻巧，并类王宫朝殿。宜就方正，勿得执信风水不依众向，致街衢不直。既成者勿改，新造者可遵，再建重新者亦可改直。　　　是

一、立丈量官。凡水患河路有害于民者，准其申请，大者发库助支，小者民自捐助。而屋宇规模、田亩裁度，俱出此官。受赃者准民控诉，革职罚罪。

一、兴跛盲聋哑院。有财者自懈资斧，无财者善人乐助。请长教以鼓乐、书数杂技，不致为废人也。　　　是

一、兴鳏寡孤独院。准仁人济施，生则教以诗书各法，死则怜而葬之。因此等穷民操心危、虑患深，往多有用之辈，不可不以恩感之也。　　　是

一、禁私门请谒，以杜卖官鬻爵之弊。凡子臣弟友，各有分所当为，各有俸值，各有才德，各宜奋力上进，致令闻外著，岂可攀援以玷仕途？即推举者亦是为国荐贤，亦属分内之事。既得俸值，何可贪赃？审实革职，二罪俱罚。　　　是

一上所议，是"以法法之"之法，多是尊五美、屏四恶之法。诚能上下凛遵，则刑具可免矣。虽然，纵有速化，不鲜顽民，故又当立"以刑刑之"之刑。

刑刑类

一、善待轻犯。宜给以饮食、号衣，使修街衢①道路，链②其一足，使二三相连，以差人执鞭、刃掌管。轻者移别县，重者移郡移省，期满释回，一以重其廉耻，二以免生他患，庶回时改过自新。此恩威并济之　　　钦定此策是也

---

① "街衢"，原作"街渠"，误，校改。
② "链"，原作"练"，误，校改。

法也。

一、议第六天条曰"勿杀"，盖谓天父有赏罚于来生，人无生杀于今世。然天王为天父所命以主理世人，下有不法，上可无刑。是知遭刑者非人杀之，是彼自缚以求天父罚之耳。虽然，为人上者，不可不亲身教导之也。

一、议大罪宜死者，置一大架圈其颈，立其足，升至桅杆顶，则去其足下之板，以吊死焉。先彰其罪状并日期，则观者可以股栗自儆，又少符"勿杀"之圣诚焉。

十款天条治人心恶之未形者，制于萌念之始。诸凡国法治人身恶之既形者，制其滋蔓之多。必先教以天条，而后齐以国法，固非不教而杀矣，亦必有耻且格尔。

一、与番人并雄之法。如开店二间，我无租值、彼有租值，我工人少、彼工人多，我价平卖、彼价贵①卖，是我受益而彼受亏，我可永盛、彼当即衰，彼将何以久居乎？况我已有自固之策，若不失信义二字足矣，何必拘拘不与人交接乎？是浅量者之所为也。虽然，亦必有一定之章程、一定之礼法，方不致妄生别议。但前之中国不如是焉，毫无设法修葺补理，以致全体闭塞，血脉不通，病其深焉。今之人心风俗，皆非古昔厚重之体，欲清其病源既不可得，即欲骏②补，其可得乎？此皆为邦大略。

小弟于此类凡涉时势二字，极深思索，故于古所无者兴之，恶者禁之，是者损益之。大率法外辅之以法而入于德，刑外化之以德而省于刑也。因又揣知圣心图治大急，得策则行，小弟诚恐前后致有不符之迹，故恭录己所窥见之治法，为前古罕有者，汇成小卷，以资圣治，以广圣闻。恳自今而后，可断则断，不宜断者付小

爷今圣旨斩邪留正，杀妖杀有罪不能免也。

爷诚勿杀是诚人不好谋害妄杀，非谓天法之杀人也。

---

① "贵"，原作"桂"，避幼主（洪天贵福）、西王（萧朝贵）名讳。
② "骏"，原作"俊"，误，校改。

弟、掌率、六部等议定再献，不致自负其咎，皆所以重
尊严之圣体也。或更立一无情面之谏议在侧，以辅圣聪
不逮。诸凡可否，有宜于后、不宜于今者，恳留为圣
鉴，准以时势二字推行，则顶起天父天兄纲常，太平一
统江山万万年矣。①

---

① 卷末附《兵要四则》，后被辑入《开朝精忠军师干王洪宝制》。此处略去。

立法制喧谕*

真天命太平天国开朝精忠军师殿右军干王洪，为喧谕京都、各省众官员人等一体知悉：照得国家以法制为先，法制以遵行为要，能遵行而后有法制，有法制而后有国家，此千秋不易之大经，而尤为今兹万不容已之急务也。本军师用与众弟等痛绝言之。

蒙天父天兄大开天恩，亲命我真圣主降凡，驱逐胡虏，宰治中原，自金田起义于今九年矣！前此拓土开疆，犹有日辟百里之势，何至于今而进寸退尺，战胜攻取之威转大逊于曩时？良由昔之月令行禁止，由东王而臂指自如；今之日出死入生，任各军而事权不一也。事权不一，虽久安长治之国犹未可保，矧当国家初造，妖势尚横，而谓可保无虞耶？且如弟等意见，动以升迁为荣，几若一岁九迁而犹缓，一月三迁而犹未足。夫国家机要，惟在铨选。现经颁发《钦定功劳簿①章程》，而弟等犹迫不及待。设仍各如所请，自兹以往，不及一年，举朝内外皆义皆安，更有何官何爵可为升迁地耶？曾不思今日之势，胜则荣及祖父，荣则虽伍、两、卒、旅之职而亦足以荣矣；不胜则祸及宗族，祸则燕、豫、安、福之尊而亦适以厚其祸耳！②

本军师自粤来京，诞膺王爵。天恩已重，众望焉孚？但例之以陈平进而绛灌有言，诸葛尊而关张不悦，韩信拜将一军皆惊，理有固然，夫何足怪。惟是丈夫自命，宁捐躯以殉国，不隐忍以偷生，况乎时势至

---

* 洪仁玕初封干王时发布，时间稍晚于《资政新篇》，约在太平天国己未九年四月或五月。据原抄件照片辑录，标题为编者所加。原抄件现藏英国剑桥大学图书馆。

① "簿"，原作"部"。下文有云："嗣后如主将在外远征，官兵有功足录，只准注明功劳部"，显见"功劳部"应作"功劳簿"，校改。

② 按照当时的太平天国爵官制度，义、安、福、燕、豫、侯六爵仅次于王爵，伍长、两司马、卒长、旅帅则为最下级职官。

此，再一隐忍姑息，我辈并无生理，惟有如诗所云"其何能淑，载胥及溺"而已。

英王陈玉成弟早见及此，驰书来府，请定章程，以救时弊。其所议赏罚之法，至①为森严。本军师嘉其忠款，即携原书缮本呈奏，当蒙旨准，并赐御照，刻书颁行。

夫旨准颁行之法，即天法也。主降诏昭示中外〔以下疑有脱简〕，削其兵柄，拿其阖家，并诏该属偏将之有能者奉行天法，囚其本身，统其原队，官员交别将统带，属员改列朝官，身兵改为宿卫，均令安堵，毋使稍惊，则党羽自除，虽欲逆命而不能、弄兵而不得，更一面系缧其父母妻子之属，明正典刑，传示各处，震栗众心。倘实系狃②于时势，诚难调遣者，又不可一律而论也。

一立赏查。东王在日，即末秩微员升降，必由天廷转奏；片文只字刊刻，必自京内颁行。故官虽少而足贵，从无越队求荣；印虽小而可珍，孰敢私镌伪铸？其郑重为何如也。近来欲遏逃顽，必先除僭乱。嗣后如主将在外远征，官兵有功足录，只准注明功劳簿③，存其劳绩，以俟凯旋奏封。主将以下统兵官，无论④其高官王位，亦不得私镌印信、私给官凭，僭越一些。倘有私与官职者，当律以大辟；私受官职者，亦正典刑。

太平天国　年　月　日喧谕

---

① "至"，原作"致"，误，校改。
② "狃"，原作"扭"，误，校改。
③ "簿"，原作"部"，误，校改。
④ "无论"，原作"无位"，误，校改。

开朝精忠军师干王洪宝制 *

颁新政喧谕

　　喧谕京都内外大小官员兵士人等一体知悉：照得开新朝必颁新政，从前之妖习俱除；奉天命而合天心，此日之鸿规复整。本军师荷蒙天父天兄大开天恩、真圣主大开圣恩，畀以重任，未遑宁处，诚恐无以仰副圣心，故将数年来欲白愚衷拟作檄文，恭献圣览。乃蒙我主降照"胞作喧谕颁行可也，钦此"等因。今已遵旨缮成颁行天下，咸使闻知。

　　从来中国所称为华夏者，谓上帝之声名在此也；又号为天朝者，为神国之京都于兹也。堂堂中土，亘古制匈奴；烈烈神州，岂今宥胡狗？乃有鞑靼妖出，则文武衣冠异于往古，父母毛发强为毁伤；口其言语，说甚么巴图鲁之鬼号；家有伦类，毒受那满洲狗之淫污。正宜遵中国、攘北狄，以洗二百载之蒙羞；归上帝、扶天王，以复十八省之故土。奈何弃天父之大德漠不知惭，忘其身之为华，恬不知怪？岂不痴哉！诚堪悼矣！本军师微时，每与真圣主论及此事，未尝不叹中国之无人而竟受制于鞑妖也！

　　兹者天道好还、人心向化，怜新弃旧、否极泰来，故天父上帝命真圣主于天酉之年，天兄基督主战妖于起义之日。简命既膺，妖庙妖人无不破；帝心既眷，良臣良弼以俱来。且也赐玺赐剑，久征明命于天霆；天将天兵，素昭征伐于天讨。百鸟来王于幼主，室闪红光；和风献瑞于

---

　　* 太平天国己未九年刊刻。原刻本现藏英国剑桥大学图书馆。本书据影印本《太平天国印书》辑录，小标题"颁新政喧谕"、"兵要四则"、"新撰祈祷文"系编者新加。

洞庭，浪铺碎锦。自金田而至天京，势如破竹；越铜关而扫铁卡，所向无前。岂人力所能荡除，实天功之所歼灭！从知将相无种，以真道为种；天王有真，以帝命为真也夫！凡我同人诞生斯世者，正宜上体天心以邀天眷，下思主德以报主恩，或为干城之选，则当奏绩于疆场；或为礼乐之司，则宜建功于名教。凡有微长末技，均当踊跃争先。况我真圣主文武同科，鹿鸣与鹰扬并重；宗藩笃爱，金枝与玉叶交辉。异姓者俨若同胞，永为腹心之寄托；同姓者更联一体，当效手足之勤劳。而且奉敕任乎掌率，则信任专而朝纲秉正，圣躬可免丛脞之虞；百职各有分司，则慎勤矢而庶绩咸熙，朝夜共享太平之福。

至于胡虏之扰乱中国也，叛上帝而拜妖魔，重奸邪而背真道。卖官鬻爵，哪①怜十载寒窗？免税复输，不知稼穑艰苦。兵柄尽属满洲，英雄束手；大权都通妖总，博士低头。月俸少而刻剥多，职卑尤苦；阳受官而阴削职，文札难凭。欲出仕于妖门，动牵荆棘；欲隐迹于陇亩，无地容身。况服胡服而冠奴冠，于心何忍？忘真主而跪妖鞑，誓死难从！凡此淫污满地，竹简难穷；诸如罪恶滔天，江河莫洗。

此皆本军师十载风尘，深识妖邪诡弊；五湖历览，洞知黎庶艰辛。愿效愚忠于天国，不惮涉水登山；荣膺宠爵于天朝，急欲载阳献曝。弟等元勋功臣、宗亲兄弟，切宜自爱以副天父天兄之仁，更当协力以慰圣主苍生之望。至于残妖作怪，难逃天鉴之诛；强项不驯，岂敌圣神之剑！待至余丑尽除、太平一统，论功行赏、赐爵酬庸，岂不美哉，亦云乐矣！各宜凛之遵之，幸弟毋怠毋忽。

克敌诱惑论②

世上诱惑不能免，人心诱惑不能无，降生以后、未升以前，无处不是诱惑之境，无时不生诱惑之心，耳目纵绝外诱之情，心思难割内惑之念。实由厥初生民之日，既染私欲为罪根，遂至母胎怀妊之时亦有诱惑为原因矣。故孩童先学恶言，父母喜其启口；少壮肆其恶意，乡井称之

---

① "哪"，原作"那"，校改。

② 该文原作为"喧谕"颁发，汇编刊刻时有所删改。开头删除了引言，全文为："真天命太平天国开朝精忠军师殿右军干王洪，为力挽人心以维世道事：照得人心之灵，莫不有知，即莫不有诱惑之难克，更难于克敌。能克诱惑者便是英豪，岂有英豪而不能克敌者哉？故作'克敌诱惑论'。"文末改"以此摧敌，何敌不摧也哉"为"以此歼敌，何敌不歼也"，改"是为谕"为"是为论"。

曰能。人与人相为引诱，心与心相为滋惑，诱惑多而罪恶众，罪恶众而苦逆兴，一端既往，一端复来，以致四海之大、六合之广，无一人不在诱惑苦逆中也。

原夫诱惑之来，皆因人心无定。舟无舵而漂荡不踪，物无坚而腐朽必速，身无家则流离失所，心无主则诱惑能摇。始则遵而终则弃，人人皆然；听则从而行则违，心心若是。欲为物诱，天良日剥而日亏；惑念一萌，私欲愈煽而愈炽。良心绝灭于内，内为魔鬼之营；物欲锢结于心，心非上帝之殿。于是意想所及，皆为迷惑之端；言行所彰，都为引诱之举。一人作俑于前，举世效尤于后，互相肆毒则毒气日腾，帝怒恶逆则苦逆毕集，虽至密之室、至严之地，而诱惑苦逆无不得而入之。倘不因此而生愧悔之心，则祸无底止而福从何来？内无慰心之术，惶恐时多；外有束身之条，欢娱日少。生或免于刑诛，死定难逃永苦。已爱弟乎！古人云"防意如防城"，勉乎哉！

今我侪胜惑即胜敌。心或醒而祈祷，宜坚以防；魔不睡而来攻，乘间即至。敬天爱民之事，千万多为；忠主孝亲之忱，时刻勿放。说一句主张担当，万愁俱散；呼一声天父救主，万苦皆消。诸凡惑心乱耳之谈，屏于九霄之外；一切炫目迷魂之弊，绝于方寸之中。则胜邪之方由此而得，即胜敌之策由此而成。以此克邪，何邪不克；以此歼敌，何敌不歼也。夫惟是衣不洗则垢不除，刀不磨则锋不锐，尘世之荣非苦不得，天堂之福不苦何来，各宜克敌诱惑，先为自固，凛此转攻妖崇，立见太平矣。是为论。

兵要四则

前有为将者①具禀求教用兵之法。小弟姑举"兵要四则"以答所求，且教以留心推行，幸勿笑为纸上谈兵可也。但未知有当与否，恭录圣览。

为将有为将之学问

雨晴风雾皆为兵具，山原林坎亦是武经，喜怒哀乐为用兵之策，智仁勇义乃胜敌之谟。虽云"兵者诡道也"，盖慎于平素而诡在一时。此孔明之学问，能百战百胜也。

---

① 指忠王李秀成。

为将有为将之道德

兵不在多而在得力，然所以得人力而人肯听令者，在主将有以服之耳。究亦非一朝一夕之故，必平日有恩于人，如士卒死吴起之怜病，众人遮余阙以身先，马谡虽死而不怨，李严见黜而无词也；更有民则箪食壶浆，商则市肆无惊。岂非仁声素著、信义先行者所能如此哉！

为将有为将之法律

孔明之所以见称今古者，惟"器使群材，赏罚严明"八字而已。盖器使则人无乱法，严明则人皆服法。无乱而服，即效命取胜之根也。

为将要知蓄锐之方

盖兵者势也，因其势而导之，则一往莫遏。故孔明每多激将之言，不激则势不锐；岳飞身先士卒，激以仁义；关张赵云威声素著，故得迎刃而解。即我天朝初以天父真道蓄万心如一心，故众弟只知有天父兄，不怕有妖魔鬼。此中奥妙无人知觉。今因人心冷淡，故锐气减半耳。东王、西王、南王①、翼王、罗大纲等所以屡战屡胜者，亦先声夺人，闻风而窜。推之古昔，兵之得胜于进退骄诱者，无非由蓄威而得也。又云"师克在和"，不和则人心不一，不一则涣，何蓄锐之有？故廉、蔺相和，而秦有十五年不敢出函谷关者，此也。信斯言也。虽有些须失错，不宜妄生议论以惑军心，宜如田单之说，有神兵下降以复齐七十余城，切不可有漏泄军机，如自凿船底令水入舱者也。至于各邦各省情形以及军国精细等事，非纸笔所能罄述，又非目前所急务者，惟愿众弟量度时势二字，以行所当行可也。

知　罪

知某年某月某日，有言所不当言、做所不当做、闻所不当闻、看所不当看、想所不当想者，俱是犯天条之罪，不可不知也。况有忘却降生灵魂与禽兽草木大不相同之恩，又忘却化生保养牵带成人之恩，更忘却累天兄基督下凡被钉伐罪之恩，亦是背逆之罪，尤不可不知也。

悔　罪

知一罪则痛恨一回，如捶胸疾首誓改前愆，乃是悔罪，不是口称悔

---

① "西王"、"南王"之"王"字，原脱，校补。

而心不悔也。天兄云："若尔眼犯罪，则挖而去之，单眼上天堂胜于双眼落地狱；若尔手犯罪，则断而去之，单手上天堂胜于双手落地狱。"甚矣！悔罪之严也，可不真心痛改乎？

改　罪

不知罪则不能悔罪，既悔罪则当改罪。盖不改则罪仍在，虽悔如未悔也。改者，改去从前之过，不敢再犯，是为真改也。

赦　罪

有真知罪、真悔罪、真改罪之行，方可望天父赦罪之恩也。人在人前认错尚肯赦罪，岂在天父之前认错有不肯赦乎？必赦罪矣！

赎　罪

天父肯赦罪，然后天兄得代赎罪。若天父不肯赦，我们必哀求天兄转求天父，得天父看天兄功劳体面，则必准其担当众小罪恶矣。譬如欲见天王，必得其旨准及侍臣引赞，然后得见；欲求天父，必先求天兄转求，然后蒙其赦罪、赎罪之恩也。

无　罪

自己肯真心悔改，天父肯恩准赦赎，则罪恶交与天兄担当矣，不知消归于九霄之外矣。人或为我责，吾无愧于心矣，惟日讴歌赞美而已矣。

受　福

罪净然后可以受福，犹之器净然后可以载珍馐。倘身有恶臭，必不宜穿好衣。岂灵有罪恶，独能受天福乎？福自天来，乃至宝至荣之极，岂妄与罪人享之乎？众兄弟姊妹静思之，是乎不是？必于上六"罪"字先用功，则不求福而福自至，不避祸而祸自远矣。当时天兄基督救世主见众则登山而坐，门徒就之，启口诏之曰："虚心者福矣，以天国乃其国也；忧闷者福矣，以其将得慰矣；温良者福矣，以其将得土也；饥渴慕义者福矣，以其将得饱也；矜恤者福矣，以其将见矜恤也；清心者福矣，以其将见上帝也；和平者福矣，以其称为上帝子类也；为义而见窘逐者福矣，以天国乃其国也；为我而受人诟谇害累恶言诽谤者福矣，以在天尔得赏者大也。当忻然受之。盖人窘逐先知，自昔已然。"

新撰祈祷文

小子跪在地下，赞美我天父圣神皇上帝暨救世主天兄基督：天父上帝无所不知、无所不能、无所不在，至公义至慈悲者也，当初六日造成天地山海万物，于今风晴雨露化生万物，保养全世界之人。自古及今，无一人一物不沾化生保养之德，但无一人知得感谢天父上帝之恩。如此忘恩背本、得食瞒天，真是天堂罪人、地狱材料，理应即时罚下地狱，受那些不死之虫所咬、不灭之火所烧，永远受无穷无尽之苦矣。

当此之时，我天父上帝欲尽灭之，而在慈悲之心有所不忍；欲不灭之，而在公义之法归于无有。界此两难之间，不得已割下至尊至贵之太子耶稣基督由天降地，生于贞女马利亚之胎，在世三十三年，招十二门徒，教以天父救世之圣旨，使人悔罪改过，可蒙代赎罪之恩；后来果然被恶人钉死十字架上，流其宝血，受尽千般凌辱、万种凄凉，代普天下万邦弟妹赎罪，使凡信而受洗者可以得救升天堂享福，不信者定然沉沦地狱；后又葬在墓坟，三日复生，四十日升天，于今坐在天父权能殿右。凡有诚心求天父赦罪赐福者，天兄基督必代其人转求天父。天父亦必看其功劳体面准赦前愆，施赐圣神感化其心、开其茅塞，使其有聪明力量，信实天父救主战胜妖魔，仇敌远走他方。

天父上帝如此爱及我等小可微末罪人，其恩其德，其荣其福，实在高过天、厚过地、深过海。我众小虽粉骨碎身，不能报答万万分之一矣。但到如今，敬信者少而从妖者多，故天父天兄斟酌，又差我主天王降生中国，天酉年复诏升天，魂见天父，教以当行之事。至今我等弟妹得蒙天父恩威，一路牵带来京矣。

天父乎！天兄乎！岂至于今又不爱乎？天父纵不爱众小犹可言也，但天父圣心亦忍之乎？天父乎！天兄乎！主说主之圣旨成行，在地如在天焉；又说二三人同心合意，不论何求，朕天父必成就之。今我众小拿实天兄基督应承之言系赦罪赐福之事，必有以给赐我们方可少息，不然，则我们弟妹将日夜哭泣噪闹我天父矣。求我天父天兄大开天恩，保佑我主天王、幼主江山早定，福音早行，普天下之人尽为天父好子女、天兄好弟妹、天国好百姓，今世有荣光，来生有永福。及我们父母兄弟子女宗亲，不论外邦中国，住居远近，皆托天父权能之手，保佑个个平安，有衣有食，无灾无难，魂得升天；皆赖天兄基督十字架流血赎罪大功劳，转求天父圣旨允准赦罪赐福，世世靡既，我主江山万万年。是心所愿也。

此祈祷文每人各存一篇，念后不必烧化。不论公众、私家自己拜天父时，皆可照此诚心，俨在天父膝下祈求，朝晚如是，久后必得天父天兄下①凡教导，赐福无穷矣。众弟妹勉之！凡求天父，宜如孩子求慈母一般，不得则哀哭以求之，必有感发其慈悲之心，俯准所求耳。

---

① "下"字，原脱，校补。

己未九年会试题[*]

天父上帝圣旨："三星共照日出天，禾王作主救人善；尔们认得禾救饥，乃念日头好上天。"

救人有方，光其心以充其量而已。夫人难明善，天难得上，将何以得救乎？惟天父天兄天王作主，直如星日之照临、嘉禾之救饥耳。

尝读基督圣书云："朕乃世之光，信则爱光过于暗。"又云："饥渴慕义者有福，信则养生不惟饼。"诚以天兄之出于天父，犹日星之醒心豁目；道义之充其灵体，犹嘉禾之适口充肠。然后知世有真光，实为天衢烛照；万物备我，皆由食德饮和，其心之泰然自安。居然有主，不亦恬然在地如在天乎！奥哉天父上帝之圣旨乎！

在昔西粤，荷蒙天父劳心下凡，欲光照人心，令人沐天父之恩、渴救主之义、饱天王之德，故有此圣旨，遂不禁人窣然而深思矣。以字形释之，三旁加共，洪也；禾下添乃，秀也；王上添人，全也。隐然寓真主之圣名，显然作民极之圣主，玉食万方，岂徒然乎！以字义详之，日星能光人目，示真理能新民心也；日出乎震，示圣主之出于东粤也；禾救人饥，示真主救民饥溺也。又隐然指人心之景仰，仍显然醒愚民之望救。天无二日，良有以也！目无三光则茫然莫辨，心无真光则莫知适从，故天父上帝造三光而共照于天，真主天王合爷哥而共御乎世。人得生于斯世，何幸而沐此荣光乎！赖日头之照乎天衢，正宜向往；念真道之引乎天路，悉见康庄。置身恩德之中，俨坐云端之上矣。田无嘉禾无以充腹饥，心无真种无以饱其德，故天父上帝降百谷于良田，天兄基督

* 即《天父天兄天王太平天国己未九年会试题》。原刻本现藏英国剑桥大学图书馆，封面未署刊刻年份。据书名判断，该文撰写于己未九年季秋；国号前加有"天父天兄天王"，可知其刊刻时间应在辛酉十一年初改号之后。本书据影印本《太平天国印书》辑录。

播真道于心地。人得沾于斯德者，岂可不谢此隆恩乎！借珍馐之养身，忘乎物色；开道味于理窟，不愿膏粱；留心真道之内，如在荣华之天矣。奥哉，天父上帝圣旨乎！倘非圣神化心，曷克认得圣主乎？

兹也阳明著而阴族消，天理昭彰，何患妖氛之不灭而不沾化日之光！稂莠除而嘉禾植，品物尚然，应见麦穗之多歧而祥兆丰年之瑞。吾侪得生复载者，千百世之下亦宜知认真念实，乃好尚乎高天矣！

本军师自幼习举子业，近已此调不弹。兹恭奉圣命总典秋闱，揭题后，因窥见天父圣旨至深至奥，思欲逐一发明，爰搦硃毫一挥而就。见猎心喜，为之粲然。自注

致艾约瑟牧师书*

　　太平天国开朝精忠军师殿右军干王洪书致大英国耶稣教士艾约瑟道长兄先生阁下：缘余前在上海得与众先生交游酬应，朝夕聚晤，辩①论真理，渥承教益，茅塞顿开。嗣后别我同人转至香港，与理、湛二教师讲学四年。前于戊午由香港至京朝主。区区之意，实非有贪禄位，盖欲翼赞王猷、广扩福音，使率土之滨扫清泥塑木雕之物，共归天父上帝、天兄耶稣之圣教也。

　　乃至京数日，即蒙天恩高厚，赐封王爵，晋位军师。余猥以菲材，当兹重任，时惧不克负荷，有辜天恩；亦惟广传圣教、普化世人，以不负生平之素愿耳。惟恨学识短浅，体道未深，是所歉仄。幸于接见真圣主以来，时蒙圣训，指示奥义。其义见解知识，迥出寻常万万，言近指远，出显入深，真足使智者踊跃、愚者省悟也。余日侍圣颜，渥聆圣海，故不觉心地稍开、志趣②略进，时觉此中乐趣无穷。回忆此生得力之处，是皆由昔与众先生讨论于前、今沐圣主训迪于后也。

　　昨知先生有书通致忠王李弟，讲明真理，足见同道之人自有同心。余故来苏省延候大驾。务望玉趾惠临，以便面倾一切。想先生必然惠顾，不致吝玉也。

　　外特寄来绸文一包，望祈劳心转寄广东香港，交递湛孖士先生、黄胜先生收启，不胜感佩之至。谨此肃启，伫候辱临。临颖不尽翘企，诸惟朗照。顺候文安。

　　另付新书一本交先生一览。太平天国庚申十年六月十一日

---

　　* 据《太平天国文书汇编》之排印件辑录。该函原件现藏广西博物馆。
　　① "辩"，原作"辦"，误，校改。
　　② "志趣"，原作"智趣"，误，校改。

钦定英杰归真 *

序

溯自上帝创造天地人物，无一而非真也。一自蛇魔惑世，而异端邪说充塞乎人心，所有天情真道，匪特庸庸者流茫然而莫知向往，任是英伟杰出之才或疑信相参，欲考证而无从；或议论歧出，欲附会而愈远。即间有有心世道者欲宣教以明其旨，奈身无教化之权而人多不信。抑或有心怀疑义者欲寻其绪而识其端，不遇解释之人而疑终莫祛，无怪乎真道日在天下而真理终不明于人心也。

兹蒙天父天兄差生我真圣主暨救世幼主宰治天下，复差生我干王以佐辅之，用夏变夷，代天宣化，常思阐明真道以援引世人，而提撕警觉之不倦。所恨蠢尔愚夫自安寡昧，即欲一施其振聋发聩之方而无从。而何幸妖胡奴隶之辈犹有所谓铁中铮铮、庸中佼佼者，自知从前之失，仰慕真主而幡然来归，且又善于质疑、善于问难，适足以触发我干王训诲不倦之本怀，故不禁津津焉、娓娓焉，举真理真道有味乎其言之，而使斯人恍然悟、帖然服，觉向之以身归者，今更以心归矣；向之身归真主者，今更心归真道矣。

小官等猥以菲才，夙叨恩眷，凡是宾客燕见，罔不随侍左右，旁聆宝训。道通天地之外，思入风云之中，批却导窾，切理餍心。要惟此番问答，尤属闻所未闻而又闻所乐闻也，因谨笔之于书而请公诸世。我干

---

* 太平天国辛酉十一年刊刻。原刻本现藏英国剑桥大学图书馆。本书据影印本《太平天国印书》辑录。

王遂俯从愚议，呈献圣览。荷蒙旨准刊刻颁行，爰名之曰"英杰归真"云。

时天父天兄天王太平天国辛酉十一年三月初一日

干殿刑部尚书小官何春发、干殿礼部尚书小官汪兰垣、甲官副信队勇忠富朝福干殿吏部尚书小官刘盛培、天试文状元开朝勋臣昱天安干殿文正总提小官刘闶忠、甲官正信队勇忠富朝福干殿文副总提小官吴文彬、干殿户部尚书小官何其兴、干殿兵部尚书小官丁锦堂、干殿工部尚书小官辛振甲等敬序

英杰归真

一日，有投降者，据云自是甚么红顶双翎，与某妖不和，欲归天朝出力报效，具禀求见。本军师念切该等亦是天中帝土之人，故准伊进见。遂传令府官两傍排列。引进跪呼千岁后，请安道禧毕，平身旁立。

干王问以来意。伊即答以妖运该终，大小不和，民心不附，恐难与天国抗也，况真圣主天王得天心眷顾，每至极处逢救，为此故特来归顺焉，求殿下不弃，收为门下，定即报效援救之恩也。干王听罢来意，未知出自真诚否，乃试其心曰："尔既受妖之官，尔祖父恐亦受妖恩不少，且前并未受过天朝官爵恩典，何忍遽弃其官而来投顺乎？其中必大有所见，乃能如此去就也。尔当禀明前来，方可准信。"伊答曰："干王明镜高悬，真伪立见。愚弟决去妖官来投天朝者，实因我祖父名为他官，实为他奴，虽受六七代功名官爵，较之宋明前代十无一二。况宋末、明末之时，吾祖父之跟从之者，罹难自缢者不知凡几，其为胡妖之害，实得不偿失。况天兵说我是鞑子，我实天人；说我是胡妖，我实华人。骨肉毛血都是中土人，不过暂受妖权所制、妖官污弄，一时不能脱满洲鬼迷耳。今愚弟来归，实是去暗投明、脱鬼成人之幸，从今欲做英雄豪杰，不愧为中土天朝人耳。乃蒙殿下以此疑难，益令我对苍天而生愧、对祖父而流涕也。"遂切齿对天跪下而誓曰："倘有假意来降，不为祖父报仇、不为天王尽忠者，愿天父上帝诛之。"言罢，乃当众放声大哭不止。干王见其归顺之念诚，遂命左右扶起，赐以天朝袍帽，令众官安置居处饮食。众官俱言遵令，仍三呼千岁而退。

是晚，那人因未悉各款礼仪称谓，恐有不合于讲礼读法之事，乃坐卧不安，长夜耿耿，思想前所谈论所闻者中多有隐讳之字、尊己卑人之

词，恨不得天晓而欲有所请，以释其心之惑也。

次日晨起，不敢妄进。早饭后，即传鼓求见，谓"某请安求教也"。旋内有三通鼓响，女官传令出曰"干王坐殿"。众官跪呼请安禀事请令毕，旋令在偏殿坐，有一礼部尚书并三四仆射侍从可矣，众属官俱照常办事，不用进偏殿也。引进内殿右边一厅，铺毡结彩，案上①金玉银杯、钟镖、古玩四围罗列；壁挂一大"福"字，高长七尺五寸，横阔六尺，上横批天兄基督登山垂训九福之言，旁写"精忠军师干王书"。阶前花草鲜妍，中门额悬一金边龙匾，内有黄绢御笔硃题龙边凤诏，书法遒劲，罩以大玻璃三块，明朗庄严，令人生慕。读之，其略云："天王诏旨曰：朕意玕胞、达胞、玉胞知之，敬爷敬哥总无空，老父大兄赐光荣；得到天堂享爷福，福子福孙福无穷。朕念从前胞因爷哥朕名受辱者多矣，胞果然志同南王，历久弥坚，确乎爷爷生定家军师、板荡忠臣，可为万世法。故爷哥朕眼自照得见，锡报胞以干天府王爵，子孙世袭，永远光荣，以昭福善盛典。胞靖共尔位，世世股肱天朝也。钦此。"

当时进去，干王赐坐赐茶。谢恩谦退毕，干王再转进内，故得细读御书圣诏及罗列各物也。一时解了龙袍角帽，改换云冠便服，转出坐下，从容言曰："噫，世人之为妖所惑亦已甚矣！昨见弟之所言，仍不失为中土华人也。本军师因此准弟求见，欲有所达兄之素志而为知者道故也。昔吾从游真圣主，每与谈经论道，终夜不倦，言笑喜怒，未尝敢薄待己身。时论时势则慷慨激昂，独恨中国无人，尽为鞑妖奴隶所惑矣。予问其故，则答以难言。再三问之，则谓弟生中土，十八省之大受制于满洲狗之三省，以五万万兆之华人受制于数百万之鞑妖，诚足为耻为辱之甚者。兼之每年化中国之金银几千万为烟土，收华民之脂膏数百万回满洲为花粉，一年如是，年年如是，至今二百年，中国之民富者安得不贫？贫者安能守法？不法安得不问伊黎省或乌隆江或吉林为奴为隶乎？兴言及此，未尝不拍案三叹也。但本军师昨以言难弟者，实为此故，欲试弟知之否。殊意之所言，亦是肺腑忠孝之言。今本军师辅真圣主，得蒙上帝眷顾，以有当日之义心，乃有今日之义举，无非为上帝、基督争体面，为上帝、基督争纲常也。而无知无义之徒反去助妖为虐。今之事业晚成，生灵荼毒，固是众罪所召，亦是天公试炼耳。弟当悔罪改过，求天父上帝赦之，天兄基督赎之，勉为新民学，斯无负今来归之

---

① 原作"尚"。太平天国规定"上"字为天父上帝专用，其余以"尚"字代。下同。

诚也。"

那人闻得此段义理，如惊似喜，乃肃然起敬曰："刚闻所述真圣主训千岁之旨，有如迅雷之灌耳、痴梦之初醒，足证众言天王才学透天人，博而约、正而严，名不虚传也。但愚弟初来，不知忌讳，且交疏谊浅，不敢妄有冒渎。惟敬闻新例多有未明，欲有所请以化吾心之愚，不知可容启齿否？倘有不合之言，乞为赦宥。"

干王谕曰："不妨。与其疑而生谤，不若问而得明。后将转谕多人，足以新民新世。试为言之。"

那人起而禀曰："天王尊号，前代未有此称。而天王不称皇不称帝，且贬前代僭称皇帝以'侯'封之，恐有不当于人情乎？乞赦冒渎之罪，明以教我。"

干王谕曰："噫，尔何不学之甚乎！三方五氏①之称，恐是后人妄称，姑不置论。而夏、商、周亦未敢自大，故孔丘作《春秋》，首正名分②，大书直书曰'天王'，盖谓系王于天，所以大一统也。此天王尊号前代无人敢僭者，实天父留以与吾真圣主也。殊无知秦政妄自尊大，僭称上主皇上帝大号，无怪其作事颠倒、年祚不长也。后代效尤，遂无救止之者，致妖魔有赤氏、白氏、青氏、黑氏等之僭妄也。今吾真圣主天王于天酉年转天时，蒙天父暗置一硃书在燕寝门眉镶中，批云'天王大道君王全'七字，是君王父寻着的，邻县邻乡是人皆知。故吾主天王受天真命为'天王大道君王全'，非自称，非人称，又非古书所称，实天父真命封为天王也，而较诸古之僭称自称，为至正至顺焉。至贬前代之僭号者为侯，以其有无知之罪二：一是僭皇矣上帝之尊也。盖大而无外谓之皇，超乎万权谓之上，主宰天地人万物谓之帝。前侯何人，敢僭皇上帝之称乎？一是率人拜邪鬼也。盖前侯封禅立庙祭上帝所造之山川河渎，及祭上帝所差之贤能者所做事业，多是教人叛天信鬼。以此推之，实是后世之罪人也。而吾主贬之为侯，仍是厚恕之道，实不如我天朝之检点等官尚知尊敬上帝、不拜邪神也。至鞑妖之拜佛重僧，崇信九流杂教，直谓之妖而已、鬼而已，虽僭窃二百年，是上帝、基督、天王欲尽歼之而已，何足道哉！"

那人曰："天王是太阳，能照天下，亦有据乎？"

---

① "三方五氏"，系"三皇五帝"之代称。
② "分"，原作"份"，校改。

　　干王谕曰："日为君象，明烛万方，此古人之僭譬，伊等非真太阳也。若吾真圣主面形日角，眼若日轮，毫光映射，无敢仰视之者。即在游天下时而然也。故天父圣旨云'弯弯一点在中央'，又云'乃念日头好上天'也。在天酉年转天时，曾对胞姊云：'姊姊，尔见我手中何物？'姊云'无物'。主云：'左手执日，右手执月，尔不见乎？'三月初四将晓，鸟语喧哗，遂吟七律云：'鸟向晓分必如我，太平天子事事可；身照金乌灾尽消，天将天兵都辅佐。'是时连日阴雨，未见太阳，及吟后，即见日入东窗，而吾主圣目一见即匍匐而起，离御榻而出燕殿，遂觉昨晚卧不能起之病不知消归于何处矣。夫吾主病在阴雨旬中，一接太阳即复原体，以畅其光明，以验'身照金乌灾尽消'之句也。又于癸荣年未曾看明天书以前一晚，主梦日落于圣主前。主欲从容拾之，忽见一人前来争之。吾主以一指指住那人，以一手拾日抛之，口念云'风云雷雨送上天'。忽醒而吟七律云：'天下太平真日出，那股燎火敢争光；高悬碧落烟云卷，远照尘寰鬼域藏。东西南北勤献曝，蛮夷戎狄竞倾阳；重轮赫赫遮星月，独擅贞明照万方。'凡此诸证，皆十年前之天启而今俱验者，足征天王为太阳之据。至其英明果毅、广大包容，真如日照万方，而群阴不敢出现、月星不敢争光也。如欲沾恩光者，当留心钦读圣诏而钦遵之可也。至于幼主降世二年，岁在庚戌，有粤西大臣黄盛爵、侯昌伯来接。是晚，屋上发红圆光一道，远见者疑为焚烧，近者见渐高而散，一连两夜如是。及到天京时，吾幼主万寿才几龄，乃于梦觉中常发声云'日头王，照万方'。是岂泛常之语乎？当亦有启之者耳。弟试思之，足征真圣主当阳之据否？"

　　那人禀曰："此理既蒙指示，确乎的论，令人钦服之至。但又以义、安、福、燕、豫、侯为官爵名衔，未免太新；至丞相、检点、指挥、将军、监军、军帅、师帅、旅帅、百长、司马等官，虽古有之，今何太卑也？"

　　干王谕曰："今之义、安、福、燕、豫、侯六爵，胜过古之公、侯、伯、子、男爵多倍矣。盖公、伯、子、男等字，是家人、儿子之称。以之名官，实属糊混不雅之至。今我天王蒙天父天兄下凡带坐山河，创开天国、天朝，定鼎天京，奉天诛妖，兵皆天兵，将皆天将，官属天官，尽理天事，同顶天父纲常，故自天王以至某天侯，皆冠以天字，不惟超乎古之叛天拜鬼者，即较古之僭号自尊者亦是出乎其类也。至丞相以下等名衔，较诸前代叛天拜鬼之官实有无限荣宠，不过有侯爵以上各官，似稍卑耳。其名衔之正大堂煌，尊荣已极，何谓名衔太新？实尔等听闻未久，觉以为新耳。至鞑妖所称甚么巴图鲁、帖木儿之鬼号，未知作何解意者，未见我华人目为鬼名、以为太新也。哀哉！习俗移人，忘其身之为华一至于此也！"

那人禀曰："官爵既明，而士阶未晓谓何以秀才为秀士、以补廪为俊士、以拔贡为杰士、以举人为约士、以进士为达士、以翰林为国士乎？此亦有所异乎？"

干王谕曰："噫，世人之食古不化泥古鲜通也！本军师所以请旨改之者，欲有以定其尊卑层次，令无失其所以为士之实。此难一言明透，仰将兄前谕左副史乔彦材所注述之文读之，大意了然矣。"随即递观。

那人即跪接起读。其略云："天国创万年之基业，树万年之规模，得非常之贤才，乃克佐非常之治绩，是故取士之法不一，而登明选公之意则同，特天情与凡情有别焉。荷蒙天父天兄大开天恩，亲命我真圣主降凡宰治天下，定鼎天京，立政任人，揆文奋武，两科取士之盛，惟在在革除凡例，俾人人共证天心，法至良、意至美也。粤稽古昔，其设科拔擢亦有制定章程，第名实不符，士风日下。值此天命维新之会，道既切乎性命身心，制自超乎古今前后，岂若承讹袭谬、因陋就简之所为哉！且夫秀才、举人诸名目，考前侯试士之典，有虞则三载考绩，成周则三年宾兴，无所谓①秀才等名也。故科目莫备于唐，唐有六科：一曰秀才，二曰明经，三曰进士，四曰明法，五曰书，六曰算。当时以诗赋取者谓之进士，以经义取者谓之明经。其秀才有上上、上中、上下、中上四等。唐玄侯手撰《六典》，举凡贡举人有博识高才强学待问无失俊选者为秀才，故有乡举进士求试秀才者。明太侯以秀才丁士梅为苏州郡知郡，又以秀才曾泰为户部尚书，是秀才之科第甚高，不容滥冒，其名当改也。举人者，举到之人。唐高侯显庆四年，侯亲策试之，凡九百人，登科则除以官，不复谓之举人，而不第则须再举，不若后世以举人为一定之名也。进士即科目中之一科，有举进士者，有举进士不第者，但云举进士，而第不第未可知。盖自本人言之谓之举进士，自朝廷言之仍谓之举人，非必以乡试为举人、会试为进士也。是举人、进士之名当改也。进士中之特出者为翰林，自汉以来皆有之，如贤良方正、直言极谏、博洽坟典，足以通达军谋、详明政术者，均可入翰林之选。第举用

---

① "所谓"，原作"所为"，误，校改。

之途太宽，称名每不得其实，是翰林之名当改也。武试始于宋庆历间，以阮逸为武学谕；至明太侯立武学、用武举，其秀才等名与文士同，尤觉盛名难副焉。宏惟我天国振兴文治、崇念武功，自癸好开科，以天王万寿时举行，旋移于幼主万寿时，以每年十月初一日宏开天试。嗣复改为每岁三月初三日考文秀才，三月十三日考武秀才，五月初五日考文举人，五月十五日考武举人，各省皆然。于九月初九日考文进士翰林元甲，九月十九日考武进士等。又于每岁正月十五日试选各省提考举人之官，洵属至精至密，至备至周。惟制度灿然一新，而名目仍然由旧，所当循名责实、顾名思义，扫除故迹而更张之，使万万年尽善尽美，以永垂不朽也。欣逢我干王殿下钦奉天命主命，总揽文衡，聿修试典，综核名实，定厥宏规，准论秀书升之意以相变通：改秀才为秀士，谓士人荣显之初如卉木之方秀也；改补廪为俊士，谓智过千人为俊也；改拔贡为杰士，谓才过万人为杰也；改举人为博士，谓其博雅淹通也，庚申十年十一月蒙诏改为约士，谓能通四约、博不如约也；改进士为达士，谓其通达事变，足以兼善天下也；改翰林为国士，谓其学识超乎一国，以国士待之，自克以国士报也。至武秀才等，则改称英士、猛士、壮士、威士之殊。英，谓其英多磊落也；猛，谓其猛可济宽也；壮，谓其克壮大猷也；威，谓其有威可畏也。是文武统名为士，而称谓各有其真，将见弦诵之士怀经济，赳桓之士尽腹心。文可兼武，韬略载在诗书；武可兼文，干戈化为礼让。事事协文经武纬，人人具武烈文谟。我天朝万万年作人之治，所由黼国黻家，天道无不彰之美；金声玉振，天理无不畅之机。士也幸生斯世，可不争自濯磨，以仰报天恩主恩、永遵真道、永享真福也哉！"

那人读毕，即禀曰："殿下所谕官衔名爵并蒙钦定士子各衔，固是名正义彰，永古可传矣。惟恐草野多愚，习惯旧染，虽闻九炮声轰，名标金榜，无如名号生疏，不知寓意，有不乐闻之意耳。"

干王谕曰："吾主天王之江山万万年乃是定的，而纲常名分之不正者，只知奉天父天兄命以改正之，使天下万代顾名思义、知所奋发也，哪①管愚夫俗子只喜说雌黄而惊听烈雷者也。弟其遵之凛之，毋惜人言可也。"

那人即面赤而惭，跪曰："恳请殿下宥弟率直之罪。然弟既来归，

———————————

① "哪"，原作"那"，校改。

凡事自当凛遵，惟恐不明礼制，致有逆旨逆谕之罪耳。"

干王慰之曰："无以跪为也，起而听之。我明语尔，倘弟不直以问之，则兄难切以谕之，此因理直而言不得不直，非彼此有故渎之意也。弟其宽心勿畏可也。若有不明，再申衷曲就是。"

那人沉思一刻，复有请曰："干王恩高量广，不以初交见嫌，不以触犯见罪，虽兴周之姬旦一饭三吐哺、一沐三握发，无以过也。足见真圣主鸿福齐天，君圣臣贤，武功文德各得其人，而万万年之大业定见昭垂矣。然弟久在妖营，多闻俗见，未闻振聋启聩之论、掀天揭地之才。今遇殿下，顿开茅塞矣。但有无知之人言：'留长发不便，每至半月不剃，则痒不可耐。前代虽留长发，究不如今之为便，况久而不剃则天热即痒，非吾所愿也。'弟闻此等鄙言，口虽难言，而心甚怪之，但弟无才以化之耳。"

干王遂禁之曰："弟且勿言，谅弟亦解其非，但未必能深知其大有关于纲常也，吾为弟详明之。盖发之生于首，犹草之生于山也。山无草则崩破消磨不足以悦人观，头剃发则泄气坏脑多生头晕善忘之病。夫脑为一身之总会，脑清则明，脑浊则钝，脑浆少则摇头失神，于坐船荡浆时必晕闷可验，而失撞倾跌必不省人事可征。若脑充实则心灵善悟，脑热则谵语多梦。脑之为用甚大，实为灵魂生命，故剃发之人定有所损。此其一也。又发为上帝生成，发于肌肤、鞠于母胎，非比袍裳于出世后才做就以被于身。今上帝欲生之，尔偏削之，岂不逆天？天既定于母胎之前，尔偏去于母胎之后，岂非不孝？逆天不孝，何以为人？乃该等忘其身之为华、甘为鞑妖瞒天不孝之举。此其二也。况我中土当明末妖来之时，凡百列祖必不肯剃发从妖，惟迫于势不得已而剃之，亦必嘱之曰：'小心轻剃，毋伤吾体也。'何以知之？惟观二三岁之孩童每逢剃发必哭怕焉。即凡百之家亦有长发之妇媪，未见说天热即痒而致怨天怨母之生鞠者。只闻古有孝子曾参全受全归，发肤无有毁伤者。此其三也。今众等不以亏体为辱，而以削发为荣；不以逆天不孝并迫先祖之仇为念，而以头皮痒起嗔。难怪其不愿为天父上帝子女、天兄基督弟妹，甘为鞑妖狗奴所惑矣。虽然如此，终有上帝化醒之日。弟惟行已是就是，勿效彼焉可。"

那人俯首沉吟而言曰："依殿下宝谕所言，则凡为鞑子官者皆为中国之罪人矣。考之往古，更有何所证见，及有何所解救，复睹中华锦绣江山乎？"

干王恻然长叹曰："使中土华人诚能忠心连络，何难复富有之天国、兴礼义之天朝也。虽然，亦赖天父天兄之眷顾，真主幼主之鸿福，密以维持耳。至欲知证见，请观宋明代，自有明鉴。弟试思之，问宋代何以多忠贤，明代何以多烈节，而元妖独无彰明较著之忠烈、令妇儿皆知者，何也？岂元独无乎！虽有，亦是愚忠蠢忠不忠之忠，而纲鉴重华之义，断不载之也。今问咸丰朝之衙，有如朱、程、周、张五夫子之文才者否？问有如韩世忠、岳飞、张纲之顾国者否？问有如陆秀夫、张世杰、文天祥等赫赫声名如雷贯耳、令妇儿皆知者否？恐元妖无之，今妖亦无之也。即今妖衙有如该古人者，亦断难比其声威。何也？彼之时、彼之长，不同乎妖鞑故也。问弟以为作鞑子官者有罪乎？无罪乎？即能免今人之议罪，断难免子孙后人之议罪也。此即古之证见，又是人人良心证见。弟试思之，是乎？否乎？况元妖入寇中华，至明实有一百六十一年之久。纲鉴则削其前，至崖门失印方准入元史；又削其后，至明初起义即入明代。实载八十九年之久。由此推之，御史重华之义严矣，而为鞑官之罪当何如乎？"

那人禀曰："听殿下所谕，有如冷水淋头、热炭熨心，令人难忍之极耳。即弟亦颇览经史，觉为元妖之官者实无赫赫之名如宋明代者。弟考敝姓宗谱，当明末被掳出山海关者数祖，从难缢于崇祯足者数祖，被妖胁制者数祖。祖虽蒙害，尚有留芳；吾辈虽安，有惭列祖，实有枉为人之后裔矣。兴言及此，宁不为之痛哭乎！"那人随将袍袖拭泪，少顷不言；旋欲奋发，似有不共戴天之意，转而嗫嚅，乃长叹曰："噫！我中邦大国，论人多则有二十倍于鞑妖，论地广则有七倍于满洲，无奈个个多逐末流，少求忠孝大义，而反受制于区区之鞑妖，实属不甘不忿之极；且剃我毛发，毁我冠裳，辱我祖宗，掳我财帛，变我华人，口其言语，家其伦类，几几乎流而莫返矣。幸蒙天父天兄亲命真圣主天王承天出治，主宰太平，吾中土之人将有倚赖而得脱于妖鞑之害矣。特恨昏昏不醒者多为妖鞑所迷，不知何时尽见太平天日耶？"那人又曰："今日操劳宝心多矣，俟暇时再行求教，请辞。"

干王恐多论难志，故命伊偕仆射告退，嘱以留心思悟，求天父化醒祝福可也。

过了二天，干王想此人留心问察各事，悲喜出于自然，似非贪位慕势者所可比。倘得圣神感化，真诚献曝，将来可作天朝名人。乃命传新来之张某进来旁殿，有所谕也。俄间进来行礼毕，赐坐。干王谕问曰：

"前天谕弟各款，不知弟有所疑否？抑是别有所疑？不妨一一问明，以便出京理事，放胆施行，不致有乖礼法也。"

那人起而禀曰："昨蒙宝谕所教，愚弟细思，确是真命天子真圣主乃有此正大纲常名教，又确是开朝创业方能有此因革损益。倘非真圣主，何能有此识高力卓，任那众口纷纷，而命名定份则坚确不移也。惟是真命天子，故任那千磨百折、妖崇围攻，总不能有损真主之丝毫耳。前所领教者，实无所疑也。但有拜天父上帝、不拜邪鬼一事，愚弟固知天之当敬，而事属高远，鬼之不当谄，应宜崇德报功，奈何见有木偶泥像概行毁之乎？"

干王谕曰："此正见我天朝事业非常，非他人所易晓也。仰弟宽心细听，吾将分言谕尔。所谓天父上帝者，万邦人之灵魂、灵性由天父所生。《书》曰'天降下民'，'天生蒸民'，'维皇上帝降衷下民'。昭昭古训，洵非虚语也。万邦人之肉身是当初天父甄土以造之，故人死仍归土也。其灵魂由天而降，洁则升天，污则降地狱也。天父养之，故以日月风雨化生谷果鸟兽以供食，使丝麻草木以资衣被。倘非天父之寒暑造化，安知不顷刻饥寒而死乎？眼无三光则茫然莫辨，鼻无呼吸则片刻难存，人生在世，又安能一刻忘天父上帝衣食之恩、风光之德、视听之妙乎？弟谓高远，虽亦高而不可攀、远而不可到，究其无所不在，实在弟之上下左右也。尔肯接之，且可在尔心耳，又何高远之有乎？其为天父，较尔肉父恩尤大，即自己之始祖远孙亦沾其教育大恩也。其为上主，即为万邦之君、万邦之皇，而万邦皆其权能也。无言无声，伊之言出于全地，伊之声至于地极，四时流行，万物化生，令人观感渐摩而自化也。上帝之高深广远，全智全能，全荣全福，自然而然，显然易见，灼然易知也，高远云乎哉？况吾真圣主于天酉年蒙天父召上天，亲口命吾主为太平天子。'天下之人，尽是食朕、衣朕，用着、看着、听着都是朕界的，但无一有本心者。尔勿效之可也。'此吾主亲承天父天命、亲觐天父天颜，字字句句都是切近真实的，不可须臾离得，岂高远云乎哉？至于邪神偶像，原无灵爽式凭，但人心既为财妖色鬼所惑，或为烟鬼酒鬼所迷，眼才见其事，耳才听其言，而心魂遂为魔鬼所拘缠矣。及至事过形亡，有不遂其所欲者，卒至废寝忘餐以求之，久而神思焦劳恍恍忽忽，如有所见闻者，遂疑为有所式凭也。试分言之。如读书士子不思学尧舜之孝弟忠信，遵孔孟之仁义道德，而徒以牲醴敬孔孟，以院宇祀诸贤，或拜文昌妖、魁星妖，以为功名可必显达。此是士人痴心妄想、功名念切，不知聪明智识赋之自天，名之成败定之上主，岂既死圣贤能与人以功名聪明乎？不知有少年即上进者，有白发未见举者，是圣贤有私心乎？抑敬拜有诚不诚乎？谅是限之以聪明、定之于主宰也。又耕地农民拜妖社、妖稷、妖田祖，以求逐蝗虫、免水灾，风调雨顺五谷丰登。此俗不可耐之见，诚为可笑可怜之极。使上帝不施五谷，后稷何以教稼穑？不生丝麻，轩辕何以缝袍裳？此明明日有天照、雨自天施，乃凶旱水溢，不云天怒示惩，而曰旱魃为虐、田祖有神，痴哉蠢哉一迷至此乎！又有工商所奉、杂教所崇，千奇百怪、鬼样邪形，无非欲惧吓人灵，以便服魔役使，捉该灵魂下地狱、阻该灵魂上天堂。而世人不知，懵懵然以为崇德报功，向龟蛇而叩首，对木石而鞠躬，此多是猾聘诡谲、妖佛妄为，卑卑不足道者也。即儒教之前贤后贤忠杰英豪，人与人相较，确有功业可观，然究其德性善良实由天赋，但能不自失耳，推其心之所得，发而为事功，非尽是己力，实赖有时势以佐之矣。俗云'谋事在人，成事在天'，在该等磊落英明者岂敢冒天之功为己力，岂敢贪天之德为己能哉？在有志有为者亦以为彼丈夫也、我丈夫也，特欲法彼之仁义忠信孝弟廉节而已，独何必效妇儿之行而拜彼哉？不意今之拜妖鬼者，非为崇德报功起见，实为名利不遂、妻儿有亏、疾病多累，故妄有求福免祸之念，遂不计该泥妖有眼不能见、有口不能言、有手不能作、有足不能跑矣。且因有此慕福惧祸之心，即该木石死妖不知避雨避焚，不知马蚁作饭、鼯鼠作巢、蜘蛛挂网，亦在所不计矣。若①该木石等像果能保佑世人，何反不能自保自护乎？而邀福避祸之心可以醒矣。《书》云：'惟上帝不常，作善降之百祥，作不善降之百殃。'祸福无不自己求之者，岂木石泥妖能与人以祸福哉！若云彼生时有功德，则法彼行善事足矣，表彰其事功足矣，又何卑卑屈屈而邀媚求福，反致获罪于天，无所祷乎？尔其醒之，无以木石泥塑死妖为畏可也。"

那人曰："天朝天历并无参齑犯凶煞生克休咎，莫非凡事倚赖天父主张、天兄担当，就百无禁忌乎？"

干王谕曰："此事亦非一言明透。"即将所作之天历序文授之使阅。其略云："原夫真道行而左道必绝，天情正而天历宜明。荷蒙天父天兄大开天恩，亲命我真圣主天王降凡作主，扫荡妖氛。凡一切制度考文无不革故鼎新，所有邪说异端自宜革除净尽，聿彰美备之休。故夫历纪一

---

① "若"字下，原有衍字"果"，今删。

书，本天道之自然，以运行于不息。无如后世之人各骋私智，互斗异谈，创支干生克之论，著日时吉凶之言，甚至借以推测，用之占候，以致异议愈多，失真愈远。我天朝开国之初，百度维新，乌可不亟为订正，以醒愚俗而授民时哉！尝考后世法胜于古而屡改益密者，惟历为最。唐志又谓天为动物，久则差忒，不得不屡变其法以求之。殊不知天地之道，恒久而不已也。盖天行至健，确然有常，本无古今之异。其岁差盈缩迟疾诸行，古无而今有者，因其数甚微，积久始著，古人不觉而后人知之，而非天行之忒也。夫天之行度多端，而人智力有限，持寻尺之仪表仰测穹苍，安能洞悉而无疑？况屡经更改，屡失常度：周秦历凡六改，汉凡四改，魏迄隋十五改，唐迄五代十五改，宋十七改，妖元五改，明亦数改不定。是皆无知妄作，反致岁失其次、日行失度，诸弊纷纷丛起焉。若夫选择日时，致分黄道黑道之殊，趋避吉凶，捏造天恩天煞之异，不思岁月日时皆天父之所定，日日是吉是良，时时无殊无异。故《易》曰：'君子吉，小人凶；悔厉吉，失终凶。'是明示人以君子作善则吉，小人作恶则凶，非关卜日选月而定夫祸福也。乃今好事者借其说，以为吉凶休咎可卜而知趋避，不必悔厉修省，大有负于古训之意。且术士喜言怪诞，不曰予宗河图，则曰予宗洛书，或认伏羲之徒，或称周文之弟，并造出无数捕风捉影之说、观形察色之机，以肥囊利己。而无如愚人恬然受人欺骗，诩然赞之曰'灵'，固属可笑，实为可怜！历查史册，推测占验之术起于晋之郭璞，诡言得有《青囊经》，葬卜休咎，荫人祸福；唐之杨松筠踵其弊而增其非。故今之言历数者以此二人为宗，曾亦思郭璞不见富贵之福，反遭灭族之凶；松筠贫苦江湖，并无安身之地？彼既不能自为趋吉避凶，岂有后人传之而能使人趋吉避凶之理？孔子云'始作俑者，其无后乎'，此之谓也。况晋唐以前未有占验之说，富贵功名如故；晋唐以后既有推测之法，而富贵功名亦如故。是可知数算非能益人，但人自惑之耳。孔子又云'死生有命，富贵在天'，若依历数之家论之，当改云'死生有术，富贵在地'矣。至推命一则，信乎唐之吕才有云：'长平坑卒，岂尽命犯三刑？南阳贵士，岂皆命逢六合？'今亦有同年同禄而贵贱悬殊，共命共胎而夭寿各异。盖命虽定于有生之初，其理至微，非人所能测识；况降祥降殃总由作善作不善所致，即云死生有命，及得之不得曰'有命'，不过一以解忧患，一以止贪求，非真有一定之数存乎其中，任人善恶百端不能移易也。纷纷谈算者又何其惑之甚乎！兹我天朝新天新地新日新月，用颁新历，以彰新化，故特将前时一切诱惑之私、迷误之端反复详明，以破其惑，庶几人人共知天国新历光明正大，海隅苍生咸奉正朔，将见农时以正，四序调匀，天行不息，悠久无疆。中外臣民共嬉游于光天化日之下，举凡旧日一应索隐行怪之习、荒谬妄诞之谈，自不戢而悉泯焉，岂不懿欤！兹当新历告成，谨特识于历首，俾有以定民志而正农时焉，以仰副我真圣主敬授民时之意云耳。是为序。"

那人读毕曰："此理甚明，无如人不自加察耳。弟今捧读是篇，不胜钦佩之至。但是，均同此天、同此地、同此世、同此人也，何天朝出来之人个个都说新天新地新人新世界乎？"

干王谕曰："倘我天朝之人仍依妖之俗例，拜邪魔、信邪说、叛皇天、恃己力，一切妖样而行，又何敢自称为新乎？夫云净而月明，春来而山丽，衣必洗而垢去，物必改而更新，理之自然者也。所谓世之变革者，以真圣主天酉年转天时，受天新命，食天新果，饮天新汁，因有自新之学，用以新民新世；今又蒙天父天兄下凡带真主、幼主作主，而天地更新也。虽同是此天地，世人外观谁云不旧？若人人能悔罪改过，弃恶归善，弃伪归真，力求自新，转以新民，改邪术而行真理，去偶像而拜上帝，拆妖庙而建礼拜堂，化愚顽而归良正，脱俗见而遵新化，视听言行既殊而耳目手足斯新，万物情理既真而天地世人即新。前日之人行鬼路，今日则脱鬼成人；前日之人面兽心，今日则洗心革面；前日之旧染污俗，今日则咸与维新①；前入魔鬼之网罗几几地狱，今登光明之善域赫赫天堂。鱼跃鸢飞无非妙道，风云变态尽是神思。天父天兄喜此新心之人，世人朝野喜此新天之理。彼此皆新，受几多陶镕磨炼；后前迥异，岂毫无感化灵明？凡能见此者，必受天父上帝圣神感化而真信基督救世主者，乃有此慧眼，始能认识新天新地新人新世界也。否则，彼且不能自新，又安知所谓新之者？吾恐彼且谓新不如旧矣，岂易同日而语哉！"

那人问曰："予闻人言，凡来进营者，须拜上帝以扶真圣主，不知拜上帝之道、遵主之规如何？敢请指教，畀知王章，共守天朝之大典也。"

答曰："尔云欲拜上帝，不知拜之之道。但拜之之道，内则以神以诚，外则言真行实，作事遵依天条十诫，有罪时加悔改，求天父上帝赦

---

① "咸与维新"，原作"咸与为新"，误，校改。

之、天兄基督救世主赎之，以望得天堂之福，求得免地狱之祸。此便是拜上帝之道，而遵主之规即在其中矣。但未知尔所问拜上帝之道，其意何所指乎？"

其人曰："兹蒙真圣主建都天京，平治天下，使普天之人崇拜上帝，焚毁妖邪。其邪者固当焚毁，间有古之长仆亦有治郭安邦之功、救世保民之力，其形象概亦毁之，其意何也？"

答曰："我真圣主奉天父上帝真命、天兄基督眷顾，天酉年接转高天，指明凡间妖邪古怪百出，迷害人灵魂落地狱，诱人忘恩背本、昧良瞒天，数千余年作威作福，无非盗正人之名以为己有，私受凡人敬祭。而世人被其迷惑，认妖魔偶像过于伊父伊母，畏妖邪恐吓过于天崩地裂，乃至迷惑久而良知昏失矣，恐吓多而欲有所倚赖矣。于是思想正人君子，以为他生时如此正气，必能制伏邪魔，故有绘神荼郁垒以为啖鬼之神，有绘钟馗恶像以为南方逐鬼，有绘关云长谓其正气能以伏魔，更有向龟蛇而屈膝，见木石而叩头；有病时不谓血气不和，而谓妖邪作祟；贫困时不谓天父磨炼，而怨运限不辰。间有血气复和而病愈、时势困极而必通者，遂以为某圣贤有灵矣。孰知那圣贤若果生平功德高大、敬天忠主、改过修身、正己以正人者，必蒙天父天兄接转高天，其出世是由天父差遣，其去世是升天复命，何曾在人间受享而佑世人乎？古语有云'死不认尸'，人死其魂之升降不由自主，其凡间何得有权以逐鬼有魂而受人酬其德，致犯第二天诫乎？故凡敬朽木邪像，皆系妖魔作孽，冒名僭受人谄祭，非正大圣贤、忠良天使、磊落光明者肯受人之祭拜也，又非正直光明者肯向妖而祭拜也。夫人生于世，孰非天生天养天排定？眼能见尽是现成之物，耳能听皆为万籁之音，鼻能闻可分清浊香臭腥辣，口能分辨百味，舌能巧生字音，各有其能，不能兼用，又不能缺一。至有耳目口鼻之力所不能及者，惟心能思之而灵能觉之；又有思之不得、觉之不悟者，惟天父上帝惟能默牖予衷，以穷其妙而不可限也。可知生死由命，富贵在天，举凡有形无形，皆莫非上帝主宰之已，岂木雕泥塑之死妖得以保佑而转移之者？实由人心愚昧，被妖魔迷惑害累之深，故普天之下不知天父上帝化生保养，只知有偶像蠢物，所以我真圣主天王奉天父真命，令概焚毁之者，由此故也。"

那人连日请教。至此时，于凡事世情，亦多有能自解说辨断真伪者，毅然自负，释然无疑，足见上帝、基督化人超凡入圣，返璞归真，乃跪天恩、主恩曰："今后之得成正果，瞻依天父，得沐主恩，有今生之荣光福乐、来生之天堂永福，实为天父安排、真主牵带、干王之所教导也。倘愚弟有合用之处，即粉骨碎身，誓当图报，以尽吾份、以报天恩、以酬主德也。"

干王谕曰："弟当宽心宽心，总要认天识主，而永福自在矣。自今退去，当离心永记，无负本军师之谆谆喧谕可也。"

凛遵敬避字样喧谕[*]

钦命文衡正总裁殿前吏部正天僚领袖顶天扶朝纲干王洪为谕京都内外大小官员及各书士人等知悉：

照得文以载道，当先尚夫尊崇；而修辞立诚，岂可罔识忌讳！缘蒙天父上主皇上帝暨救世主天兄基督大开天恩，亲命我真圣主天王暨救世真圣天幼主下凡御世，主宰太平，体统尊而万物作，则纪纲肃而万汇有条。凡于奏本谕禀及一切文书往来有所当讳字样，各宜凛遵敬避，以见朝拱尊敬之意，不得引用误书，致有亵渎。至于凡情典故并一切荒诞妖样避句，概须灭迹消声删除净尽，方于真道无有朦混也。

乃今本章文书之内，多有未能敬谨遵避者。是以屡蒙圣诏下颁，教导周详，并多操劳圣心御笔改正。故兄等前曾行谕，令将各样妖荒浮文务须除去。谅尔等久已遵知矣。惟思敬避字样并代替各字为数颇多，诚恐尔等未能周知，多有错误妄写，特将当遵敬避字样并代替等各字备细开列于后。仰尔大小官员及文人书士等各宜铭心刻骨，并存席右，以便触目警心，不致偶有差错。倘谕后仍不检点，一经勘出，不独奏禀文章概不收阅，而且有蹈故违之咎，致干罪戾也。切切凛遵，毋贻后悔。此谕。

---

* 该喧谕以《钦定敬避字样》之名刻印成书。《钦定敬避字样》原刻本佚，其抄本现藏上海图书馆，上写"天父天兄天王太平天国"。考天王颁万国来朝及敬避字样诏，末署"天父天兄天王太平天国辛酉十一年五月十六日"。据此推断，干王喧谕应晚于天王此诏颁发，时间相近。本书据影印本《太平天国印书》辑录，标题由编者所加。喧谕之后，详细开列敬避字样并代替各字，此处不录。

致英国翻译官富礼賜书*

（一）

钦命文衡正总裁开朝精忠军师顶天扶朝纲干王洪书致大英钦命番译官富弟台览：

缘本军师昨承厚爱相请，不忍直言相拒。奈天朝礼制实与①外国不同。外国之王虽出街闲游不嫌自轻，惟以双膝跪为重；我天朝则自列王及各大员，跪为平常，但以轻出为非礼。至兄身任军师之重，虽英王、忠王、辅王、赞王、章王等，逢有大事，即传到本府会议，从未尝亲往各府，并各府亦不敢相请。今若一往洋船，情虽无妨，礼却有碍，后将何以处列王，又将何以对朝众乎？尔不轻跪，我不轻出，各守各礼，是为两得。诸蒙请宴厚意，尽依我天朝之礼，感谢天父上帝矣。仰祈宽心无劳可也。特此书致，顺询刻佳。

再者，售卖米粮一事，查明现下粮仓皆不用再买。至于各府各衙或私买若干，五天将莫世暌弟自可明白。又致。

天父天兄天王太平天国辛酉十一年七月初七日

（二）

开朝精忠军师顶天扶朝纲干王洪书复大英番译官富弟惠览：

---

* 计两封。原件现藏伦敦英国图书馆东方部。本书据其照片辑录，标题及序号由编者所加。

① "与"字，原脱，校补。

　　顷接来书，备悉一是。所寄来天王御笔系硃书黄绸一条十字，即在圣书四包内之《英杰归真》一包内也。

　　至前允文据交上海水师一事，经兄细思，未便遽行。现下和约未定。该水师等日前来书，但称天国大头子而已。今偏欲我众官兵人等称呼该水师官衔，似于情理未符。容俟有事往来之时，再行酌处可也。

　　至于鞑妖，数运将终，天夺其算。承蒙弟台劳心示及咸丰妖头去世信息，深感友谊关注盛情。统此布复，顺候升祺。后有新闻，祈为劳心照知是望。

天父天兄天王太平天国辛酉十一年八月初一日

钦定军次实录 *

《钦定军次实录》序

慨自坦盘之惑于蛇魔也，世道人心渐流于伪而失其真，渐入于邪而背乎正，迷于修斋建醮，惑于拜佛念经，只知祈祷邪魔，不知尊信上帝，遂使数千年以来皆陷于忘恩背本得食瞒天之罪而不自知也。

小官等荷蒙天恩、主恩，得随我干王左右，朝夕诲训，曲喻旁引，多方教导，化醒心肠。故凡其意之所及，笔之所书，无不诚心佩服，奉为仪型。前所著之《资政新篇》、《英杰归真》一切宝制诸书，固已刊刷颁行，足登斯世于觉岸，不致终陷于沉沦矣。

兹因辛酉春正，恭随干王奉旨催兵，路经徽浙，所过郡县乡镇，多有妖习未除、妖形未化。我干王不禁触目惊心，思急有以挽救之，每于军次行府，信笔挥写，或恭录圣旨以化醒愚蒙，或为之诗以起发志意，或为之谕以剀切指明，或为之论说以严辨是非得失。文浅意深，语近指远。小官等佩读之余，知足以破斯世之迷途，启斯人之聋聩，不忍止教于一邑一乡，而欲化及天下万郭，故已沿途悬谕，且悉抄入册中。今因奏凯回朝，恭呈宝鉴。荷蒙我干王宝谕，命作序文以志巅末。小官等不敢辞以谫陋，爰为之序以弁其首，名其书曰《军次实录》，使斯世斯人咸知此书语皆确实，义皆切实，理皆真实，则可以认天识主早出迷津，可以崇正黜邪永享真福，不负我真圣主命将诛妖之旨、我干王奉旨救民

　＊ 太平天国辛酉十一年刊刻。原刻本现藏南京太平天国历史博物馆。本书据影印本《太平天国印书》辑录，正文小标题"天王早年诗章"、"戒吟花咏柳之诗"、"论外洋鸦片甚为中国害"、"戒浮文巧言喧谕"系编者新加。

之意也。是为序。

时天父天兄天王太平天国辛酉十一年八月初十日

干殿吏部左编修小官汪吉人、干殿礼部尚书海天燕小官汪兰垣、天试文状元干殿文正总提昱天安小官刘闶忠、干殿文副总提澹天福小官吴文彬、干殿刑部尚书谳天燕小官何春发、干殿刑部左编修小官郭雨亭等敬序。

钦定军次实录

本军师洪乑列宗潢，荷蒙真圣主暨救世幼主恩遇之隆，赐以金笔龙袍靴帽出师。惟金笔寓有文武兼责之圣意，乃吟以志之：

> 一枝卓立似干戈，横扫千军阵若何。
> 鏖罢文场书露布，饱离墨海奏凯歌。
> 龙跳虎伏归毫底，鱼跃鸢飞入兴么。
> 幸我毕生随宝手，古今天地任搜罗。

> 笔尖犀利甚干戈，挥洒从心任欲何。
> 怒则生嫌悲则叹，乐时陶咏喜时歌。
> 可参造化宣精奥，悉载情形恰肖么。
> 任尔豪强穿铁砚，天公注定妄张罗。

辛酉十一年正月二十七日，军经宁郭郡①。主将杨雄清殷勤迎于十里之外，且送至十里外之九眼桥，依依敬别。足见该员斯文主将大有慧眼在焉，因吟以劝慰之：

> 离别深情世罕抛，关心云树及河桥；
> 长亭十里旗生色，壮士三千气奋旄。
> 骏马金鞍鞭共响，宗臣王弟谊何侥；
> 从今无以兄为范，惟慕东王姓字超。

香港饯别

> 枕边惊听雁南征，起视风帆两岸明；
> 未挈琵琶挥别调，聊将诗句壮行旌。

---

① 宁郭郡，即宁国府，治今安徽宣城。

意深春草波生色，地隔关山雁有情；
把袖挥舟尔莫顾，英雄从此任纵横。

四十千秋自咏

不惑之年惑转滋，知非尚欠九秋期。
位居极地夸强仕，天命与人幸早知。
宠遇偏嗤莘野薄，奇逢半笑渭滨迟。
兹当帝降劬劳日，喜接群僚庆贺诗。

二月下浣军次遂安城北吟于行府

志在生灵愿未酬，七旬苗格策难侔。
足跟踏破山云路，眼底空悬海月秋。
意马不辞天地阔，心猿常与古今愁。
斯民官长谁堪任，徒使企予叹白头。

本军师生长儒门，原非素习征战，惟仰体天帝有好生之德，真圣主有胞与之仁，故不惮星霜，爰有止戈之意。无如杀风既炽，急难弭之，乃吟此以寄吾慨怀，以起贤者之隐念也。

鞑秽腥闻北斗昏，谁新天地转乾坤？
丈夫不下英雄泪，壮士无忘漂母飧。
志顶江山心欲奋，胸罗宇宙气潜吞。
吊民伐罪归来日，草木咸歌雨露恩。

谕民

庐居暂借作王居，寄谕我民别夏夷；
中国纲常如未坠，军师安肯运军机？

谕兵

劝谕军兵勿妄为，从来民物汗中希；
奸淫焚毁伤心事，戒净堪称圣主师。

谕复敞天燕方永年诗 三首

英姿磊落是贤豪，招纳还期道义高；
愧我性疏无礼让，事功仍耻及萧曹。

自古名人姓字标，岂关逞智负贤劳；
顶天报国存公道，便是才谋德最高。

备阅诗章识抱才，果然王佐出尘埃。
翱翔择木知良鸟，挺志扶君是栋材。
只为胸中云雾净，自然身列凤凰台。
他时奏凯回朝日，应与宗兄大畅怀。方永年现在仁政兄队内

赞颂诗章

一声低唱一声昂，袅袅余音达昊苍。
诗颂数联忧尽散，荣归主宰乐无疆。
悲歌定获鸿慈悯，雅韵能邀大德匡。
彼此交孚灵默契，口心相和意宣扬。
皇皇上帝常临格，济济宗亲桂恐惶。
放浪狂讴须切戒，欢欣疑是在天堂。

夫赞美者，不能令人饱暖，而人莫不悦之者，何也？盖赞美是赞美人灵用才能，非美其肉体。但人之才能皆由天授，不堪受人赞美，惟上帝无所不能，克当极赞美耳。若人有自知之明者，断不敢虚受人赞。否则，且自夸之尚不知过，又安能禁其不假功冒能以邀誉于人乎哉？

天王早年诗章

真圣主天王丁酉年魂上高天，亲觐天父上主皇上帝，蒙赐金玺金剑，亲口真命为太平天子。越宿起来，适太阳照身，遂吟七绝一首云：

鸟向晓兮必如我，太平天子事事可；
身照金乌灾尽消，天将天兵都辅佐。

嗣后所与言者，动以修好杀妖勉人。
梦日吟诗云：

> 天下太平真日出，哪①股爝火敢争光？
> 高悬碧落烟云卷，远照尘寰鬼域藏。
> 东西南北群献曝，蛮夷戎狄尽倾阳。
> 重轮赫赫遮星月，独擅真明耀万方。

又剑诗云：

> 手持三尺定山河，四海为家共饮和。
> 擒尽妖邪归地网，收残奸宄落天罗。
> 东西南北敦皇极，日月星辰奏凯歌。
> 天父天兄带作主，太平一统乐如何！

又一律云：

> 手握乾坤杀伐权，斩邪留正解民悬。
> 眼通西北江山外，声振东南日月边。
> 玺剑光荣承帝赐，诗章凭据诵爷前。
> 太平一统光世界，威风快乐万千年。

又因南王有难，有慨歌云：

> 安得真兄真弟兮，共布朕道于海滨；
> 安得同心同德兮，时同笑傲夫天真；
> 安得义胆忠肝兮，同享宇宙于太平！
> 东西南北兮，同予者何人？
> 天兵天将兮，聚会者何辰？
> 天道不慆兮，皇天岂无亲？
> 始终一德兮，何日得荣身？

　　本军师自幼追随真圣主，深知其为真命天子，故于军次偶暇恭录所吟，以公众证，庶使军民无摇惑，而我中土华民知所倚恃也。

喧谕众民

　　凡欲脱满洲鞑子妖魔之轭、投诚天朝、仍为中国华民者，必须留发，以诠父母鞠养之恩，以顺上帝生成之恩，切不可剃之，致有逆天不孝之罪；且宜诚心敬拜天父上帝造化万物大主宰，切不可拜一切人手所

---

① "哪"，原作"那"，校改。

做之木石死妖该杀，致失天堂永福而受地狱永祸也。故作诗二首，颂美上帝无所不知、无所不能、无所不在，以谕尔民焉。诗曰：

> 至尊福祉自无疆，备锡鸿庥任酌量。
> 道大难容天地塞，恩深莫测古今扬。
> 风雷寒暑遵时令，动植飞潜凛昊苍。
> 无数权荣充宇宙，愚顽空负好韶光。

又：

> 至尊色相妙难名，古往今来费品评。
> 弗见弗闻微莫显，诠能诠智奥而精。
> 随方有在监临赫，体物靡遗著现明。
> 上帝权威盈宇宙，掌中概览地天情。

禁拜泥木偶像

> 世俗纷纷祀偶神，金泥木石假成身。
> 形骸虽肖何知觉，庙貌徒严妄设陈。
> 雕刻由人虚且诞，安排任尔绝无灵。
> 彼原死物无堪敬，我具良心肯自沦？
> 鼫鼠营巢胸贯蚁，蜘蛛挂网体生尘。
> 为巫作俑多无后，祷福禳灾枉费唇。
> 演戏修斋翻变祸，伤财废事定招贫。
> 不如悔改崇天帝，返本寻源理至真。

戒吟花咏柳之诗

本军师于军次中案箧内，每见诗卷多是吟花咏柳，偶披览之，即与怀肠相悖，乃急吟此以洗之：

> 诗家多大话，读者喜荒唐；
> 花柳轻浮句，偏私浅嫩肠。
> 熏①陶成僻行，习惯变庸常；
> 学业精于择，勉哉性理章。

---

① "熏"，原作"薰"，误，校改。

论外洋鸦片甚为中国害

本军师曾游诸洋①，深悉外洋鸦片烟甚为中国害，且寻其各洋邦售卖实数，每年总计耗中国银两不下四五千万之多。我中土华人其何以堪？前将此情启奏我真圣主天王，而圣心悲悯，不胜悼叹，乃蒙面降纶音：必除鞑妖此弊，方能永保我民。嗣劳圣心御笔降诏训诲天下，令知所儆戒也。本军师恭录遍行，令天下军民人等知悉，毋违煌煌圣训，致蹈国法并自贻伊戚可也。

天王诏旨云："朕诏天下军民人等知之：烟枪即铳枪，自打自受伤；多少英雄汉，弹死在高床。钦此。"

论鞑妖耗中国财

鞑妖每岁剥中国脂膏数百万回满洲，以为花粉之费，每岁耗费鸦片烟土银几千万，于今二百余年矣。中国金银几几剥尽，而我中国华民动以贫困兴嗟，无有以十八省之大被满洲三省所制为辱，更无有以五百万万之众受制鞑奴之三百余万为羞者。噫，人心至此，忘其身之为华甚矣！本军师即毫无知识，岂肯历此苦征？诚以生长中邦，义有所不容辞者，故每多感激自奋之语也。贤者鉴之。

论史

粤稽史册，秦汉以来，无有过于光武、洪武之创业者。何也？光武能恢复汉室，洪武能用夏变夷，二人皆起自布衣。虽汉高亦起自布衣、除秦之暴，太宗有除隋之乱，然以下伐长，陷亲不义，借戎兵、伤骨肉，而得不掩失也。宋起后周，虽属天定，究于长下兄弟间难云释然无憾。其余卑卑不足道者，类皆以下伐长，以华乱华，始役之而终弃之者也。究之光武复汉，仍属当然；而洪武尊华超乎三代，尤为春秋大义所必褒、今古人心所必予者也。今我真圣主天王开辟君王，其为天父次子、天兄爱弟，确有明证，千古所无，而才德学问更有过于开辟以来之前驱者，嗣后当有万万年不易之纪纲矣。

---

① 此处"诸洋"，指上海、广州、香港等商埠。

喧谕读书士子

军行浙之淳安县，路见村居多有读书之家，故作谕，谕以开国文教方法云："读书不在多采佳句，惟在寻求书之气骨暗合于天情者，自有大学问出乎其中，岂必拘拘于八股六韵乃为读书乎？惟今之人不独此也，且多多教人怕鬼，以愚其心志，后遂不能脱鬼成人，成为大用者。慨可叹也！切切此谕。"

又于紫洞源之胡姓家住扎行府，谕云：

> 本军师入室时，见画上粘一"顺"字，知尔有承顺之意，不觉怡然。转而恻然者，因思不能取信于民，致伊畏威远遁，未能怀德归来，究亦非一言明透。盖在我有爱华民之实，难免救之而益伤；在民半有效顺之意，未免心存两可之念。后检一联云"喜有新房迎宝驾 愧无长物报天恩"；又一幅云"恭奉天朝大军"。览此知尔受鞑子伪官非出诚心所愿，不过生逢其时，不得不尔。似于本军师所见尔家故物及夷冠夷服等弊，不觉怒气稍息。兹留数语，令尔细思，或有幡然之悟，执此求见，仍不失为中土华民也。切切此谕。

谕天下读书士子

盖自道德坏而为才智，才智变而为技艺。无知者谓为精而弥精，有识者谓为士风日下、舍本趋末。本军师于持笔为文时，司绳以格此心，甚以为不然。惟喜读古文纲鉴，每得有忠真节义之句，便念念不忘，究不解所谓文法也。惟自幼追随真圣主天王，于坐立言行，俨有箴规之训在侧，即寤寐饮食间亦惟天父上帝是祗而已。即今之意思层出，文墨异人，殆亦由立心取法之殊而来也。惟自不解，故备悉己意，以为天下有识士子猜摹，庶知教化之殊，将有一代之文蔚在斯乎！

本军师所到之处，禁止焚屋焚书，意欲寻求经济之方策。无如所见多是吟花咏柳之句，六代故习，空言无补。与其读之而令人拘文牵义，不如不读尤有善法焉。盖读书不在日摹书卷，惟在诚求上帝默牖予衷，则仰观俯察之间，定有活泼天机来往胸中，非古簏中所有者。诚以书中所载之理，亦不外乎宇宙间所著现者，岂天地外复有所谓精理名言乎哉？本军师得此固纵之性，每多此等笔墨，以洗从前花柳陋习。识者鉴之。

论财帛

谚云有财帛者名为财柱，以其能柱持财帛也。吾谓善用财帛者是谓财柱，不善用者是名财奴。今之人于施救贫穷、修造桥路一毛不拔，而创造庙宇寺观、演戏修斋，不惜大舍金钱。何其愚也！该杀是泥塑木雕纸画石凿无知识之蠢物，原不要衣穿、不要屋住，而妄为之更衣塑像、修祠烧纸，是何殊对木石而谈心、向河流而问路乎？夫生死祸福、子禄妻财，降之自天，求之自己。而妄向该杀许以猪羊对圖，不如悔罪改过，向天父上帝许下一副好心肠，尤为廉便实事耳。无如世人好怪者多，践实者少；泥近者众，通远者无。即有一二，亦随俗波靡，难作中流之砥柱，又安得斯世之人尽出迷途，咸登觉岸也夫？

论道德才智

慨自道德衰而才智逞，才智降而技艺兴，迄今专以八股六韵徒事清谈，抛离实事；即不忠不孝之人，其作忠孝题亦甚节烈。虽能少发人良心，久亦视为故事耳，究何补于道德才智乎？然物极必反，有开辟之真主，必有开辟之良辅，以新一世之耳目，岂权荣造化大主宰一任其流而莫返乎？据此，予信为天民之先觉者。

葬墓说

历考葬墓之说，最古上世尝有不葬其亲者，其亲死则举而委之于壑。他日过之，狐狸食之，蝇蚋姑嘬之，其颡有泚，睨而不视，盖归反蘽梩而掩之。掩之诚是也，盖孝子仁人之掩其亲，不忍暴露污秽有辱己辱亲之念，别无求富求贵之意也。洎乎中古，棺七寸，椁称之，是厚葬之意，特为无使土亲肤，于人心独无恔而已，岂为荫子孙而计乎？又云"不封不树"，其即树之封之，亦取志之之意，岂风水云乎哉？

至孔丘时，竟有以木偶人陪葬者。孔丘云："始作俑者，其无后乎！"至秦穆卒，以子车氏之三子为殉。而秦政时更有甚焉，竟以使女数百陪葬。而当时富贵家皆效尤焉，而贫人则以无生人陪葬为辱，然犹无风水吉凶庇荫之邪说也。

惟晋郭璞诡言得有《青囊经》，遂倡其说。唐之杨松筠踵其说而厚其毒，致有多书彼此纷纷辩驳，举世皆入圈套，鲜不为所惑者也。即晋唐时虽蜂起此端，究无所谓焚骨洗骸超幽度牒之妖弊。乃有明则焚化以葬之，明代谁敢议其非？今时则洗骸露野，今人谁敢破其弊？此实古今人之自惑，遂为异端怪人所惑耳。

更可怪者，为人之子，以在生父母视为可有可无之亲，而死后骨骸视为求富求贵之具。生无肉食美衣，实以悦亲心；死有金银猪羊，伪装为孝行。其意殆以一生不孝，可以死日补之乎？抑谓亲死可以庇佑我乎？皆妄念也。伪孝于死后，真不如孝之于生前为实事耳！千古疑团，凭斯唤醒可也。

见屋内多写大"福"字

福降自天，其贵重非金玉可比。盖金玉犹有损蠹耗蚀，而真福在天，永存不坏，非金玉可沽而得之，非佛道等之妄作可代。富贵人求得之者，惟修省悔过；忠孝之徒，虽斗筲子亦得与焉，岂多写五福、百福等大字可招而来之乎？

谕人悔改得救

夫获罪于人，在人前认错，而人当释然无憾。若认罪于灵魂之天父上帝，其肯赦必无疑矣。诚以此良知良能本由天授，倘天父无此赦罪之条，而人何得具此恕罪之良能乎？惟世人血气之欲太甚①，往往不知自罪，即知之亦不肯自屈自认耳，故鲜有完人而不受上帝罚之者。

论创世真经

皇上帝创世真经不可错认，宜以本心良知理会一番，便见心心印、句句真也。若谓创天地事不知几千万年，无所稽据，此言亦是真实。中国史不可考，即纲鉴亦不敢实证。故孔丘删书，断自唐虞，以其事近于实。而唐虞以上，究何氏始居中国，谓中国为万邦之始，不知所考也；谓中国为分支所入，亦无所稽也。究之必有所考，必有所稽，何古史之不确凿乎？

吾意伏羲前一二代间，必有由川陕而入中土者，故伙食、居室、嫁娶、舟楫、网罟、冠裳、文字始兴。惟那时草木禽兽必畅茂繁殖，盖必加以斧斤焚削，乃能奠厥攸居，故以此等开荒事功忙了一二代，遂忘携

---

① "甚"，原作"胜"，误，校改。

其创世宗谱及其来踪，又无记载笔简等件。推其故，惟记忆祖父有言，云最始创之初人名曰亚盘；又后人以为最古，复以"古"字续之，名曰盘古氏。后又因其古，遂以盘有几千岁实之；更添出天地人三氏，亦以几千岁实之。而盘古实无明言书史可记可考也。岂有几千年而无伙食、冠裳、居室等件亦可生乎？又不明载何父所生、何母所出，最始又从何所创造，何以养，何以教，何以衣食居处，竟不一言以垂后世，徒以后世所无者令人惊奇而无所考察，实为奇矣。

今吾细读皇上帝创世真经，知非人手所作者，立意渊永，语浅事常，而自然意在人性之先，昭然状在人生之后，在常情以为不必如此者，在天情偏高出人之意外也。是以尚论其事，令后学者知所寻溯而互勘焉，庶不至人云亦云也。

辟邪崇正论

遏欲存理之行，即所以获福避祸之道，但不可先有获福之心，宜先有遏欲之实。而真福自慰乎心乎？其功在于悔罪改过，信代赎、遵天条、爱上帝者，必有加于荣宠焉。语云"不怨天，不尤人"，"祸福无不自己求之者"，"执德不弘，信道不笃，焉能为有？焉能为亡①?"岂虚语哉！至虚无寂灭弃绝人伦，日用之常简弃造物，分为斋荤，逃税偷安，伪为善行，欲寡过于暗室之中，实欲作恶于宥密之内。彼岂知私欲每乘独处而生、乘忧苦而去，而佛则欲避人于寡欲，不知己心内亦有时往来萦惑于胸中者。舍其本而趋其末，大误世人，而人偏信之者，盖人心有私欲是定的。其私心欲有所得，故妄念为妄事所惑焉。然考其书，亦为制私遏欲起见，颇得人心之窍，何独以上帝造化之恩、人伦实事，则不以为己任，反以为扰心之事？噫，尽人若此背天绝伦，世上尚有人类乎？坐井观天之见，目之诚不谬矣。夫盈天地之人皆有私心欲心，即愚人亦不肯认过，圣贤亦有好胜之心，乃是初人犯罪入世一定定的，遂成为此争名争利之世、罪恶之世也。

若有一无私之人，即圣如上帝子天兄基督，虽无所不能，亦不肯与世人争能，恐为好胜之欲魔所使，惟忍苦受难，令信之者可借此苦以忘私遏欲，以洁其灵而救之已。故其书云："凡信朕者，必身负十字架以从，方能成为朕得救之徒也。"非真负十字架以从之，不过以十字架之

---

① "焉能为亡"（语出《诗经》），原作"焉能为无"，误，校改。

苦认为己苦，以十字架之罪认为己罪，且诏至尊贵权能之子受此罪刑，问心何堪？如此思之，则恶念去而善念萌矣。人能明透此理欲二字，守而行之，不能进天上大天堂者，惟我是问。

盖天上大天堂无他，乃圣洁之所，而能净一切污己污人之欲者，必能稳处其光明之域。岂能保其必到乎？有定理耳！若地狱乃污秽之所，惟同类之污者必类聚之，而爱居爱处也。岂魔鬼故遽害之乎？惟不防微杜渐，不觉入其围范；围范久则难寻其罅漏，而遂为所局耳。故云祸福无不自己求之者。第问天下宇宙间，谁为无污而圣洁者？既自问不敢谓无污，则又当何如以爱己身乎？惟悔改不贰过而已。若要能发悔改之念，并有不贰过之行，非徒口言之已，其心必有所倚以为柱者，其志必有高远之望者。若是舍诠能诠智诠权诠荣之上帝作主并望其荣光，其谁与归乎？盖皇上帝前允差己子代世人受苦受死者，既成人身下凡，在十字架上被钉流血，实天父上帝太子，为救世主，彰明世人知之、应允以赎人罪者；为上帝大施恩典，以新天新地新世界新人心也。今天父上帝恐中国人仍执不醒，不信上帝权能，故降生我真圣主主宰太平，除旧换新，以获今世荣光、来生永福也。惟因世人无信，故先自立信于人间，而后令人信之。故凡信之者，必不失约于其人也。

本军师曾留心细核，无间可乘，故直信不疑，借有目今荣光富贵平安也；至来世永福，吾亦信上帝非如世人之肯失约者。故敢转谕尔官民人等，放胆敬信是我中国古来之常经、人生固有之秉彝；实信降衷下民之天父上帝，非信异端杂教之邪说也。勉之勉之！

俯仰娱歌

东西南北，永定无移；
春夏秋冬，变化灵奇。
谁为主宰？上帝是依。
若非诠权，无所不能，
岂斯万物，故呼为天？
上帝智慧，莫可言宣；
飞潜动植，有天有日；
极至高深，极至无极。
人为天造，天谁人识？
惟圣与智，庶乎其笔。

崇帝黜邪说

天父上帝为造化天地人万物大主宰也，肉身是其土气所成，灵魂是其灵气所降。《书》曰："天降下民，作之君，作之师，惟曰其助上帝。"又曰："维皇上帝，降衷下民，若有恒性。"又云"天生烝民，有物有则"①。知此则知凡宇宙内之万有，皆无所不能、无所不在、无所不知、无所不有之天父上帝权能所造也。分言之，则天上之日月风雷、雨雪寒暑，明明赫赫不可胜述矣；地下之山岳河海、动植飞潜，刚柔精粗、八音五味，万类千奇矣。合言之，有目不能见而耳能听，有耳不能听而口能尝；有耳目口鼻所不能及之者，惟心为能思之；有思之而尚有窒碍者，惟天父乃能启迪之矣。凡类此者，皆莫非造化大主宰天父上帝所成就者也。

若夫人为天地间之一类耳，大不过于牛象，力不过于虎狮，而与至大之天地参为三才，且名为万物之灵者，何也？以其有宝贝灵魂，内怀有仁义礼智信，犹肉身之怀有心肝肠肺肾也。故人之贵于万物、灵于万物，能制万物、用万物、食万物、器使万物，皆天父恩赐宝贝灵魂所能然也。否则，安知不为万物所服食器使乎？夫人之所得天恩甚大，但不自思，不自爱，不自惜，卒成忘恩背本之地狱鬼耳！何也？盖大如日月，众光为人眼目光照之用，及薰炙生化之需；雨露滋生万物以供人用；即山海所产木石、禽兽、谷果、瓜菜、药草、虫蚁，有互相为用，有各相为用。要莫非均为人用而造化之也。人可得食瞒天乎？人可沾恩而不谢恩乎？而人犹可瞒昧良心谓为不知乎？实为利欲所昏，故魔鬼得入其心，而以祸福悚之耳。

盖该杀者，魔鬼也，木石也，泥塑纸画也，人手雕斫也，愚人所思想以愚弄愚人也。不思该木石蠢物有目不能见，有口不能言，有手不能作，有脚不能行，置于此则于此，千年不动、万年不移；胡须是人手所种，金银是破纸折成，香是树叶造就，签语是士子拟作，靠杯多抛，必有转杯，岂得借此传言而令人心生疑惑乎？俗语云"泥该杀过河，自身难保"，又云："烧香有保佑，烧窑较大烟；食斋能得道，牛马上西天。"语虽粗鄙，而有至理存焉。奈何世愚习而不察，竟甘向木石而叩首、见怪物而屈膝乎！把天父上帝造化主所有之物认为该杀保佑之恩，抑何愚乎！固可笑也，实可怜耳。

---

① "天生烝民，有物有则"句，语出《诗经·大雅·烝民》，非《尚书》。

惟愿普天之下，自今永脱魔鬼之迷途，尽遵天父之天道，则分手时天堂易上，否则尽头处地狱难逃。盖敬天得升天，怕鬼终惹鬼，有定理耳！世人其醒之，再勿痴迷可也。

戒浮文巧言喧谕

喧谕合朝内外官员书士人等一体知悉：

照得文以纪实，浮文在所必删；言贵从心，巧言由来当禁。恭维天父天兄大开天恩，亲命我真圣主天王降凡作主，施行正道，存真去伪，一洗颓风。是以前蒙我真圣主降诏，凡前代一切文契书籍不合天情者概从删除，即六经等书亦皆蒙御笔改正。非我真圣主不恤操劳，诚恐其诱惑人心、紊乱真道，故不得不亟于弃伪从真，去浮存实，使人人共知虚文之不足尚，而真理自在人心也。况现当开国之际，一应奏章文谕尤属政治所关，更当朴实明晓，不得稍有激刺、挑唆反间，故令人惊奇危惧之笔；且具本章，不得用龙德、龙颜及百灵、承运、社稷、宗庙等妖魔字样；至祝寿浮词，如鹤算龟年、岳降嵩生及三生有幸字样，尤属不伦，且涉妄诞。推原其故，盖由文墨之士，或少年气盛喜骋雄谈，或新进恃才欲夸学富。甚至舞文弄笔，一语也而抑扬其词，则低昂远判；一事也而参差其说，则曲直难分。倘或听之不聪，即将贻误非浅。可见用浮文者不惟无益于事，而且有害于事也。

本军师等近日登朝，荷蒙真圣主面降圣诏："首要认识天恩、主恩，东、西王恩；次要实叙其事，从某年月日而来，从何地何人证据，一一叙明，语语确凿，不得一词娇艳，毋庸半字虚浮，但有虔恭之意，不须古典之言。故朕改《字典》为《字义》也。"本军师等朝奏钦遵之下，不胜敬凛。为此特颁喧谕，仰合朝内外官员书士人等一体周知，嗣后本章禀奏以及文移书启，总须切实明透，使人一目了然，才合天情，才符真道，切不可仍蹈积习从事虚浮，有负本军师等谆谆谕诫之至意焉。特此喧谕，各宜凛遵。

献试士条例本章 [*]

　　钦命文衡正总裁小弟仁玕、副总裁小弟陈玉成、又副总裁小弟蒙得恩暨总阅、磨勘、阅文小臣等，跪在我真圣主万岁万岁万万岁陛下暨救世真圣幼主万岁万岁万万岁陛下，奏为妄拟试士条例，敬献圣阅，恳乞圣裁事。

　　缘小弟、小臣等无智无才，不达天情理学，不知不识，惟赖圣主裁成。乃荷天父上帝、天兄基督天恩，真圣主暨救世幼主圣恩，封小弟等为文衡总裁，小臣等为总阅、磨勘、阅文等职，司理京试选举人材，午夜自思，实深抱歉。惟于本年十月二十一日，又蒙我真圣主操劳圣心颁降圣诏，诏明每年正月由两司马、卒长、师旅帅等开考，有两文学、两武学、旅文学、旅武学等名，其县试、郡试等仍从旧制各等诏，钦此。钦遵之下，仰见真圣主求贤若渴、雅化作人之至意，尽美尽善，不必更有所求矣。

　　惟思天命方新，四海渐归真道；舆图日广，万方定必观光。所有应试士子必须习练诗书技艺，共识天情奥妙，非朝夕遂能贯通。每年于正月即行考试，士子等未免用功无期，即两、卒、师旅等官亦恐别误公事；且于省试、京试恐场期太迫，路远愆期，有负观光之志。兹小弟、小臣等不揣冒昧，妄拟于每年二月由军帅考起，并拟省试、京试俱三年一次，考约士移于七月秋凉之时，俾士子等得以宽期习练，庶可倍获真材，储为梁栋；并拟各士子以执照报名，由军帅详册，可免保结之例。是以大胆拟献条例一本，未知可否，恳恩圣阅，伏乞圣裁。如蒙旨准，

　　* 由洪仁玕领衔奏陈，时间在太平天国辛酉十一年十月二十一日天王诏旨之后，年内刻印成《钦定士阶条例》一书。其原刻本现藏南京太平天国历史博物馆。本书据影印本《太平天国印书》辑录，标题由编者所加。本章之后，附序文及新拟的试士条例，此处不录。

并拟镌颁各省，自太平天国甲子科举行，以为万方遵守，万年成规，永垂不朽。如此缘由，肃本启奏，恭候真圣主万岁万岁万万岁御笔改正，更乞圣训教导遵行。①

① 文末接洪秀全御照："旨准将原本刷印。钦此。"

诛妖檄文[*]

钦命文衡正总裁开朝精忠又副军师顶天扶朝纲干王洪，为喧谕天下军民官绅士庶人等知悉：

窃思天国永兴也，有无数之祥兆；而妖胡将灭也，有莫大之灾氛。故天意灭奴，诛咸丰^①之丧于黄土；人心归主，正豪杰之宜顶青天也。缘蒙天父上帝、天兄基督大开天恩，恩命我真圣主暨救世幼主下凡御世，宰治山河。丁酉年之上天，玺剑赐由上帝；四十日之灵体，诗章教自父皇。万鸟来朝，早征幼主降生之瑞；红光绕室，足验天启发迹之祥。起义金田，则天兵暗助；师渡洞庭，则湖不扬波。自是而鼎定天京，历年十有一载于兹，而平定天下约计三分有二矣。

值兹咸丰妖首于七月十有六日已经丧亡，所立妖崽今尚未满五岁，行见权奸得志祸变寻生，余烬虽存，不久自灰灭矣。大丈夫原不欺寡妇孤儿，本军师岂肯幸灾乐祸？但中年夭折，即是天命既讫之征；智士趋时，必在取乱侮亡之会。况削尔父母毛发，毁我往古冠裳，兵柄尽属满洲，大权尽归妖总；以渔课化为花粉，每年定例八百万两，胡梓里之长白山每年亦定收八百余万；既盗我邦之珍宝，又毒我国之身灵，年耗五千万银之鸦片烟，历教十八省人之拜妖佛。事事坏我纲常，条条制我族类。此文天祥、谢枋得所以死不事元，瞿式耜、史可法所以誓不事奴也。倘不乘此妖亡孽立之秋、天夺人弃之候，为中华雪数百年未雪之

* 太平天国辛酉十一年冬刻颁，共收两篇檄文：首篇约刊布于同年八月或九月；次篇撰于庚申十年，由洪仁玕领衔发布（参见《太平天国文书汇编》147～150 页）。合编成书时，洪仁玕已被贬为"又副军师"，故檄文中的职衔也相应更改。原刻本现藏英国剑桥大学图书馆。本书据影印本《太平天国印书》辑录。
① "咸丰"二字，原均加有犬旁。

耻，为祖父复数百年未复之仇，则将来中华之自罹奇祸、屈而莫伸者，不堪为后人述矣。

尔等凡属华裔，悉是夏宗，皆系天堂子女，无非一脉弟昆。何于妖胡妖崽犹肯为他出力，而为本国本省尚不各献其城？其以堂堂天国之华人，甘为区区五岁之妖儿捐躯赴难、屈膝低头，鲜有以十八省之大被满洲三省所制为辱、五百万万之众受制鞑妖三百余万为羞者，诚为可怒可怜可恶可哭之中国，不堪上对于上帝、冠冕于诸邦矣。况证以胡不满百之据，数既二倍有奇，考其鞑惑中华之污，指实难以屈算。

盖胡奴胡种也，其自顺治乱我诸夏，实为罪魁，十八省之忠良多遭屠弑，十八年之闽粤以死为降。再传康熙，招妹纳宠，伪大司马龚鼎孳为之煽惑而售其欺，房帷之地，丑声藉藉秽恶彰闻，一如墙茨之不可扫也。雍正、乾隆以下，奸奴和珅①揽权，卖官鬻爵，荼毒等于鲸鲵。嘉庆、道光两世，穆彰阿贿赂公行，世人谓为上和下穆，道路以目。华官汪鼎拟参穆之稿十有八条。伊命革之先，亲授伊甥伪侍郎张芾。孰料其阿谀逢迎于穆，其事中止；然书其历传，既已污乎笔砚，而考其行迹，尤足痛我肝肠。名为满不夺华魁，自其设科，首选者刘子壮大魁天下，终其身不见大用。状元宰相历五六世，潘世恩一人而已。其余封疆大员遇缺即补，满肥华瘠、满尊华卑焉已尔。不纳华女，究竟圆明园②藏垢纳污，皆华奸也。我中国屯粮津、增银两，尽供各省鞑狗虚糜。种种罪恶上通于天，擢发难数。加以咸丰幺麽小子博弈③酗酒，取之尽锱铢，挥之如泥沙。圆明园其醉乡也，设男院其渔色也。今则园已灰烬，身堕地狱，遗数龄之余孽难继妖传，胁强支之妖宗定移妖位，吾知智者无能用其谋、勇者无能用其力也。乃我中土华人，曷不乘时雪忿，勿为妖惑自糜；正可乘势顶天，无愧英雄立世。奋臂则宇宙从风，号召则四海相应，将见普天率土仍是文物华人，省郡州县依然堂皇国号。

所望尔等认天识主，弃暗投明，助灭残妖，共佐天朝事业；奋兴有志，共成后日功名。或献城池，或输粮饷，或投军效用，或率众来降，或起义师合兵北伐，或擒妖首进献天都，本军师无不破格奏赏，锡爵酬勋。尔等旗常纪绩，竹帛垂名，荫子封妻，自有后来真福；官高爵显，同沾开国荣光。倘其执迷不醒，仍作妖呱崽之仆从，坐昧先机，甘为死

---

① "和珅"，原作"和升"，误，校改。
② "圆明园"，原作"元明园"，误，校改。下同。
③ "博弈"，原作"博奕"，误，校改。

鞑徇之守墓，不日天兵所到捷如摧枯，王威所临势如破竹，纵免玉石之俱焚，难免斧钺之惊悚。

本军师等仰体我真圣主一视同仁之心，而切作尔天下士违天不祥之惧，爰举实事明示四方。所愿卓荦英才趁此共图骏业，并期果敢从事，无庸更执狐疑。还我中国之体面，决计只在须臾；遂尔毕世之功名，转关只争俄顷。机不可失，时不再来，无作缓图，致贻后悔。布告中外，咸使闻知。

钦命文衡正总裁开朝精忠又副军师顶天扶朝纲干王洪，为实情劝谕弃暗投明、共出迷途、各保永福事。

缘夫天下者，中华之天下，非胡虏之天下也；宝位者，中华之宝位，非胡虏之宝位也；子女玉帛者，中华之子女玉帛，非胡虏之子女玉帛也。慨自明季凌夷，鞑妖乘衅窜入中华，盗窃神器，而当时官兵人民未能共愤义勇驱逐出境，扫清膻秽，反致低首下心为其仆从，迄今二百余年，浊乱中华，钳制兵民，刑禁法维，无所不至，而一切英雄豪杰莫不为其所制而甘为之用。吁，实足令人言之痛心、恨之刺骨者矣！

然从前尔等官兵为妖所用，本系被其迫胁，原难深罪。且前时未逢真圣主首出，无所依归，尔等又不能共创义举，自不能舍妖他适。譬如黑暗之中未睹天日，暗中摩挲不辨方位，何能不误入迷途以待天晓乎！兹者三七之妖运告终，九五之真人已出，恭维天父天兄大开天恩，亲命我真圣主天王降凡御世，用夏变夷，斩邪留正，誓扫胡尘，拓开疆土。此诚千古难逢之际会，正宜建万世不朽之勋猷。是以一时智谋之士、英杰之俦，无不瞻云就日，望风景从，诚以深明乎去逆效顺之理，以共建乎敬天勤王之绩也。惟是尔等官兵人等虽现为妖官妖兵，亦皆是天父之子女，不过从前误为妖用，不能不听其驱使，遂至助妖为害，同天打斗。迹虽可恨，情实可原。今既遇真主当阳，自宜弃暗投明，亟归正道，涤旧染之污俗，作天堂之子女；且我天王恩高德厚，援救苍生，凡能敬天识主倾心归附，莫不一视同仁，待以异数。本军师等诚恐尔等执迷不悟，受妖蛊惑，用是不惜援手拯溺，警聋振铎，特将顺逆之大原、利害之实迹，为尔等剀切谕明之。

夫鞑妖之笼络华人，首以官职。尔等试思，凡有美缺要任，皆系满妖补受；而冲繁疲难者则以华人当之，使其亏空罣误，动辄得咎，名虽为官，何殊桎梏。若夫升迁选调，满妖则通同保荐，各踞显要；一属华人，则非妖头批驳，即是妖部阻隔，纵使功绩赫奕，终竟非贿不行。至兵则满兵双粮，华兵单饷。一遇战阵，则华兵前驱、满兵后殿，故每天兵临压，立成齑粉，其肝脑涂地尸骨堆山者，惟华兵为最多；而满兵在后，一见前锋失利即鼠窜奔逃，其罹锋刃冒矢石者，皆以华人为之障蔽，故世俗呼乡勇为"挡死牌"，而呼华兵为"替死鬼"也。至于犒赏颁赐，则又皆满妖是问，而汉兵无与焉。且尔等之所以抛父母、离乡井，披霜触暑、出生入死者，无非欲稍建功名耳。而鞑妖于军中功名则又无所定准，任是红、蓝、白顶皆是虚无假借，故俗以军功顶戴谓之"太平消"，盖以急则予之、缓则夺之也。尔等又何苦以百战之余身，而博此虚假之名器乎！且也千里征调飞符迅急，千山万水跋涉从戎，露宿风餐辛勤毕备，身未建乎功名，人已丧于锋镝，良可惜也。况尔等为兵为勇之人，多系平日误作非为，是以借兵勇以为逃死之地。不知本乡之地恶尔等如同虺蝎，而鞑妖又严其法网，多方责治，使一旦还乡，乡人即共相诛殛，非活埋诸土，即生弃诸渊。此本军师在东时并身历八省实所亲见。尔等无论不能身致荣显，即或稍有寸进，亦终不能荣归故里。故谚有之曰："富贵不还乡，如衣锦夜行。"乃尔等从军则有死而无生，还家则以生而就死，容身无地，死而后已。午夜自思，实堪悲痛。是皆尔等为妖所用，是以一至于此。果何利而何图，而顾甘心隐忍乎？

然此不过就其待尔兵勇者大约言之。至于荼毒生灵，害虐黎庶，则又截南山之竹书罪无穷，决东海之波流恶无尽者也。鞑妖之流毒我中华者如此，凡我中华之人皆鞑妖之世仇，所宜共奋义怒，歼此丑夷，恢复旧疆，不留余孽。斯则天理之正、好恶之公，何反含羞忍耻为之奴隶，违背天朝，不思归附？是何异旷安宅而弗居、舍正路而不由？嗟嗟！可恨矣，抑可哀矣？

尔等抑知我天朝廓达大度，胞与为怀，不分新旧兄弟，皆是视同一体，大功大封，小功小赏。上而王侯将相，下而兵士妇孺，俱使衣食得所，居处相安。有家者固团圞以相乐，无室者亦婚配以各遂，虽在军旅之中，仍不废家庭之乐。以视尔等流离异域、横死疆场者，真不啻天壤之别也。况乎共扶真主，各建殊勋，今时则荣光永享，后世则竹帛昭垂。千载一时，勋名何既？矧乎太平一统即在目前，不下三五年间，俱是开国勋臣。那时分茅裂土，衣锦荣归，闾里辉煌，方不负大丈夫建功立业之志。尔等何竟昧于从违，而不早图变计乎？且我天朝天恩广大，往者不追。尔等果能悔悟来归，定然量材录用，切勿以曾为鞑妖之官兵，自怀疑畏裹足不前，务当亟早回头，速出迷津，各保永福。本军师实有厚望焉。倘仍至死不悟，甘为妖奴，转瞬天兵攻克，噬脐无及，尔时悔之亦已晚矣。

本军师等念切中土被妖披靡，故实情明谕，虽痛切不知所言。孰得孰失，请自思之；何去何从，当自谅之。速著先机之识，勿贻后至之诛，庶无负本军师谆谆醒谕之至意焉。布告尔众，咸使闻知。

兵败被俘后自述[*]

（一）在席宝田军营口供

问据洪仁玕供：身是广东花县人，年四十九岁，系洪秀全的兄弟，封开朝精忠军师干王。今年由湖州保幼天王从湖坊分股走泸溪，出新城，一路只剩得五六千余人，合昭王统下共有万余人。行到古岭杨家牌地方，大兵追到，我军失利被擒。求速杀。若要细说根由，请给纸笔另供。所供是实。

（二）在席宝田军营亲笔自述[①]

甲子年重阳日在赣[②]省广昌邑南失利，被红顶陈营官擒获受鞠。适有降卒二名证予是干王。并在途次多有被掳男妇老少亦一见而知我是干王，但不敢称呼，暗自垂泪而已；间有低言劝予改装，又有失言竟称我为千岁者。予心忖之，谅难隐讳，转念一经直认，必不能生存保主，何以仰副老天王重托幼主圣意？辗转之间，不胜悲泪，况此刻又有证之

---

* 太平天国甲子十四年（清同治三年，1864 年）八月末，洪仁玕随大队在江西石城县境遇袭被俘，44 天后在南昌被凌迟处死。殉难前，写有两份亲笔自述，另有五份口述。原件或原抄件现藏台北"故宫博物院"文献馆。本书以王庆成研究员提供的影印件为底本、以王庆成编著《稀见清世史料并考释》（武汉出版社 1998 年版）之排印件为校本辑录。各篇标题系编者所加。

① 原件佚。其抄件由清江西巡抚沈葆桢报送军机处，题为《抄呈伪干王洪仁玕亲书供词》。

② "赣"，原作"豫"，误，校改。

者,乃直言不讳。而陈营官即令手下以绳索束手膊,绐言要我捉出幼①天王,即行释放,且赏银一千两、保以红顶云云。予泣曰:"劝主投诚,非人臣事君之道,况言捉乎?况吾身为天潢王弟,当今幼主王叔,开朝精忠军师总掌内外军国大政,何能如此受辱?事到如今,要杀即杀,毋能辱也。"陈营官见我不屈,乃虚礼欢容,请我上坐。予直斥曰:"既以束缚待君子,又以虚礼请坐,何诈伪乎?"

遂传令解到席大人麾下。予直当中朝外坐下。该陈营官入内禀知。有顷,席大人出见,以礼待之。予曰:"足见麾下大人大量,超出众人,能以君子待君子。吾今死得明白矣。"遂解缚起身,亦以礼相待。席大人曰:"今捉一人,不肯认为祐王。予既杀之,徒死不得其名。不如尔直认为善。"予答曰:

> 非欲沽名,惟忠臣不事二君,烈女不嫁二夫,国存与存国亡与亡而已。吾前在广德州时,众同寅共扶幼天王同来,吾长子亦到。有贺之者曰:"殿下之嗣君亦到,足见千岁鸿福,实属非常之喜事。"予斥之曰:"吾所喜者,喜其奉主前来。倘主不到,虽来吾必怒之矣!此是伊之分内事也,何足为贺乎?"吾今直认为天朝王爵大臣,止知为臣本分,不知他人如何自处也。况前岁面受老天王遗诏赞襄内外,云:"朕爱弟文才,博览各邦,通达天文风土。弟当注述六部则例及各事有益者,后当尽心辅助幼主,无忘朕命。钦此。"予即跪谢圣恩,奏云:"弟果有用,固当扶我主,亦当扶幼主。况弟今年四十有余,倘得天佑遐龄,必鞠躬尽瘁。求主宽心,勿令弟心如焚也。"今忆前诏,言犹在耳;忽负遗命,致失幼主所在,不能追随保护。抚心自问,无以对我老天王,实为罪耳。何敢卖主求荣乎!即解我到北京,或杀我以全我臣节,无遗憾也。

予自少读书,粗知春秋大义。前者吾天王于三十一岁即留须发,游幸天下。与予筹划大计,欲先定南京为开基根本,倚长江之势,握镇江之咽喉,控安庆之上游;先取南七省,次征川陕而东,则大事成矣。殊于癸丑定鼎后,并守镇江、安庆,未定南方即行扫北,似失机宜。

及至己未九年,予因七旬又二老母逝世,为子道终,始进天京,以尽臣道弟道。三月十三日到京,封干天福;继封干天义护京主将。四月初一日,改封九门御林开朝精忠军师干王,赐福千岁同八千岁,登朝出

---

① "幼"字,原脱,校补。

入八炮，妻封王娘，子封嗣君，府称天府、称殿。另赐龙章凤诏一道曰："朕意诏玕①胞知之，敬爷敬哥总无空，老父大兄锡光荣；得到天堂享天福，福子福孙福无穷。朕念胞为朕受辱者屡矣，果然志同南王，历久弥坚，诚为板荡忠臣家军师，可为万世法。但报胞以干天府王爵，子孙世袭，永远光荣。胞其靖共尔位，毋忘朕命。钦哉。"②

但因初［下缺］自恃扶主之功，不服爵居其上。及圣诏诏明，又见予登堂论道，侃侃而谈，一切文臣珍重者无不叹服，乃悉言曰："孔明进而关张不服，韩信将而樊哙有言，此等不足以阻殿下也。"予恐军心散乱，具本屡辞。蒙诏"风浪赞腾久自息"。予作有履历及天文理势、《资政新篇》，各皆心服。毕竟武官众口沸腾。予见众将中唯陈玉成忠勇超群，乃保奏王爵。旨准封为英王，诏明内事不决问干王，外事不决问英王，内外不决问天王。众心翕然凛遵，俱服节制。

于天王万寿前，封李秀成为忠王，李世贤为侍王。而忠王即具禀求示以行征之策。予以《兵要四则》答之，末言目今定策不能形诸笔墨，祈为细心推行可也。旋即由江浦回京，踵府三次，求教当攻取之策。予见其求教心切，乃答曰："本军师前在粤东时，知天京四面被围，乃不避艰险生死，直造天京，欲有以救之耳。岂贪禄位而来乎！今京都被围，止有江北一线之路运粮回京，何能与敌争长？为今之计，可潜师远出，攻击其背之虚处。彼外无余兵相救，必请围京之兵以救之。度其离京既远，即行撤攻潜回，约定英、忠、侍王合解京围。此必有建瓴之势也。"忠王曰："果如此，足见殿下妙算矣。倘解围后，又将何以进取乎？"予曰："有策，一指点间可知矣，请弟思之。我天京南距云贵两粤，西距川陕，北至长城，俱约六七千里之遥；惟东至苏杭大海不及千里，乘胜而下，一鼓可成。那时地广库丰，吾得［下缺］买用火轮船二十个往来长江，上通荆楚，下通闽粤，发兵一支由江西进两湖，发兵一支由江北进荆襄，武昌得，则长江既为我天京之保障，南方可传檄而定矣。然后操练兵马，安抚良民。自川陕而东则无粮以应北京，其势必危。吾事济矣。弟其留心勿忘可矣。"

忠王即回府具禀谢指教之恩。次晚又来，禀求将浦口、江浦二处兵马撤去。予曰："若撤此二路兵去，则一线之路既断，江北之粮不能进

---

① "玕"，原作"干"，误，校改。

② 该诏系洪仁玕凭记忆追记，故其文字与《钦定英杰归真》所辑该诏有出入。嗣后所记诗文亦如此。

京，其势必急迫。若请安省英王之兵去，又恐安省有急。若如弟高见撤兵，未审京内粮饷足支几久也。谅弟必筹之熟矣。"忠王曰："吾必遵殿下长策，远击虚处。求兄宽心，求主勿虑，吾誓报我主知遇之恩也。若虑粮乏，可问赞王，足支三年也。"回府后，又具禀求宽心勿疑。吾批之曰："言如是、行如是，事事有济。"伊又着人面谢，凛遵十字而行也。

即行备办缨帽号衣，伪装敌兵模样，一路前行，不曾走漏。直至杭州城门，地方官出迎，言某官老爷败兵回城。众亦信为实。及近城门，众欲动手抢马，遂觉而闭城门。不能直进，乃掘地垅而入。城中大乱而散，唯内城死守不下。谅京围之兵既撤，遂约攻湖州之侍王返旆解京。以烟火为号，英王由太平关取上河头关而下，侍王攻燕子山背而入，忠王剿淳化镇下路一带。于庚申三月二十六日，遂大解京围，会议进取之策。英王求解安省之围，侍王议取福建，唯忠王执遵吾之前议，进取苏常，然后分兵进取江之南北，两路直到湖北会归。议定奏主，果如所议。遂大破丹阳、常州、苏省各郡县。唯上海县未下，碍有洋行，恐伤和好。

我天王知予在外洋四载，熟悉各邦洋人情性习俗，而洋人亦知予识其举动礼仪及天文地舆历数物理，必能和酌妥议通商和好章程，乃降诏令余往苏，邀洋人来会。颇能如议。而忠王自恃兵强将广，取上海如掌中之物，不依所议，云我天王江山可以打得来、不能讲得来也。众洋人知不能和，乃去；仍多有保护洋行者。而忠王遂发师进取，见是空城，遂掠取洋楼物件，被洋人伏兵杀起，出其不意，败回苏州。此刻始信吾议，然究不肯认错也。

辛酉十一年，各王据守疆土，擅支粮饷，招兵自固，图升大爵。致调点不灵，安省少援。正月初一日，奉诏招兵渡江。又蒙诏交尊王刘庆汉统往黄梅、广济，以解安围，予奉旨回朝掌政。冬月，安省失守本章触怒天王，革去军师、总裁、王爵。旋念各爵方命缓援，论罪降级有差，升复予之原爵，不复军师，以昭炯戒。

壬戌春，因章王奸猾把持内外，凡事瞒上自专，致外省郡县粮饷少入。天王贬章王出苏浙催粮援京，罢其掌朝政之权，仍复予军师之职，总掌朝政。惟章王前以柔猾和众，及至此时，众不以伊为重，闭城不纳，粒饷不得。余即令京内各府楼第耕种禾豆，捐金采买，分派五大军各守城头。众兄弟各爵日夜勤劳，战守耕读，倚天王如泰山，毫无自危自惧。其中粮食勤耕自俭，尽足自养自固。无如各处援兵苦京外无粮，按兵不动。乃蒙我天王诏予偕恤王洪仁政、赖王赖桂芳、誉王李安邦四人出京，催兵解围。

癸亥年十一月十六日出京，到无锡、常州，与护王陈坤书、然王陈时永会议，并文催金坛、句、溧、宜兴、广德、湖州等处，令侍王、堵王等除守土外，由太平关下攻头关而丹阳、句容，即由石埠桥取下关，先得水路以通运漕，京粮有资。彼曾九①虽守雨花台等处，谅亦无妨。殊侍王因溧阳内变、宜兴亦变，堵王因乌镇内变，遂隔断杭、嘉，牵制肘腋，不能援京。而丹阳不肯[下缺]欲下攻江阴、无锡，取足兵粮，乘胜援京。虽杀死洋鬼子□顿、鬼兵千余，得洋炮无数，究得失均半，终无济援京之举。丹、常内变日生，常州先失。遂欲尽撤丹阳之兵，会合广德、湖州以援京困。于四月十八日到湖州大会同僚，始知侍王、听王、荣王、康王等退守杭、嘉等上游江西。故与堵王誓师郊外，俱愿援京。每恨京外无粮，欲待八月新谷之兴。

殊四月十九日老天王升天。二十四日，幼天王继统登基。至六月初六日，被官兵攻开城垣，混入京内。忠王入朝迎接我幼天王自②垅口飞奔而出，直到广德州。众臣朝觐，悲喜交集，鱼水情浓，共议战守良策。会合各省大队，欲再兴大业。殊军无战志，逐远士疲。在宁国墩堵王受伤升天，人心寒惧。[上缺]威平，因偕王兵变，不能渡河，转撤上流而渡，半渡被截。连日疲劳，及至石岭杨家牌等处驻跸时，三更月落，忽闻鼓角齐鸣。人不及甲，马不及鞍，各自奔前。予寸步保护我幼天王前行，只因人马拥挤，声声叫人让主先行，又声声叫人回头拒敌。殊乱军无战志，徒唤奈何。及至玉山口，路窄逢桥，前阻后追，我独在后桥上横倒下马。众由桥上而过，被余伤头流血，遂由桥上跃马而过，落荒独行。实欲追上幼主，越山而逃。因人众路窄，至晓被获。

今蒙大人爱我斯文一脉，不即加诛，且优礼相待，令吾无容身之地矣。吾思人生天地间，忠孝二字必尽其一，方可成人。吾既不能尽孝，今又不能尽忠，上负老天王之托，又致幼天王存亡未卜，下不能节制众王，有何颜面偷生片刻乎！

至幼天王之驻跸，自有皇天安排。我若能知，必与俱矣，岂可疑

---

① 曾国藩四弟曾国荃在族中同辈排行第九，人称"曾九"。

② "自"字原模糊莫辨，据文义校补。

［下缺］谎言以诳人乎？祈为详情，毋庸赘说也。

（三）在南昌府亲书自述①

本藩洪仁玕承列位鞫问起义至今一切情由，姑举大略复问。

恭维本藩自幼读书至廿八九岁，经考五科不售。习经史天文历数，遍游各洋避祸。实因我主天王庚戌金田起义，各宪严查，不能家居也。辛亥年游广西，到浔州蒙圩，寓于古城侯姓之家四十余日，不能追随我主天王，不遇而回。

癸丑游香港，授书夷牧。甲寅游上海，洋人不肯送予进南京，其上海城内红兵不信予为天王之弟，乃在夷馆学习天文历数。是冬返回香港，仍习天文，授教夷牧。坐火轮船四日到港，吟诗一律：

> 船帆如箭斗狂涛，风力相随志更豪。
> 海作疆场波列阵，浪翻星月影麾旄。
> 雄驱岛屿飞千里，怒战貔貅走六鳌。
> 四日凯旋欣奏绩，军声十万尚嘈嘈。

一连四年在香港。

戊午年②，洋人助路费百金；由广东省到南雄，过梅岭，到饶州蔡康业营。八月，与天朝辅王在景德镇打仗败，弃行李一空，由饶到湖北黄梅县。知县覃瀚元请予医其侄头风之症，得有谢金。

在龙坪办货物下江南，于己未年③三月十三日到天京，蒙我主恩封福爵。二十九日，封义爵加主将。四月初一日，改封开朝精忠军师顶天扶朝纲干王。予因初到，恐将心不服，屡辞，未蒙恩准。予原意只欲到京奏明家中苦难，聊托恩荫，以终天年。殊我主恩加叠叠，念予自少苦志求名，故不避亲贵，特加殊封。

予自受命以来，亦只宜竭力效忠，以报知遇之恩。己未冬，与忠王议解围攻取之策，悉载前帙。辛酉年，出师徽浙，催兵解安省之困。四月，交兵数万与英王，统往黄州、德安一路。因与忠王会剿失约，章王在桐城败绩，遂至安省不能保，而北岸陆续失陷。予因众军将机错用，

---

① 洪仁玕存世亲笔自述仅此一件，计六页，依次标有"壹"、"贰"等序号。
② "戊午年"，原作"己未年"，误，校改。
③ "己未年"，原脱，校补。

日夜忧愤，致被革。皆由章王林绍璋内外阴结而务财用，私议苏杭归忠王①，各守疆土，招兵固宠，不肯将国库以固根本。又章王奉命催粮不力，众只留为实自之用。遂致敌人买通洋鬼，攻破苏、杭、丹、常等郡县，京粮益缺，而京困益无所恃。殊我主于癸亥年恩锡顾命，嘱扶我幼天王。予于此时三呼万岁后，不胜惶恐流涕，恐负圣命遗托。

于去岁十一月奉旨催兵解围，身历丹阳、常州、湖州。殊各路天兵惮于无粮，多不应命。

至今年四月十九，我主老天王卧病二旬升天。京内人心望援不至，本欲弃城。而李鸿章②揣知其意，于六月轰开京垣而入。我幼天王与大臣忠王等万有余人出京，一路平安到广德州。君臣大会，悲喜交集。因湖州军乏军单，恐难建都立业，故议到建昌、抚州等处会合侍王、康王，再往湖北会翼王、扶王等大队。殊至……闻……又至……③又，予因前承诏旨顾命，自宜力扶幼天王。叹予在石城，隶也实不力，黑夜惊营，君臣失散。此诚予之大罪，致此成擒也。但思人各有心，心各有志，故赵宋文天祥败于五坡岭，为张宏范所擒，传车送穷北，亦只知人臣之分当如此，非不知人力之难与天抗也。予每读其史传及《正气歌》，未尝不三叹流涕也。今予亦只法文丞相已。至于得失生死，付之于天，非吾所敢多述也。

本藩与老天王原是五服宗潢，巷里相接，长年交游起居，颇有见闻而知者。我主天王长予九龄。予只知其天禀圣聪，目不再诵，十二三岁经史诗文无不博览。自此时至三十一岁，每场榜名高列，惟道试不售，多有抱恨。

丁酉年，圣寿二十五岁，在广州领卷考试，由学院前街转至龙藏街，偶遇一长发道袍者，另有一人随侍，手持书一部九卷，未号书名，敬赍递献，面嘱云："功名二字，尔应大受，切勿忧，忧必病。"言罢飘然而去。我主持回试馆，喜与众友谈论场内诗文，无暇观览。殊此科揭榜不售，心中忧愤，在舟吟诗云：

> 龙潜海角恐惊天，暂且偷闲跃在渊；
> 等待风云齐聚会，飞腾六合定坤乾。

回家果得一病，不省人事。三月初一日病笃，乃召父母伯叔及王长兄、王次兄到伊御榻，垂泪云：

---

① 原稿"苏杭归忠王"五字被勾去，但仍清晰可辨。
② 此处误，应为"曾国荃"。
③ 原文如此。

今余必不久人世，有负父母兄长教育大恩矣。盖予魂游天堂，目见无数天使，身穿龙袍角帽，在路傍陈设礼物，迎接予魂到一所，见是金砖金瓦辉煌无比，张挂文字尽是规铭宝训。予亲读后，即有二三天使剖换衷肠。又有老妇携予到天河洗浴，嘱云"不要与众人顽弄，致污己身"云云。有顷，见一位金须黑袍高大老人，赐一剑一印，垂泪对予云："吾召秀全来此，令尔知天下人尽是我生我教，尽是食我食、衣我衣，即眼所见、耳所闻都是我造的，卒无一人知恩谢恩，反将我所造的物认做木石偶像之恩。世人何无本心一至于此？尔切勿效之！"嘱毕，即命予放胆行之。既所见如此，必不生矣。

述毕此情，忽生惊恐之状，而王长兄、次兄以为其神困惫，乃放倒御榻上。此时我主又见一龙一虎一雄鸡来至榻前，遂又翻身起坐榻上。众人只见怆惶若此，未知所见为何也。及晓，鸟语喧哗，乃吟七绝一首：

> 鸟向晓兮必如我，太平天子事事可；
> 身照金乌灾尽消，龙虎将军都辅佐。

吟后，忽东窗红日射入御床，遂一身麻木，毛骨悚然，即昨夜卧不能起之病亦不知消归何处矣，应验"身照金乌灾尽消"一句诗也。

此时匍匐起来出卧室，见父亲及乡邻族老人等，俱云"我是太平天子，天下钱粮归我食，天下百姓归我管"，并述天父如何教导等语。众人不知所谓，咸以为颠狂也。一连四十多日，所言所行，都言打江山、杀妖魔的话，众尤不知所指耳。此时吟诗云：

> 手握乾坤杀伐权，斩邪留正解民悬。
> 眼通西北江山外，声振东南日月边。
> 展爪似嫌云路小，腾身何怕汉程偏。
> 风雷鼓舞三千浪，易象飞龙定在天。

又吟剑诗云：

> 手持三尺定山河，四海为家共饮和。
> 擒尽妖邪归地网，收残奸宄落天罗。
> 东南西北敦皇极，日月星辰奏凯歌。
> 虎啸龙吟光世界，太平一统乐如何！

至四十余日，性灵复元，默然静思，慨然大志，以为上帝必不我欺。所到结交以诚以信，坐立行止肃然，以身正人，戒尽烟花酒僻等事。凡举监缙绅人等，各皆叹其威仪品概，故所至皆以身率教。凡东西两粤、富豪民家，无不恭迎款接，拱听圣训，皆私喜为得遇真命天子也。

在龙母庙毁偶像，题诗云：

> 这等断非神，愚顽假作真。
>
> 太平天子到，提醒世间人。

又梦日诗云：

> 五百年临真日出，哪①般爝火敢争光？
>
> 高悬碧落烟云卷，远照尘寰②鬼域藏。
>
> 东北西南勤献曝，蛮夷戎狄尽倾阳。
>
> 重轮赫赫遮星月，独擅贞明耀万方。

又因土人说六乌③庙十分灵显，主询其信堪舆，打死母亲以葬，且出入喜男女和歌，得道为神云云，故题诗斥毁云：

> 举笔题诗斥六乌，该诛该灭两妖魔。
>
> 满山人类归禽类，到处男歌和女歌。
>
> 坏道竟然传得道，龟婆无怪唤家婆。
>
> 一朝霹雳遭雷劈，天不容时可若何。

又闻甘王庙日夜显身，庙祝不敢亲在庙内奉祀，土人有敢议者即行作祟，其家不安，必得祷祝方止；且降迷童子，攀知县④轿杠，该知县许以龙袍才肯放去。我主偕南王冯云山行二日到象州，亲临该庙，果然人人称说该庙灵赫，乃入庙拆其真衣木像，题诗云：

> 题诗草檄斥甘妖，该灭该诛罪不饶；
>
> 打死母亲干国法，欺瞒上帝犯天条；
>
> 迷缠男妇雷当劈，害累人民火定烧；
>
> 作速潜藏归地狱，腥身哪得挂龙袍！

又见有吹吸鸦片烟，劝戒诗云：

> 烟枪即炮枪，自打自受伤；
>
> 多少英雄汉，弹死在高床。

---

① "哪"，原作"那"，校改。下同。

② "寰"字，原脱，校补。

③ "六乌"，原作"六窠"，误，校改。下同。

④ "知县"，原作"知悬"，误，校改。

又时将上帝造化天地山海万物，令人知保佑大恩俱由上帝也。盖人生天地，眼无三光之明及五行之火，虽泰山、湖海亦不见；其眼光非由己光，是天之三光扶助也。鼻之呼吸，刻不能不与天气相通；若半刻不呼，必死无疑。口食之米菜等物，耳通之风声，性灵之降，自维皇上帝，无一不是上帝保佑世人，刻不能少。何世人忘本瞒天，不识生命之源，反说自己本事得来，何其被妖魔菩萨迷蒙至此？即古圣贤总有功德于人，不独当念伊功，且当实力效法，何世人一拜便了，竟不学尧舜孔孟之德，独冒为其徒可乎？常将此等天理、物理、人理化醒众人，而众人心目中见我主能驱鬼逐怪，无不叹为天下奇人，故闻风信从；且能令哑者开口、疯瘫怪疾信而即愈，尤足令人来归。故于癸卯、甲辰、戊申、己酉等年，与南王往返粤西数次，俱有树立。

至庚戌年，因来人温姓富豪欺人，与土人争斗，而贵县知县准土人与来人相杀起衅。即有张嘉祥①、大鲤鱼、陈亚贵、苏三相、李士魁等寇打邻劫乡，相率为祸。而拜上帝之人，俱不准其帮助，只令凡拜上帝者团聚一处，同食同穿，有不遵者即依例逐出。故该抢食贼匪被官兵逐散一股，即来投降一股。惟恐天王不准，故严守天条规律，不敢秋毫有犯。天王劳心，即将博白、贵县、象州、金田、花州各来扶主等队俱立首领，编以军帅、师帅、旅帅以下等爵，男女有别，虽夫妇不许相见，故所至无不胜捷；且有东、西、南、北、翼五王为之谋猷，有李开芳、李开明、林凤祥、罗大纲、陈承瑢、秦日光等为统兵之将，一时风云会合，非人力所能为也。且东王蒙上帝降托，能知过去、后来，令人钦服之至；且东王能代人赎病，至耳聋流水、口哑流诞二月余之久，众有疑为废人者。殊后有一日，即开口病愈，每有所言即验应。而西王萧朝贵蒙天兄降托，即能大获胜仗。故当时所战克者，皆西王蒙降托之力也。

又细推其在金田起义之始，固由历年神迹所致，乃众心坚如金石。又因当时拜菩萨者忌恶拜上帝者②毁其所立偶像，因各攻迫，日聚日众。凡有攻仗，皆有天助神奇。贵县白沙兄弟被山尾村抢去耕牛，十余兄弟追杀至该村，大胜。该村人演戏旺其菩萨，又看戏人自惊，自相践踏。该村数千家，从无人敢欺者，被十人打胜。又博白、鹿川等处团聚数千兄弟，路经半月到金田；象州亦被迫团聚数千到金田。

---

① "张嘉祥"（降清后改名张国樑），原作"张家祥"，误，校改。下同。
② "者"字，原脱，校补。

此时天王在花州胡豫光家驻跸。乃大会各队，齐到花州迎接圣驾，合到金田。恭祝万寿起义，正号太平天国元年，封立幼主。次则移跸到大黄岗，数捷。次则移跸到东乡、象州，转至武宣。闰八月初一日，入永安州，镇守过年。壬子春，弃永安到新回，一路艰险，屡战屡捷。到桂林，围攻多时不克。弃围过湖南等处，大招士马。一路士民乐从，秋毫无犯。攻全①州，下之。南王冯云山中炮升天。一路势如破竹。因伊未在阵中，不能细述。

又发西王大队直攻长沙，而秦日纲、陈承瑢等队陆续进发。前队正在大获胜捷，破进外城，攻围正急，而内之士民亦目见张惶搬迁。殊西王在敌楼上装束异常，窥伺城内，忽被流星炮弹中伤升天。而天王、东王即速催兵前来接应，幸得保全无事。乃在河心孤洲用诱敌伏兵计胜捷，溺死清兵不计其数。乘胜弃长沙不围，直捣益阳，杀赛妖头，获舟数千，得古人遗下红粉不计其数。渡湖到岳州，下武昌，乘势席卷，声势甚大。此时，两湖兵将望风归顺。在天王万寿②前破汉阳、武昌。祝寿后，即发兵虚攻黄州，得而不守，撤兵回省。而江南陆建瀛得闻此消息，即离南京城，统兵上③游。田家镇接仗，数万兵将一鼓瓦解，孤身回南京，闭门固守。

癸丑二月，天兵到南京，由仪凤门攻入，不半月而平定。即发兵下取镇江，上取无为运漕镇，守安庆，复湖北，下扬州。后乃发兵扫北。虽所到以威勇取胜，究系孤军深入。数月之间，北京日夜戒严，各有准备。覆没忠勇兵将不少。

此后幸东王律法森严，兵势迭有兴屈，难以远征。甲寅、乙卯④年，大破向荣、和钦差⑤。丙辰年，破东门向荣。是年七月，东王升天，北王亦丧。丁巳，翼王远征，国政不能划一。戊午年，乃封陈玉成为前军主将，李秀成为⑥后军主将，李世贤为左军主将，韦志俊为右军主将，蒙得恩为中军主将兼正掌率，掌理朝政⑦，稍可自立。惟被张嘉祥四面筑长城围裹京都，仅通浦口一线之路，车运北岸粮米以济

---

① 原稿避洪秀全名讳，"全"以"荃"字代。下文"保全"同此，原作"保荃"。
② "寿"字，原脱，校补。
③ 原稿避上帝名讳，"上"以"尚"字代。
④ "甲寅、乙卯"原有小字旁注，文曰"不记真"。
⑤ 原稿"向荣"二字被圈删；"和钦差"（指和春），原作"何钦差"，误，校改。
⑥ "为"字，原脱，校补。
⑦ "政"字，原脱，校补。

京用。

己未年，予由粤东到天京。我主天王念予少有聪慧，升封各爵。继封英王、忠王等，各有奋兴之志。忠王三次面求画策。予曰："此时京围难以力攻，必向湖、杭虚处力攻其背。彼必返救湖、杭。俟其撤兵远去，即行返旆自救，必获捷报也。"乃约英王虚援安省，而忠、侍王即伪装缨帽号衣，一路潜入杭、湖二处。因忠王队内贪获马匹，未得入城，即被紧闭城门。复经开挖地垅，攻入杭城；惟鞑子城未破。料围京之清兵撤动，此刻重在解京、不重在得地，忠王即约侍王由小路回师，后果大解京围。英王破头关而入，侍王破燕子山而入，忠王兜杀句容一带，三月廿六日解围。

四月初一，登朝庆贺，且议进取良策。英王意在救安省，侍王意取闽浙，独忠王从吾所议云："为今之计，自天京而论，西距川陕，北①距长城，南距云贵两粤，俱有五六千里之遥，惟东距苏杭上海，不及千里之远。厚薄之势既殊，而乘胜下取，其功易成。一俟下路既得，即取百万买置火轮二十个，沿长江上取；另发兵一枝由南进江西，发兵一枝由北进蕲黄，合取湖北，则长江两岸俱为我有，则根本可久大矣。"乃蒙旨准，即依议发兵，觉为得手。

及取苏、常等郡县后，英王如议进取蕲黄，忠王由吉安府绕取兴郭州等县。殊忠王惮于水势稍涨，即撤兵下取浙江。英王因忠王既撤，亦急于解救安省，遂失前议大局之计。后虽得杭州等郡，而失一安省为京北屏，大有可虞之势。殊忠王既抚有苏杭两省，以为高枕无忧，不以北岸即京都为忧。故予行文晓之曰："自古取江山，屡先西北而后东南。盖由上而下，其势顺而易；由下而上，其势逆而难。况江之北、河之南，自称为中州鱼米之地。前数年京内所恃以无恐者，实赖有此地屏藩资益也。今弃而不顾，徒以苏杭繁华之地，一经挫折，必不能久远。今殿下云有苏浙可以高枕无忧。此必有激之谈，谅殿下高才大智，必不出此也。夫长江者，古号为长蛇，湖北为头，安省为中，而江南为尾。今湖北未得，倘安徽有失，则蛇既中折，其尾虽生不久。而殿下之言，非吾所敢共闻也。"后忠王复以"特识高见，读之心惊神恐。但今敌无可败之势，如食果未及其时，其味必苦，后当凛遵"云云。此后②鞑妖买通洋鬼，交为中国患，亦非力所强为谋之耳。①

现在说到我朝祸害之源，即洋鬼助妖之事。自我军两位勇猛王爵英王、翼王死后，我军确受重大损失；但如洋鬼不助鞑妖，则吾人断可长久支持。但一自妖军贿买洋鬼进攻我军，吾朝连续失城失地，屡战屡败。我军无力抵挡，末日近矣。天王之自杀，更令全局混乱。天京在两年长围之下，遂无力再守矣。

末了再追述天京在太平安静时之状况。庚申、辛酉年间，吾等虽连遭挫败，但效命之下，仍迭获胜迹，开疆拓土。在此期间，我军在沙场上有两名优秀将领，即英王和忠王。嗣后英王不幸被人出卖，落入妖军之手，因而被杀。如英王不死，天京之围必大不同，盖因若彼能在江北活动，令吾等常得交通之利，便可获得仙女庙及其附近诸地之源源接济也。英王一去，军势军威骤然不可挽，而鞑妖获胜易矣。吾军最重大之损失，乃是安庆落在鞑妖之手。此城实为天京之锁钥及藩篱，一旦易手，即为妖军攻我之基地。安庆一失，至天京沿江城隘相继陷落，不可复守矣。倘安庆一日无忧，则天京一日无险。彼时京内太平安静，绝无忧患可虞。全城自忖安全无患，各事平静如常。

此时朝政归我、章王、赞王三人掌管。赞王于辛酉年升天。王次兄亦干预朝政。辛酉年及壬戌之上半年，予主持涉外事务，直至某事发生令天王不悦，乃令我移交章王掌管。吾在位时，得一洋人相助，凡遇交涉事，辄请其充当翻译。此人下榻吾府，受我款待多时，不意某日因些许误会，竟径自逃至城外，无论怎样不能挽留之。

京都被围，始于壬戌年三月。妖军在安庆及 Pillers 东西两妖之获胜，吾等早已料及彼必顺流东下进犯天京，惟其进兵竟如此之速，实始料未及。我军毫无准备，敌若急进，当早得大胜。然而彼等竟不乘势急攻，占据两炮台后，便自满足而停止进军。吾等遂修葺炮台，调兵守御，着手迎战。彼等获胜后即不事急攻，致吾等得以如愿整军备战。起

① "亦非力所强为谋之耳"句之后，写有"廿七日亲供"五字，笔迹与正文不一，显系清吏标注。原稿至此尚余两页纸、约 1 600 字；应是在阴历九月十七日之后接续写成，惜已佚失。

所幸 1865 年夏《北华捷报》连载其英译全本，后被辑入梅谷（Franz Michael）、张仲礼合编《太平天国叛乱：历史和文献》（3 卷本，华盛顿大学出版社，1966—1971）。英译本将文中的天历俱换算成阳历，某些译文的准确性也值得存疑。简又文先生据英译本回译，题作《太平天国干王洪仁玕供辞之回译》，刊《逸经》第 9 期。回译件文笔自然无法与洪仁玕原稿一致，但终究可以补阙，使其保持完整。兹参考简又文回译件补上亡佚部分。谨此说明。

初一见有危险，吾等非常焦急；但危险转瞬即逝，吾等又放心矣。自此吾等又得稍为安静而得有自信力。

每当妖船停止滋扰时，吾等即重建七里洲及中关对面之炮台，此外又在内河屯战船二艘，另置一艘于内河外。我等又在要害处安置数尊极好之大炮。为加意防御京都计，复在狮子山构筑两层防线，且在山巅安置一门重炮。如此布置，我等甚觉妥当，足以防御一切攻击，天京此面之安全绝无可虑。惟是最大恐慌之源，乃在南城久驻围攻之妖军，其兵力不时增加。统兵者为曾国荃，深沟高垒，树有不败之势，迄无办法可驱逐之。江面之战船并不十分滋扰。各船依期攻击各炮台，但辄未得手，反自有损失，每次均有数船被炸或有其他死伤。狮子山头之重炮仅偶尔①发放。各炮台所发之炮概已足以防御任何攻击，除非敌势大盛、敌船太多，则前述之重炮骤然开炮，敌船辄被驱逐远遁矣。除曾国藩在天京上游之战船外，尚有一队战船在下游游弋，常对京城此侧实施恐吓。然彼之封锁并不严密，因吾等反可借彼等之力，自仪征（Eching）而得米盐之接济也。

鞑妖来攻之首番报警乃在某日晚上，一队敌船由天京上游驶入内河，中关及其上之炮台同时开炮。遂引起吾等警觉，北岸炮台亦赶紧开炮阻击。敌船欲渡江，已驶至九洑洲，卒遭大败，因陷入炮火前后夹攻而被迫急退。倘彼船能穿过两岸炮火而进占七里洲，或者得天京下游妖船之呼应，自当有所获益，盖中关以下炮台没有屏障，且大部皆已毁坏。

初时，吾等绝不以此围攻为十分严重，因深信忠王必将前来解救。若苏州不遭攻击，又如鞑妖无洋鬼之助，解围断能成功。安庆之失，天京已危；迨苏州沦陷，得救之望绝少矣。回忆三年前予在京都居高位、执大权，而目下大局竟至如此，吾亦被辱待死，诚梦想不到之事也。

吾等之中享福最久者，首推天王。自广西乡野首事诸人，惟彼存留至最后，而其结局并非丧在妖军之手，却在自己之手。偕天王起事者，为东、西、南、北四王；翼王石达开亦同时被封，但其位稍次。南、西二王未及见到天京，事业未成，中途即死。东、北二王则到京后不久，即自起内讧，均被杀。翼王见大局如此不堪，乃决意离京远征，一去不回。彼在四川征战，得获胜利，亦占据数地；最终被四川总督骆秉章所部擒获。关于忠王，吾只能言彼保护幼主离京而已。

---

① "尔"，原作"而"，误，校改。

（四）在南昌府口供之一①

据洪仁玕供：年四十三岁，广东花县人，父母均故。兄弟四人，长次均故，三兄仁琅。小的第四，娶妻张氏，生有三子，长子桂元，年十四岁；次子兰元，年九岁；三子芝元，去年生的。小的读书，屡试未售。伪天王洪秀全及这伪恤王洪仁政都是堂兄弟。那伪天王的儿子名贵福，诞生时有群鸟集于屋上飞鸣数日，众人皆知。伪天王因要把他儿子取名，小的就预写纸条多张于筒内，用筷钳起，得"天贵"二字。伪天王不知何意，改取"贵福"二字。

去年十一月，小的往丹阳、常州催兵救援南京，把家小留在南京。嗣因丹阳、常州难守，就到湖州府。现随幼伪天王来江西，由新城到石城高田地方。本月十三日，小的被官兵擒获。幼伪天王亦被官兵冲散，现在驻扎何处，小的实不知道。是实。

九月二十七日

（五）在南昌府口供之二

据洪仁玕又供：小的素习经史历数，知识天文及风雨的事。因地方官严拿不能家居，带家小于癸丑年到外洋香港地方。那香港系英吉利所属，有两个夷长理雅各、湛孖士②二人在那里，名为叫人学好，实为他国中办事。小的到香港本为避祸隐身，并用意在夷人风土，并不为名利计。小的在夷馆中教中华小孩，系读唐书。那教夷人小孩，则听夷长教读番书。在香港共有七年，中间到过广东东莞县医卜一年，并在上海教读二年。

嗣闻堂兄伪天王洪仁坤即洪秀全已在南京建都。他既创业于前，我何妨续之于后，就要前往南京找寻伪天王。其时那夷长理雅各已回本国，那湛孖士劝小的不必前往。小的不听，把家小仍留香港。那湛孖士想到南京等处开礼拜堂，就交结小的，送给盘川。小的就从香港动身，

① 该篇供词及随后两篇口供，原题均为"南昌府提讯逆酋供"。因系清吏记录整理，其语气已被改易（如自称"小的"，以及在头衔前加"伪"字之类），且多错别字。文末所署时间为阴历。

② 原作"詹马士"。据《资政新篇》，应作"湛孖士"，校改。下同。

走南雄州梅岭、赣、吉到江西省。至饶州府，遇一不记姓名勇丁。他说想做生意没有本钱。小的带有金叶，就叫他往湖北龙坪①等处贩货，伙同前往南京售卖。那勇与黄梅县覃瀚元②同乡，带小的往见。那覃瀚元与小的长谈，知是读书人，要把小的荐去办笔墨。小的含糊答应，就独自往南京。行至安徽辰塘河地方，有堂兄伪天王派了伪赐福侯黄玉成在那里驻守。小的向他通了姓名及投奔伪天王的来意，并在衣襟中夹缝中取出自己履历交给。那伪赐福侯带小的于己未年三月入南京，见了伪天王，彼此悲喜交集。

伪天王询知小的在外洋多年，见识甚广。其时伪东王已升天，伪北王被杀，伪翼王又出京，正无人办事，就大喜，当时三月就封小的为干天福，是月二十九日③加封为干天义兼九门主将衔，至四月初一日就封小的为开朝精忠军师顶天扶朝纲干王。那时南京自伪东王死后、翼王出京，一切军务系五个主将做主。那五主将看见伪天王未及一月，封了小的王爵，均有不服之色。伪天王就传令到教堂齐集众臣，令小的登台受印。伪天王对众吩谕：京内不决之事问于干王，京外不决之事问于英王。小的见众人不服，原不肯受。伪天王说"风浪暂腾久自息"。于是小的登台受印，对众说了些道理，并把东王的制度重新④议论了一回，又把从前的案件批详榜示。众人见小的万人之前谈论无错，就称小的为文曲星。

那年南京被张嘉祥⑤围困，仅有一线浦口之路可通无为州粮道。伪忠王问计于小的。小的叫伪忠王往攻湖州、苏州之虚，则张嘉祥⑥必撤大兵往救，京围自解矣。伪忠王就弃了浦口，假扮官兵，带了五六千人⑦到杭州，用地雷轰塌省城；满洲城不能破，败出。伪忠王由小路回京，走句容，原意不在得疆土，而在解京围。张嘉祥闻杭城失守，撤兵解围。那李世贤由燕子矶及伪忠王之兵都到南京，放火为号，南京出兵夹攻，以致张嘉祥于三月二十五六日⑧大败，退扎丹阳。

---

① "龙坪"，原作"龙平"，误，校改。
② "覃瀚元"，原作"覃汉元"，误，校改。下同。
③ "日"字，原脱，校补。
④ "重新"，原作"从新"，误，校改。
⑤ "张嘉祥"，原作"张国祥"，误，校改。
⑥ "张嘉祥"，原作"张家祥"，误，校改。下同。
⑦ "人"字，原脱，校补。
⑧ "日"字，原脱，校补。

那上海本有夷人，伪忠王带了二千人想破上海，被夷人空城计败回。伪忠王于庚申年五月破苏州。小的想与夷人和好，亲到苏州。夷人因闻伪忠王有洋人只好打、不好和的话，以致不能得上海。至那年八月，小的转回南京。那广西老贼都是开国的功臣，各顾自己，不顾大局，见小的言语公正，都想推小的出京。而伪忠王、伪英王又不能依小的计议，以致今日之败。

小的到了南京，夷人把小的家小从香港送到南京。小的酬谢银二千两。是实。

九月二十八日

（六）在南昌府口供之三

据洪仁玕供：去年十一月间，官兵围困南京。其时苏州城亦被官兵收复，伪忠王李秀成转回南京。伪幼天王就叫小的亲往丹阳、常州二处催兵，救援南京。那丹阳系伪英王陈玉成之叔伪燕王陈时永①驻守，那常州系伪护王陈坤书驻守。小的到了丹阳，兵力不足，不能分兵救南京。旋常州亦被官兵收复，并闻伪侍王也弃了溧阳，走湖北来江西，丹阳孤城不能守。小的们全军就于今年四月从丹阳到湖州府，原想待至八月割了新稻，分兵解往南京救援。

不料小的接到伪幼天王文书，知伪幼天王带了数千人弃了南京，于六月十八日到了广德州。小的知伪幼天王到广德州，各物均未随带，就连日办了绸缎等各样贡物并米几万石，于是月二十八九日②亲身解到广德州，见了伪幼天王。在广德州住到八月十八日，伪幼天王因闻伪康王汪海洋、伪侍王李世贤在江西抚、建一带，就带了小的动身来江。

原想从徽州所属威坪地方过河，不料将到威坪，伪偕王谭体元手下的几千人投降官兵，因此小的们打了败仗，不能过河，就弯③走威坪上廿里（下缺）渡地方渡河，被官兵半渡截杀，贼中死了一万余人。及至到了抚、建，那伪康王、伪侍王已往瑞金去了。伪幼天王闻伪扶王陈得才在陕西，就想追到康、侍二伪王同往陕西，就同小的前往瑞金。

重阳日，贼之八月二十九日，到石城。席营在后，以为小的们业已

---

① "陈时永"，原作"陈世永"，误，校改。

② "日"字，原脱，校补。

③ "弯"，原作"湾"，误，校改。

去远，派了一百余人到小的们旧营。其实小的们只走了十里，当即转回把那些勇赶走。小的让伪幼天王先走，自己回马杀转。有伪堵王黄老虎的侄子黄十四绰号小老虎，素来打仗奋勇，当日因人马困乏，不愿打仗。小的向他跪求。于是黄十四带了贼众赴山林埋伏。官兵杀至，被他杀死了十余人。离伪康王只有六七十里。黄十四在前开路，伪祐王①李远继保护伪幼天王行走，小的断后。行至石城的高田地方，人困马乏。小的原想连夜由小路行走，因无百姓向导，想等到四更再行起身。不料至三更时分，无人守卡，官兵猝至，人不及甲，马不及鞍。小的逃走，至山夹处不能行走，致被捉获的。是实。

九月二十八日

（七）在江西巡抚衙门口供②

洪仁玕供：年四十三岁，广东花县官禄埗③人。祖籍嘉应州。八岁读书，二十二岁以后训蒙。考过四五届，未曾进学。老天王是我堂兄，长我九岁。他从前也是读书，讲究文章。我少时从他受学一年。当时只是为人忠信，未见奇异也，考到三十四五岁也没进学。后来得九本书，名《劝世良言》。书内说这拜上帝的道理。他天生聪明，从此大彻大悟。那道理就是《书经》内说的"惟皇上帝降衷于下民，若有恒性"之意。乾吾父也，坤吾母也，故称天父；人都是天生的，耶稣④头一个发明天理，故称天兄。虽敬奉耶稣，却与外洋的天主教、辨正教⑤微有不同，究竟与孔孟敬天畏天一样道理。

老天王本名仁坤。是年大病，梦上帝叫他作"秀全"，命他云游天下，日后为太平天子。我从此也学拜上帝。老天王云游两粤⑥各处。我舍不得老母，未能随他。老天王金田起事时，有知县下乡查访，因无实在形迹，就瞒过了。我怕家里坐不稳，到广西寻他。他望湖南去了。我

---

① "祐王"，原作"佑王"，误，校改。

② 原题"本部院提讯逆酋供"。

③ "官禄埗"，原作"官禄埠"，误，校改。按：该细节说明该篇供词是口供，洪仁玕断无可能将自己家乡村落的名称写错。与南昌府几篇口供相比，江西巡抚衙门小吏录供时，在语气上几乎未加改易。

④ "耶稣"，原作"耶苏"，误，校改。下同。

⑤ "辨正教"（据《资政新篇》），原作"辨真教"，误，校改。

⑥ "两粤"，原作"湖南"，误，校改。

想学了本事将来辅佐他，就回广东，到香港洋人馆内教书，学天文地理历数医道，尽皆通晓。洋人知道是老天王之弟，另眼相待。住香港四年，故与各头目多半相识；其国中体制情伪，我亦尽知。

后来老母死了，我由南雄过梅岭来江西，至饶州。有水师哨官郑姓是我同乡，请我办文案连教读。住了几个月，郑哨官回广东去了。我到湖北黄梅县为覃知县的侄儿医好了病，得了许多谢金。那知县看我做的诗，说我才学好，荐我到罗田县办书启。罗田县①也是广东人，因他尚未到任，我听见张嘉祥②围南京甚紧，放心不下，遂将所得谢金假办货物，搭船到天京。

老天王见我才学异常，大加赞赏，封为干王，总理朝政。外洋人就把我家眷由轮船送来。那陈玉成打江北，李秀成打湖北、江西、苏杭，都是我的计策。我本想与外洋连和，取武汉、荆襄，扼得全个长江，再由四川下陕西东向。那李秀成偏要与洋人为难。我将洋官都请来苏州讲和，被他闹散了。他又贪乐苏杭，不顾江北，天京事就弄坏了。

今年老天王因援兵不到，命我亲身来召堵王。不料老天王升天，天京破了。幸小天王出来。也是绝等聪明，我看一行书，他看三行了。出湖州时有十二三万人，到石城时不过万人，广佬③二三千，三江两湖的七八千，都打零星四散了。我服侍④小天王寸步不离。我被擒后，不知何处去了。那昭王的印是未发给他的，先发的有双龙无双凤。南方主帅的印是小老虎黄十四的。我们极重此帅印。若未给帅印，虽封王爵亦无多兵。我鞠躬尽瘁，只求速死。是实。

① 罗田县指罗田县令，略称。
② "张嘉祥"，原作"张家祥"，误，校改。
③ "佬"，原作"老"，误，校改。
④ "服侍"，原作"伏侍"，误，校改。

签驳《李秀成供》[*]

第十七页三行〇将滁州交李昭寿镇守一段原是，但滁州原守之将甚妥善，而忠王念李昭寿同姓，且有八拜之交及亲谊内戚之情，调换镇守，众议沸腾。忠王坚原将出征而任李昭寿。盖忠王品性之毛病，原在变更不一，多有贻误。即苏、常调守迭更，用人不当，致吴江先误，隔断苏、杭。而苏州之谭绍光不服军民，以致杭、嘉各专己见，不遵忠王之令。而朝廷差章王到苏、杭各郡办粮，各□闭城不纳。皆由忠、侍王在外，专靠章王柔猾之言为之耳目，不认①王长次兄为忠正人，不信本军师为才学之士。因此忠王屡多非上推罪之言，实不知己多更张、信佞人之过也。

推而言之，忠王之坐守苏、杭、常、嘉等郡□，侍王之坐守句、溧、荆、宜、广德，辅王之坐守宁郭、池州等处，章王之暗守芜湖、繁昌、南陵、秣陵、丹阳等处，各将该地钱粮拓兵自固，任朝内诏谕催征，毫未见各省郡县多进粮饷以固根本。迨至安庆失陷、英王升天，章王畏罪，弃江北不守不战，私自回京，哀饶生命；又求英王阮其不力之愆。那时英、忠②、章王等俱忌予认真直奏。殊知圣鉴不爽，屡知章王之奸，内则蒙蔽不奏，外则阴结私行，故于辛酉冬革予军师、王衔及正总裁之职，并革英王、章王等之不力也。旋复章王林绍璋之爵，不准王长次兄及予干预③朝政，内则专任章、顺王掌政，外则专任④忠、侍、

* 以王庆成研究员提供的影印件为底本、以王庆成编著《稀见清世史料并考释》之排印件为校本辑录，标题为编者所加。原件现藏台北"故宫博物院"文献馆（似为残件）。

① 原作"信"，圈删后改作"认"。
② "忠"字之后，原有"侍"字，被圈删。
③ "干预"，原作"干与"，误，校改。
④ "专任"下，原有衍文"专任"，今删。

辅王掌兵。

　　殊自壬戌春，曾、鲍两军下困天京。而忠王明知难以为力，诏谕屡催不动。而章、顺王权在忠、侍王之下，哀求不来。予以苏杭及天京与长江大势顺逆情形详细陈说，始行□悟。至壬戌七八月间，始行援京。又欲自获全①功，于侍、辅王未到之前，即行轰发地垅。殊知垅未清，营内反行自伤不少，迭②攻不下。陈坤书又攻太平关不下。而忠王始行渡江，破浦口、江浦、和州而上。因攻无为不下，撤兵上游英、霍山、凤阳等处。因无粮自困，于癸亥春夏间狼狈返师，欲下攻扬州，不克，其军十去六七。而雨花台失守又不及救，反行放师下游苏浙，欲换蓄锐精以援京困。此时忠王在京，而天王不肯放伊下苏浙，并降诏与忠王，谕令催兵催粮，一无复奏。皆因忠王平日变迁不常、临急号令不验之咎。卒至忠王力求亲身下苏浙催解兵饷，虽有些饷粮，亦难救涸辙之困。于癸亥秋冬之际，竟有苏州、无锡③等叛将献城与李鸿章，即忠王亦几几不免。皆因忠王变迁不一之咎所致也。

　　今观其传，于得胜时细述己功，毫不旁及他人之策力；败绩时即诿咎于天王、幼西王及王长次兄、驸马等。虽世人不知内事，而当时兵粮之权归谁总握，谅内外必闻之者④。西⑤、王长次兄等之尊，天王不过荣亲亲□功臣之后而已，岂尺寸疆土、粮饷得归亲臣及功臣后乎？天下亦共闻而知，不待予之细辨也。予原存厚道，不肯自毁，诚恐阅者不揣其本而齐其末，致纲目之倒置耳。

---

　　① 原作"荃"，避洪秀全名讳。
　　② "迭"，原作"叠"，校改。
　　③ "无锡"，原作"抚锡"，误，校改。
　　④ "谅内外必闻之者"之后，原有"若论爵之尊□"六字，被墨笔划去。
　　⑤ "西"系"幼西王"之略写。又，"西"字之前原有"而"字，被圈删。

狱中绝命诗*

春秋大义别华夷，
时至于今昧不知。
北狄迷伊真本性，
纲常文物倒颠之。

志在攘夷愿未酬，
七旬苗格德难侔。
足根踏破山云路，
眼底空悬海月秋。
意马不辞天地阔，
心猿常与古今愁。
世间谁是英雄辈，
徒使企予叹白头。

英雄吞吐气如虹，
慨古悲今怒满胸。
猃狁侵周屡代恨，
五胡乱晋苦予衷。
汉唐突厥单于犯，
明宋辽元鞑靼凶。

---

* 计七绝、七律各两首。洪仁玕被俘后仍奉太平天国正朔，此篇末署"廿七日"，应即太平天国甲子十四年九月廿七日（清同治三年十月初十，1864 年 11 月 8 日）。原件现藏台北"故宫博物院"文献馆。本书据王庆成研究员提供的影印件辑录，标题为编者所加。

中国世仇难并立，
免教流毒秽苍穹。

北狄原非我一家，
钱粮兵勇尽中华。
诳吾兄弟相残杀，
豪士常兴万古嗟。

　　　　　廿七日仁玕

赴死前绝命诗 *

临终有一语，
言之心欣慰；
我国虽消逝，
他日必复生。

＊ 其原件或原抄件迄未发现。1865 年 3 月 25 日，《北华捷报》刊载该诗英译文，作为上篇四诗的"补遗"。本书据王庆成研究员的回译文辑录。

附录　答艾约瑟牧师 30 问 *

（1）首领的异象：何时？有几次？他对这些异象持何种见解？你的看法如何？

他的异象有两次。1837 年，他想象他的灵魂被带到天上，并被清楚地指示了天国的事情。他说，上帝赐给他一柄剑、一块印，赐予他战胜和征服一切妖魔（邪神、偶像和鞑靼人）的使命；为了完成这一使命，上帝允诺给予他耶稣的合作和天使的帮助。1848 年，他本人的处境极为困难。这时，上帝携其子耶稣为他下凡显身，指点他（首领）如何稳住统治的阵脚。首领没有提到过任何别的异象。他坚信这些异象是上帝对他的启示。干王相信它们是真的，尽管在应当如何理解它们上仍有疑问。

（2）东王的异象：首领对它们持什么看法？你的看法如何？

首领不允许对东王的异象提出质疑。当干王表示反对时，首领便不高兴。干王不相信它们。

（3）在书面或口头上，现在还称东王杨为圣神风、劝慰师吗？

是的，首领对引自《圣经》的这些名词的理解缺乏足够的想象力。

（4）首领自称是基督的同胞弟兄，其含义是什么？

他对基督的神性的看法是有缺陷的（我们没有被告知首领不相信这一真理。他的错误与其说是肯定性的，不如说是否定性的）。他认为基

---

*　艾约瑟牧师撰，《北华捷报》1860 年 8 月 11 日刊发，题为《最近对干王的问答采访录》。[美] 克拉克（P. Clarke）、[澳] 格利戈里（J. S. Gregory）合编《西方关于太平天国的报道》（*Western Reports on the Taiping*，澳大利亚国立大学出版社，1982）将之编入，列为第 52 号文献。本书据英文本翻译，标题、注释均由译（编）者所加。

督是上帝使者中最伟大的一位，他本人则仅次于基督。正是基于这种理解，他自信是基督胞弟和上帝之子。他称所有的十个王都是他的同胞兄弟。

（5）你本人对"三位一体"持何种观点？

干王对此教义的观点与正统基督教徒普遍所持的观点是一致的。

（6）以肉、茶等物作为祭品，这一做法的确切含义是什么？

它们只不过是谢恩祭品，并无邀宠的意思。首领完全明白，作为礼拜上帝仪式的一部分，它们是无用的。他和干王本人都不用它们。他指定使用它们是为了适应那些刚刚脱离异教的人的粗鄙观念。

（7）烧毁写就的祈祷文的确切含义是什么？这种做法还会延续下去吗？

这种做法的含义和前者相同。不赞成这么做，最终将会被废止。干王已拟好一祈祷文，其文末云："此祈祷文每人各存一篇，念后不必烧化。"

（8）多妻制？

多妻制确已推行。首领知道这是违背基督教教义的。东王是倡导多妻制的主要人物。干王本人已被迫放弃了他在此问题上的顾忌，成为一名一夫多妻的实行者。

（9）现在仍实行男女隔离吗？

这仅是权宜之计，现已废止。

（10）安息日：守安息日吗？怎样守？

守安息日，其方式是在午夜召集众人祷告和赞颂。一旦恢复和平，将严格地守安息日。安息日定在星期六。

（11）举行圣餐礼吗？如何举行？用酒吗？

不举行，他们并不知道圣餐礼。酒在他们的任何宗教仪式中都不使用，法律严禁私人饮酒。

（12）洗礼：怎样施洗？可否再次受洗？何人施洗？

洗礼仪式先是洒水，然后洗胸。现今已不严格履行，但在运动开始时是这么做的。不能重洗。任何人都可以施洗。

（13）《圣经》：你们已刊印《圣经》的哪些部分？他们如何看待《圣经》？

整部《圣经》业已刊印。它们被奉为至高无上的权威。首领勤勉地阅读它们，并能熟记大部分经文。他也爱读牧师班扬①先生《天路历程》（Pilgrim' Progress）一书的中译本。

（14）在六个节日中，二月二十一日是纪念天兄和天王登极的节日。这指的是什么？

这是为了将救世主遇难的时间同天王登极的时间一致起来。干王告诉过天王，他从前曾听韩山文先生说过，犹太人的逾越节②是在二十四日。天王坚持采用二十一日，因为汉字二、十、一可以组合成"主"字。

（15）你对用于天王的"降凡"一词作何解释？

这只是指首领一出世就负有神的使命，并无别的含义。首领在谈到救世主降生时也是用这个词。他直到最近才了解救世主的前身或其崇高的神性。

（16）你希望传教士来教导你的人民吗？你乐意由传教士提供一些基础读物吗？

我们希望传教士来，若能提供一些士兵使用的祈祷文，将不胜感激。如果传教士来南京，将为他们修建教堂，并允许他们按照他们自己的方式、观点来传教和工作。

（17）我们已收到你的《资政新篇》一书的手稿本，它是否得到了天王的认可？是否将刊印？

天王已亲自修订此书，并批准将它付印。他所修改的主要是论及上帝无形的段落。凡是提到上帝无形的文字都已被天王删除。忠王已允诺在苏州印刷此书。

（18）你在《资政新篇》中的措辞今后是否会被太平朝采用？

天王不同意改变他已经习惯了的一直在天朝书籍和文件中沿用的措辞。天王用"真神"、"上帝"和"天父"来称"God"，但干王以"神"不能用"真"和"假"来认定为理由，反对使用"真神"一词。干王说，天王不愿放弃他从罗孝全先生处学来的这些名词。

---

① 班扬（J. Burns）是17世纪英国的清教徒，因拒绝信奉国教而被囚禁12年之久。《天路历程》是他在狱中写就的作品。该书以寓言形式描写梦境见闻，宣扬正义终将战胜邪恶，强调坚守信仰是进入天堂的窄门，与洪秀全的思想十分合拍。当时国内已有中译本问世。

② 逾越节是犹太教的三大节日之一。据《新约·马太福音》第26章记载，耶稣与12使徒的最后晚餐即为共度逾越节，接着便发生犹大卖主事件。又，犹太教逾越节在犹太历尼撒月（阳历3月至4月间）14日，干王所言有误。

（19）目前太平军中的宗教状况如何？

宗教状况已大不如前。干王一到南京就觉察到这一点。即使在广西人中间，宗教热情也比运动开始时减弱了。干王已印了一篇祈祷文散发给他的属下。

（20）最近是否出版了什么新书？

干王赠给来访的传教士下列书籍：①《行军总要》，一本军事用书，1855 年出版；②《醒世文》，1858 年出版，敦促汉人接受太平朝的宗教和政治；③1860 年的历书，由七个王编撰，卷首有天王的两道诏旨；④《资政新篇》，干王撰写；⑤《天妈天嫂辨正》，手稿本，作者同上，是对天王部分"异象"的辩解。

最新书目中还列有刊印于 1855 至 1858 年间的另三本书，但我们没有得到。

（21）是否有销毁孔子诸书和其他书籍的法令？

没有。

（22）天王是否正在写一部新的中国历史？

他正在按照自己的观点修改中国历史，以便供王子们和宫廷中人阅读。

（23）你们目前的疆域有多大？诸王现在何地？

翼王石达开已攻占四川省城成都，现驻扎在该城。此外，他正在征服广西和云南。最近有数万名广西人投奔了他。他的部队中还有四五万苗人。

英王已赴徽州，以征服安徽省的那一地区。

忠王因取得了征服江苏省（日后将称作"苏福"省）的胜利，近来声威远播。

全国将重新划分为 21 个省，府城的"府"字将被"郡"字替代。

目前计有 11 位王，包括天王和他的两个外甥（即第二、第三位）：

①天王
②西王的继承人萧有和
③东王的继承人萧有福 （Siau-yeu-fuh）[1]
④干王洪仁玕

---

[1] 承袭东王爵位的实为天王第五子洪天佑。

⑤翼王石达开

⑥英王陈玉成

⑦忠王李秀成

⑧赞王蒙得恩

⑨侍王李世贤

⑩辅王杨辅清

⑪章王林绍璋

下面是王以下职官的名称：掌率、主将、义、安、福、燕、豫、侯、相、检点、指挥、将军、总制、监军。

（24）其他各王（尤其是天王）是否接受你的社会和政治变革的设想？

他们在这一点上是一致的。引进欧洲的先进东西——诸如铁路、蒸汽机之类——的主张，尤其博得天王的极大赞同。干王1859年到达南京后，向天王条陈以上及类似的内容。天王深感欣悦，因此执意让他接受总理朝政的职务，这一职位过去是由东王担任的。

（25）你在赴南京的途中是否遇到了不少困难？

他说的确如此，整个旅程大约历时一年。当到达江西景德镇时，未获通行。他便转奔九江，从该城溯江赴湖北，在该省与一友人盘桓了四个月。然后，他搭上一条商船，顺江前往南京。他曾登上额尔金勋爵远征队的一艘军舰，希望能见到昔日相识的威妥玛先生；未能如愿后，他委托一名中国人捎信给上海和香港的外国朋友，这些信都及时送到了。

（26）天王决断所有的朝政吗？

是的，但他轻视与宗教无关的大多数政务，说它们是"凡间的事"，不是"天事"。对属于"凡间"一类的奏章和请折，他常常仅稍加浏览就批复了，并没有仔细地审阅。

（27）祖先崇拜被取缔了吗？

是的，在运动的中坚人物即广西老信徒中已经取缔。对于"新兄弟"，目前并不特别强调这一禁令。

（28）天王是否对上帝持唯物的观点？

是的，在这一问题上，他不允许有与之相左的观点。

（29）在感恩祭品中，将三杯茶放在充作祭坛的桌上意味着什么？

它们代表"三位一体"中的三位。干王是这么理解的。他没有询问过此事。这些祭品只是用来暂时取代偶像崇拜。他本人并不用它们。太平天国的书籍中有许多他还没有读过。他并不乐意读那些书。

（30）第二个公共节日（二月初二）是向天父感恩，其含义是什么？

这是纪念天王受命诛灭妖魔。

洪仁玕年谱简编

1822 年 2 月 20 日（清道光二年壬午正月二十九日）

出生于广东省花县官禄埗村，族名仁玕，字益谦，号吉甫。父洪名扬，母温氏，在兄弟五人（一说四人）中排行第五。

1829 年（清道光九年己丑）

时年 8 岁，入私塾。诵习《千字文》、《三字经》等启蒙读物，然后读四书五经，接受儒学训练。

1838 年（清道光十八年戊戌）

年 17，首次参加科举考试，落榜。此后 12 年间，又先后四次应试，均名落孙山。

1843 年（清道光二十三年癸卯）

年 22，充当塾师，以维持生计。

是年 7 月，在族兄洪秀全劝说下信从上帝，成为其最早信徒之一。洪秀全作有"神天之外更无神"一诗，遂和诗一首："全能上帝是为神，木刻泥团枉认真。幸赖耶稣来救世，吾侪及早脱凡尘。"

洪秀全返莲花塘后，洪仁玕受托在家乡布道，但反响寥落。因撤除孔子牌位而导致学童离塾，遭兄长殴辱。

1844 年（清道光二十四年甲辰）

农历元宵节，与洪秀全拒绝撰写祭神诗文，惹族中耆老不快。

嗣后，未随洪秀全云游，改赴邻县清远教书。数年内陆续发展五六十名信徒，并一直与洪秀全保持接触。

1847 年（清道光二十七年丁未）

3 月下旬，随洪秀全到广州罗孝全牧师处问道。月余后，陪教会人员返官禄㘵调查洪秀全入教之资质，改留家中研习医术。嗣后一直在清远训蒙，兼顾科考。

1849 年（清道光二十九年己酉）

2 月，洪秀全自广西返乡。洪仁玕与他时有接触，由此得知广西发展信徒等内情。7 月洪秀全、冯云山返桂，为之筹措盘缠。11 月洪秀全之子降生，又托人捎信相告。

1850 年（清道光三十年庚戌）

29 岁，第五次参加科考，仍不售。而广西已是山雨欲来风满楼，洪秀全等正紧锣密鼓地酝酿起义，并派人赴花县接亲属来桂会合。洪仁玕并未随行。

1851 年（太平天国辛开元年，清咸丰元年辛亥）

1 月中旬，洪秀全在江口圩派人到广东召集滞留亲属。洪仁玕接信后不再犹豫，偕亲友约 50 人赶抵浔州蒙圩镇，后因追赶太平军不及而折回。迫于风声甚紧，暂到清远躲避。不久，带冯云山子侄二人两度赴桂，因沿途盘查甚严，未能遂愿。

1852 年（太平天国壬子二年，清咸丰二年壬子）

1 月初，洪秀全在永安所派密使抵广东，仍欲接应洪、冯亲属来广西会合。诸亲友商定在毗邻花县、三水的清远回歧山谷岭集结起事。

3 月上旬，诸亲友在谷岭提前竖旗。洪仁玕在谷岭起事遭镇压后赶至，被附近山民拘押。旋设法逃入山丛，辗转至新安县李朗投奔远亲。内有一人名洪升，以裁缝为业，与传教士熟识。

4 月 26 日，被洪升领到香港避难，见德国巴色会传教士、瑞典人韩山文。洪仁玕流露出的对基督教的浓厚兴趣和了解程度，使韩山文颇感惊讶。洪仁玕就洪秀全和他本人的简历写了几页纸，并提出入教请求。

5月初左右，因韩山文牧师赴内地布道，洪仁玕生活无着，遂乔装潜抵东莞县牛眠埔村，投奔好友张家修，藏身其书塾"永培书屋"内。风声过后，在此隐姓埋名，以教书、医卜为生。

1853 年（太平天国癸好三年，清咸丰三年癸丑）

约5月间，离开东莞潜入清远，邂逅同样四处躲避的上帝信徒李正高，决定结伴寻求西教士的庇护。几经周折，在新安县布吉找到韩山文牧师，再次提出入教请求，并接受相关指导。

9月20日，在布吉接受洗礼，正式成为巴色会教徒。据韩山文陈述，他当天共为6人施洗，首位受洗者"姓洪，花县人，31岁，塾师兼行医"，是太平王洪秀全的亲戚和朋友。

约11月间，出于安全考虑，韩山文将洪仁玕带回香港，介绍给负责伦敦布道会香港差会的理雅各牧师。洪由此谋得教西教士中文的差事，得以在香港落脚。

1854 年（太平天国甲寅四年，清咸丰四年甲寅）

韩、洪再次见面时，太平军已定都天京，并相继出师北伐、西征，在军事上势头强劲，引起在华西方人士极大关注。韩山文饶有兴趣地就相关问题仔细询问，洪仁玕逐一作答。韩山文遂根据洪仁玕口述，用英文撰成《洪秀全之异梦和广西叛乱的起源》，从洪秀全身世一直写到太平军攻克永安，披露了许多鲜为人知的内幕。

4月，韩山文写出该书"导言"。此书在年内出版后十分畅销，一版再版。

5月4日，在韩山文安排下，洪仁玕和李正高等一行3人乘船自香港前往上海，拟间道赴天京投效洪秀全。

5月8日，抵上海，持韩山文写给麦都思牧师的信函，找到位于英租界的伦敦布道会上海差会，被安顿在教会医院。

5月13日，韩山文牧师未及等到所写一书出版，患痢疾在港病逝，时年35岁。他是首位给予洪仁玕较大影响的西教士。在韩山文处，洪仁玕受到较为系统的基督教训练，并接触到其他领域的西学知识。

5月中下旬，鉴于上海战事已持续半年多，清军在城外层层布防，封锁水陆交通要道，麦都思劝洪仁玕打消去天京的念头。城内小刀会不信洪仁玕是天王之弟，拒绝相助。洪仁玕无计可施，只好暂住麦都思处。

在沪半年间，洪仁玕每天早餐前阅读《圣经》一小时，并在麦都思指导下注解《新约全书·哥林多前书》。与艾约瑟、慕维廉（W. Muirhead）等传教士也有较多接触；常到附属教会的墨海书馆，随伟烈亚力（A. Wylie）牧师学习天文历数。另结识英国驻沪翻译官密迪乐，给对方留下良好印象。

同年冬，偶遇李正高一位旧友，邀其同住。某日，麦都思牧师看见此人放在床上的鸦片烟管，怒不可遏，当即喝令洪仁玕等人一概搬出。眼见赴天京无望，洪仁玕只好离沪返港。

1854 年冬—1857 年（太平天国甲寅四年至丁巳七年，清咸丰四年甲寅至咸丰七年丁巳）

洪仁玕返港后，被理雅各牧师接纳。起初辅导湛孖士牧师学中文，后被任命为伦敦布道会香港差会的布道师和传教士助理，开始广泛参与其各种传教活动，包括在教堂布道，到监狱探视囚犯，赴教会诊所向病人宣讲福音。仍沿用韩山文一书中的名字"洪仁"（故意缺字，以遮人耳目），每月从教会领取 10 块银元作为酬劳。

香港英华书院由理雅各牧师主持，以招收华人子弟、培养华人传教士为办学宗旨，中西文教育并重。洪仁玕也参与教学，负责向学童讲授中国文史，直至该校于 1856 年因资金短缺而停办。

《遐迩贯珍》是香港第一份中文报纸，理雅各主笔，以促进中外沟通和文化交流相标榜，客观上推动了西学在中国的传播。在华西教士还用中文撰刊了不少介绍西学的小册子。这些书报，包括与西教士朝夕聚唔，为洪仁玕了解西方和世界大势提供了便利。

理雅各牧师认为，若想打开在华传教局面，必须设法了解中国的历史和文化。他为此实施一个庞大计划，拟将系列儒家典籍翻译、介绍到西方。洪仁玕应邀参与此事，成为理雅各翻译、注释儒家典籍的学术助手。

与理雅各等人的亲密关系，还使洪仁玕有机会观察发生在西教士身边的事，包括 1857 年 1 月的香港毒面包案——三四百名欧洲人因食用华人裕升店含有砒霜的面包而中毒。2 月，香港高等法院开庭审理此案，店主张亚霖等人被指控为"凶手"。庭审持续 5 天，因证据不足，陪审团裁定张亚霖等人无罪。张最终与 49 名华工被驱逐出境。此案为洪仁玕了解西方司法制度提供了契机。

洪仁玕与香港华人精英也有接触，主要是有出国留学经历的黄胜、黄宽、容闳三人。黄胜负责《遐迩贯珍》的出版，是近代中国中文报业的创始人之一，1858年成为香港高等法院的首位华人陪审员；黄宽是中国首位留学英医的毕业生，在洪仁玕常去的教会诊所行医，是有名的外科医生；容闳是中国首位留美毕业生，在香港高等法院担任翻译，与洪仁玕时常见面。与上述三人的接触成为洪仁玕了解西学的又一重要渠道。

以上便是洪仁玕供职香港教会期间的主要活动脉络。

洪仁玕的为人与表现赢得西教士的交口称赞。理雅各牧师评价说："他的文学造诣令人敬重，他的性情温和友善，他的心智因其为一般中国人所罕有的才华而不同寻常。他在教义方面的知识较过去增长许多，并且其皈依基督教的诚意不容置疑。"在朝夕相处中，年长8岁的理雅各与洪仁玕建立起十分亲密的私人关系。据理雅各回忆，他仅与一名中国人互相用手臂搂着对方脖子散步，即洪仁（玕）。1857年12月24日，湛孖士牧师写给德国巴色会一份鉴定书，亦称洪仁玕的总体表现"与福音书的教诲相一致"，所交待的事"总是完成得让人满意"；认为洪"一直对促进主的事业抱有明显热忱"，"是个能力非凡的年轻人"。

19世纪50年代中期，香港中外商贾云集，市政建设进展迅速；随着航运、金融、保险、邮政等业的兴起，经济渐趋稳定，并呈现出初步繁荣。洪仁玕栖身香港，恰好成为这段历史的见证人。香港的发展和进步，与中国内地的停滞和落后形成巨大反差，对他触动很大。另一方面，英国人在香港实施殖民统治，流露出一种优越感和傲慢心态，歧视、压迫作为香港居民主体和开发香港主力军的广大华人。这段寄人篱下的经历，刺激了洪仁玕的忧患意识与自强意识。

1858年（太平天国戊午八年，清咸丰八年戊午）

1月，即英法联军侵占广州不久，随理雅各到广州设堂传教，逗留约两个月。

3月，理雅各返英，行前再次劝洪仁玕安心留在香港，打消投效太平军的念头。时值老母病逝，洪仁玕没有牵挂，去意益决。他明确许诺，一旦顺利到达天京，将着力办两件事：一是纠正太平天国宗教中的错误，二是彻底实行与外国人修好的政策。湛孖士劝阻无效，加之一直想到太平天国境内传教，便资助其盘缠一百银元。

约在5月，洪仁玕动身前往天京。仍将家小留在香港，托同族兄弟洪世甫照应，由教会每月发生活津贴。第一站到广州。据迪克森（Dickson）牧师描述，他"身材高大，皮肤黝黑，一副十足的苦力模样"。嗣后，到南雄，过梅岭，取道赣州、吉安、南昌辗转北上。先后在韶关、南安、南昌给教会写信讲述行踪。

10月19日，通过同乡关系，在江西饶州蔡康业清营栖身，办理文案。给香港教会又去一信。不久，随队在景德镇与太平军交战失利，弃行李一空。

11月中旬，脱离清营，至湖北黄梅一带。

12月1日，遇沿江考察商务的额尔金舰队，写信托舰上之人转递香港教会。

1859年（太平天国己未九年，清咸丰九年己未）

约1月间，治好清黄梅知县覃瀚元侄儿头风症，获酬金。遂在龙坪镇购置货物，扮成商人搭船顺江而下。行至皖省辰塘河，向太平军守将报明身份，被领往天京。

4月22日，洪仁玕途经粤、赣、鄂、皖、苏数省，历时11个月艰难跋涉，终于抵达天京。当下被洪秀全封为干天福。

5月8日，改封干天义，加护京主将衔。

5月11日，改封开朝精忠军师干王，总理朝纲。时年38岁。

5月中下旬，因功臣宿将不服，洪仁玕恐军心散乱，具本屡辞。洪秀全降诏抚慰，谓"风浪暂腾久自息"，并召集群臣，令洪仁玕登台受印。未几，封陈玉成为英王，蒙得恩为赞王；后又陆续封李秀成、李世贤、杨辅清、林绍璋为王。太平天国第二代领导中枢确立。

约同在5月，向天王呈献《资政新篇》手稿，具体阐述根据自己流亡期间所见所思而产生的改革思路，欲"以广圣闻，以备圣裁，以资国政"。天王删改批注，旨准颁行。

约6月间，呈奏英王陈玉成所拟《功劳簿章程》，获准刊刻。旋又颁布《立法制喧谕》，欲整饬吏治，表示不怕引火烧身，"宁捐躯以殉国，不隐忍以偷生"。

10月18日，以文衡正总裁身份主持天京会试，并按照会试题撰写一文（两年后刊刻）。旋着手改革科举制度，更改文武秀才、举人等名目，并命正副总阅李春发、黄期升制文详志。

11 月 16 日，天王准洪仁玕所奏，诏令将天历每 40 年一加改为每 40 年一斡旋，"斡之年每月二十八日，节气俱十四日，平匀令善，有便于民"。不久，洪仁玕撰《天历序》，针砭中国古代历法之弊端，谓新历颁行"将见农时以正，四序调匀"，"以仰副我真圣主敬授民时之意云耳"。①

冬，因天京四面被围，与忠王李秀成三次会商对策。洪仁玕主张佯攻敌必救之苏杭，然后乘虚击破清江南大营。

相继撰《颁新政喧谕》、《兵要四则》、《克敌诱惑论》，后与一些宗教短论合辑为《开朝精忠军师干王洪宝制》，年内刊印。

1860 年（太平天国庚申十年，清咸丰十年庚申）

2 月 23 日，主持试选各省提考官，并面谕正副总阅李春发、黄期升撰《劝戒士子文》，敦促士子修好炼正。

"围魏救赵"之计奏效，太平军一举击溃清江南大营。5 月 11 日，众臣登朝庆贺，并商议下一步骤。忠王从洪仁玕所议，力主东征苏州、上海，然后再水陆并进沿江上取，获天王首肯。数日后，忠王等部发起东征战役，连下常州、无锡、苏州，进逼上海外围。

7 月上旬，洪仁玕奏请亲赴苏州，就进占上海一事与外国公使交涉，获准。他随即回复忠王，示意其速即邀请各国公使来苏州，磋商通商联和事宜。

7 月 21 日，在苏州致函艾约瑟牧师，邀其前来"面倾一切"；旋分别致书英、美、法三国驻沪领事，全力进行外交斡旋。

8 月 2 日，接待应邀来访的艾约瑟一行。艾约瑟有意回避上海话题，双方交谈主要围绕宗教展开。

8 月 3 日，获悉英法军队确在协防上海，并且各国驻沪领事拒绝拆阅其来信，愤懑不已。同日，艾约瑟一行返沪。洪仁玕的外交斡旋宣告失败。新外交政策受挫。

8 月 16 日，忠王指望上海有洋人来引、清军内应，率部进占泗泾。三日后攻城，遭英法军队阻击，伤亡惨重，被迫后撤。围绕上海未下的

① 洪仁玕修改历法的主旨之一是纠正天历有悖天象、有失农时的偏差，但由于依旧定岁实为 366 天、废止置闰，修改后的天历仍不合天象，并不能"便民耕种兴作"。

责任，干王、忠王的关系开始出现裂痕。

约 9 月中旬，自苏州返回天京。此行无功而返，使洪仁玕在朝中的威望开始下跌。

10 月 13 日，罗孝全牧师抵天京，下榻干王府。

11 月 19 日，接见来访的旧友、中国第一位留美毕业生容闳。后者提出创办军校等七项改革建议。

11 月 21 日，两人再度会晤。洪仁玕回复说，其他几个王正在外征战，他个人对这些建议无法定夺。容闳遂谢绝挽留返沪。

约 11 月中下旬，在洪仁玕牵线下，伦敦布道会传教士杨笃信（Griffith John）在天京获得一道以幼主名义颁发的"宗教自由"诏旨。

1861 年（太平天国辛酉十一年，清咸丰十一年辛酉）

2 月 5 日，幼主降诏，宣布内外本章嗣后免盖干王印。这是洪仁玕权力被削弱的一个信号。

2 月 8 日，接待来访的慕维廉牧师。双方随后又数次晤谈。洪仁玕坦言，天京目前并不适宜传教士居住，而且天王无意在传教事务上借助洋人。

2 月 10 日，受异姓诸王排挤，奉诏离京，赴皖浙一带催兵解安庆之围。旬日后军次皖南宁国府，作《四十千秋自咏》，首句为"不惑之年惑转滋"。

4 月上旬，军次浙西遂安，陆续撰有一些诗文，或抒怀，或劝谕军民。

4 月 11 日，干殿刑部尚书何春发等为洪仁玕《英杰归真》一书作序。该书以假托答归降者张某问的形式，阐释了太平天国的典章制度和意识形态。

5 月 1 日，督章王林绍璋、前军主将吴如孝统兵 2 万余，扎营桐城新安渡、横山铺至练潭一线，欲救援安庆。次日，被清福州副都统多隆阿部击败，退回桐城。

5 月 6 日，会同定南主将黄文金部与清军激战于新安渡、挂车河，又败。

5 月 24 日，与英王陈玉成等分三路与敌大战于挂车河一线，再败，被迫退回桐城。随后，洪仁玕奉旨回朝办理对外交涉，所部交刘庆汉开赴黄梅、广济。

约同年夏，颁布凛遵敬避字样喧谕，重申凡一切文书须严格遵守避讳制度，并详细开列敬避字样并代替各字。

8月4日，致函英国驻天京翻译官富礼赐，并随赠圣书四包和天王写在黄绸上的十个汉字。

8月17日，致书富礼赐，婉拒对方赴英舰做客之邀请。

9月9日，照会英国驻华海军蒙特戈梅尼舰长，称已派员赴吴淞江上游陆家港调查英国商船遇劫事，俟两周后答复。①

9月11日，复函富礼赐，感谢其告知清咸丰皇帝死讯，另对蒙特戈梅尼在照会中没有直称自己职衔表示不满。

9月20日，干殿吏部左编修汪吉人等奉命为《军次实录》一书作序。该书系洪仁玕此前出师皖浙途中所撰诗文的汇编；年内正式刊印时，又收录其新近颁布的戒浮文巧言谕。

是年冬，以文衡正总裁身份主持拟定科举考试制度，领衔制献试士条例，旋获准刊印。未几，为安庆失守事，洪仁玕具本弹劾贻误战机的主要将领，不料触怒天王，致迭遭斥革，被革去王爵，由军师降为"又副军师"，复由文衡正总裁降为"副总裁"。

以"又副军师"头衔编成《诛妖檄文》一书，收录拟出师北伐檄文和劝谕清兵弃暗投明檄文两篇。

1862 年（太平天国壬戌十二年，清同治元年壬戌）

1月20日，在天京居住15个月的罗孝全牧师不辞而别，从干王府溜到停泊在江面上的英舰，与太平天国关系破裂。洪仁玕受此牵连，被正式剥夺主管外交的权力。至此，洪仁玕不得与闻朝政，几近下野。

未几，洪仁玕恢复军师一职，重新总理朝纲。章王林绍璋被罢免掌政之权。

是年春，湘军自安庆顺江而下，进逼天京。洪仁玕劝一心经略苏浙的李秀成移兵上游阻截湘军，未获响应。战局日趋恶化。

6月11日起，湘军鲍超部围攻皖南宁国府城。洪仁玕督兵援救，屡战不利。一月后，宁国失守，洪仁玕败回天京。

1863 年（太平天国癸开十三年，清同治二年癸亥）

至6月末，曾国荃部湘军已屯扎天京南部屏障雨花台年余，湘军水

---

① 约同年10月，太平天国正式答复，否认与劫船事件有任何牵连，拒绝赔偿。

师则完全控制长江，形成夹攻之势。为缓解缺粮问题，洪仁玕下令天京各王府捐金采买，并在城内空旷之处耕种禾豆。

约是年秋冬，洪秀全预立遗诏，嘱洪仁玕赞襄内外，辅佐幼主。洪仁玕潸然受命，表示"必鞠躬尽瘁"。

12月28日，洪仁玕以新封"又正总捐库征粮使"头衔，出城赴丹阳、常州一带催兵催粮援救天京。

1864 年（太平天国甲子十四年，清同治三年甲子）

在淮军和戈登"常胜军"围攻下，太平军在苏南战场接连失利。洪仁玕见大势已去，自丹阳撤往堵王黄文金镇守的浙江湖州。5月13日，丹阳陷落。天京外围屏障尽失，成为一座孤城。

5月31日，洪仁玕抵湖州。旋与堵王在城郊誓师，欲待秋收后再分兵解救天京。在誓师会上，遇堵王手下的雇佣军头目、英国人纳里斯（P. Nellis）。洪仁玕用慢节奏的英语询问对方国籍，愤然表示："我从未遇到过一位品性良好的外国人。"

7月19日，天京失陷。幼天王洪天贵福在忠王护卫下，连夜突围出城。月底逃至皖南广德。干王长子洪葵元一并逃出。

8月10日，洪仁玕至广德拜见幼天王。数日后返湖州，与堵王商定弃守湖州、广德，移师江西与侍王李世贤、康王汪海洋等部会合，欲重整旗鼓。幼天王封洪仁玕为正军师，尊王刘庆汉副之，确立新的领导中枢。

8月末，太平军十二三万之众开往江西，洪仁玕居中守护幼天王。沿途迭遭清军截杀，因号令不一、军心涣散而一再溃败；哗变事件时有发生。到江西新城时，仅剩万余人。

10月9日夜，太平军残部在江西石城县杨家牌露宿，遭席宝田部清军偷袭，溃不成军。洪仁玕被乱军冲散，次日拂晓被俘。10月末被押解到省城南昌。在席宝田军营和南昌，先后写有两份亲笔自述，另有五份口述，从不同侧面简述太平天国历史，并以文天祥自况，决意杀身成仁。

约11月初，江西巡抚沈葆桢将曾国藩在安庆刻印的《李秀成供》交洪仁玕看，以试探其反应。洪仁玕就相关内容写下反驳文字，以澄清真相。

11月8日，在狱中写下数首七言诗，为"志在攘夷愿未酬"嘘唏不已。

11 月 23 日，在南昌被绑赴市曹凌迟处死，时年 42 岁。临刑前吟诗一首，表示"我国虽消逝，他日必复生"。

洪仁玕长子洪葵元侥幸逃脱，后潜回广东，被德国巴色会在香港的黎力居（Rudolf Lechler，一译"黎力基"）牧师收留，在教会学校教书，并娶妻生子。据教会档案记述，1878 年，洪葵元为安全起见，携家小随香港大批华人移居南美洲，担任英属圭亚那首都乔治敦一所华人教堂的牧师，从此远离故土。

中国近代思想家文库

图书在版编目（CIP）数据

中国近代思想家文库. 洪秀全洪仁玕卷/夏春涛编. —北京：中国人民大学出版社，2014.12

ISBN 978-7-300-20548-9

Ⅰ. ①中… Ⅱ. ①夏… Ⅲ. ①思想史-研究-中国-近代②洪秀全（1814～1864)-思想评论③洪仁玕（1822～1864)-思想评论 Ⅳ. ①B250.5

中国版本图书馆 CIP 数据核字（2015）第 003375 号

中国近代思想家文库
洪秀全 洪仁玕卷
夏春涛　编
Hong Xiuquan Hong Rengan Juan

出版发行	中国人民大学出版社		
社　　址	北京中关村大街 31 号	邮政编码	100080
电　　话	010－62511242（总编室）	010－62511770（质管部）	
	010－82501766（邮购部）	010－62514148（门市部）	
	010－62515195（发行公司）	010－62515275（盗版举报）	
网　　址	http://www.crup.com.cn		
经　　销	新华书店		
印　　刷	涿州市星河印刷有限公司		
开　　本	720 mm×1000 mm　1/16	版　　次	2015 年 1 月第 1 版
印　　张	23.25 插页 1	印　　次	2024 年 7 月第 3 次印刷
字　　数	367 000	定　　价	86.00 元

版权所有　　侵权必究　　印装差错　　负责调换